名师名校名校长

凝聚名师共识
回应名师关怀
打造名师品牌
培育名师群体

张旺远题

以学习者的视角来做教育

YI XUEXIZHE DE SHIJIAO
LAI ZUOJIAOYU

王艳芳／著

东北师范大学出版社

长 春

图书在版编目（CIP）数据

以学习者的视角来做教育 / 王艳芳著. — 长春：
东北师范大学出版社，2022.5
ISBN 978-7-5681-9043-5

Ⅰ.①以… Ⅱ.①王… Ⅲ.①英语课—教学研究—初
中 Ⅳ.①G633.412

中国版本图书馆CIP数据核字（2022）第080914号

□责任编辑：石　斌　　　　　□封面设计：言之凿
□责任校对：刘彦妮　张小娅　□责任印制：许　冰

东北师范大学出版社出版发行
长春净月经济开发区金宝街 118 号（邮政编码：130117）
电话：0431-84568023
网址：http：//www.nenup.com
北京言之凿文化发展有限公司设计部制版
北京政采印刷服务有限公司印装
北京市中关村科技园区通州园金桥科技产业基地环科中路 17 号（邮编：101102）
2022年5月第1版　2022年9月第1次印刷
幅面尺寸：170mm×240mm　印张：16　字数：264千

定价：58.00元

2019年3月4日—6月2日，经青岛市教育局选拔推荐，我参与了国家留学基金管理委员会与英国雷丁大学（University of Reading）联合组织的高端培训。

　　雷丁大学位于英格兰南部伯克郡首府雷丁，是一所一流研究型大学，始建于1892年，曾是牛津大学基督教会学院所创立的分院，于1926年得到皇家宪章授权，成为一所独立大学，曾四次获得英国女王周年奖，在2022年世界大学排名中位居第202位。雷丁大学的亨利商学院（Henley Business School）享AACSB、AMBA、EQUIS三重认证，位列《金融时报》（*Financial Times*）2017年欧洲商学院排名第三十一位，英国第八位，气象学排名全球第二位，农业排名全球第六位，房地产、印刷及字体设计排名英国第一位；2017年被评为英国最美丽的大学校园。

　　"学习者"既指这次培训我们以学习者的身份重回课堂，学做更好的教师，又指平时教学中我们面对的受教育者——学生。所谓教育，既要教书，又要育人，即赋予学生终身发展所必需的正确价值观念、关键品格和必备能力，而作为教师，我们必须树立终身学习的意识。只有站在学习者的角度来审视我们的日常教学，思考与学生的每一次互动，我们才能真正走进学生内心，从而获得更多灵感，感受到教育的美好与幸福。

　　我在英国所经历的一切得益于雷丁大学教师团队所设计的课程，它包括理论基础（行为主义、建构主义），语言技能（听、说、读、写），语言知识（语法、词汇、语音、功能），反馈与纠错，挑战局限性，学习者学习自主性，有效课堂管理七大方面，近40课时，对教师进行了全方位的专业引领。3个月，90天，2160小时（往返路程的时间不计入其中），在英国的每分每秒都很

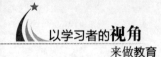
珍贵，因为我们都承载着家庭、学校、市教育局的祝福和重托，我们几乎把每一天的24小时都过成了48小时。其间，我记录了60篇学习笔记、13篇周总结。细数走过的90个日夜，虽然匆忙，但这段经历为我们每个人的人生都涂上了亮丽的一笔。

此刻，我坐在雷丁大学的Edith Morley教学楼里，注视着来来往往穿梭在校园里的各种肤色的大学生忙碌的身影。虽已过不惑之年且远在异国他乡，但我的内心依然有着像年轻人一般对知识和成长的狂热和执着。我接到省教育厅组织齐鲁名师届终考核的通知：两万字的个人总结及答辩。乍听上去感觉字数多，但三年来在名师成长道路上行走过的一千多个日子里的点点滴滴，岂是这两万字所能涵盖的？在省市各级领导的关怀与支持下，我们参加了国内各大知名师范院校的培训，阅读了许多古今中外的教育教学专著，参加了名师课题严谨的开题答辩、中期汇报、结题等学术活动，亦有作为志愿者送教下乡的志愿服务精神体验。回想当初教育厅原张志勇副厅长在第三期齐鲁名师启动仪式上的讲话——"向着教育家的梦想奔跑"，我依然激动不已。三年过去了，虽离教育家的目标还很远，但我知道与过去的自己相比，一定向前跨越了一大步。此刻，感恩和感慨之情油然而生。现在，能以国家公派留学生的身份在英国雷丁大学留学三个月又是何等荣幸。

　　如果说，最初我能够入选名师凭借的是自己多年的教学实践成绩，那么，在名师培养阶段走过的这三年便是我由实践层次上升到理论层次的关键时期。从《苏霍姆林斯基选集（五卷本）》的阅读开始，我就一直向往真正的教育，期待着在我的教育教学实践中能够让教育回归本质。于是，我阅读了大量知名教育家（李镇西、陶继新、孙明霞、张文质、肖川）的教育教学著作、随笔等，这些书籍的阅读让我对教育教学原理产生了浓厚的兴趣。我在教学中面对的是一群初中学生，他们正处在人生最为关键的青春期，我很想了解他们的成长特点和心理特征。因此，心理学书籍成了我的最爱，从中我了解到一些学习

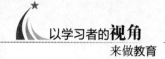
理论，如认知建构主义和社会建构主义、行为主义、多元智能理论、最近发展区（ZPD）、克拉申的五个假设等。对这些理论知识的学习让我了解到教学不是一个简单的知识传授过程，而是师生共同参与的生命成长和体验过程。如果把学生看作一个完整的、成长中的生命个体，那我们提供给学生的课程应该是丰富的、符合学生认知规律的。为此，借我校课程改革的东风，在秦建云校长的带领下，我们开始了十二年一贯制校本课程的研发工作。作为初中英语课程的主要负责人，我带领我校年轻教师从课程建设方面着手，努力为学生打造更加适合他们的英语学习课程资源……

为期三年的齐鲁名师培养活动即将结束，我的内心依然有些留恋与不舍，因为感觉自己还有很多需要学习和提升的地方。但我更清楚结束是为了更好的开始，离开这个组织和团队意味着崭新的开始，意味着去拥抱更广阔的成长空间和发展平台。曾经，我一度梦想着有朝一日可以重返校园，汲取知识的营养，如今，我不仅如愿以偿地来到了校园，而且踏入了异国的大学进修学习。机遇只垂青有头脑和有准备的人，我也坚信：只要想学习和成长，全世界都会为你让路。我要把握机遇，紧跟时代潮流，不断提升自身专业素养，向着教育家的梦想一直奔跑！

王艳芳

于英国雷丁大学

2019年5月31日

目录
CONTENTS

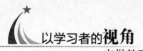
第三章　激发学习者内在动力

第四章　亲历异域教育

第五章　先做学习者，后做教育者

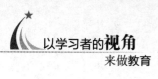

第一章

踏上学习之旅

行程中的感动

离开青岛流亭机场——怀着激动的心情启程

今天是周一，也是我们青岛市教育局派出的国外访学研修团队30人启程去英国的日子。清晨4：56，在没有闹钟提醒的情况下，我睁开了双眼，原本定好的4：35的闹钟没有响，因为我竟然忘记了保存，激动的心情让我马上起床。尽管水不是很热，而且水流量非常小，但这一切都没有影响我迅速洗漱，力争在6点前到达机场的心情。因为昨天晚上已经收拾好箱包，所以我们简单地吃了点早餐，收拾完后，于5：30从家出发去机场。

我仔细品味一路上自己的心情，似乎有一种离家出远门时的留恋之情涌上心头。也许是因为年龄大了，原本非常新奇的事情真的到了眼前，我似乎也没有那么激动，反而会多些平淡。但或许在不经意的某一刻，内心又会充满感动、感恩之情。

的确，这是一次来之不易的机会，尤其对于一个非英语专业毕业但又教授英语的教师来说。当他们青春已不在，年龄过了40岁，错过了最佳学习时期之后，很多人的梦想会逐渐消失。虽然时间可以流逝，但外界所发生的一切都无法阻止你前进的脚步，因为所发生的一切都是来成就你的。你需要以一种接纳的姿态来迎接身边所发生的一切，但你更需要以一种积极的心态去为自己创造更多机会。我坚信，机会永远掌握在有头脑准备的人手里。

我现在已到了不惑之年，再出国学习似乎是一件遥不可及的事情。然而它就这样发生了，这似乎是上天的眷顾，但这一切都是我长久以来的梦想和追求，因为学习和成长是我终身不变的目标。我可以放下很多，但唯独学习和成长让我难以放下，内心深处总有一股力量在推动着我，让我不断向前，勇敢追求自己的梦想。任何事情都永远无法阻止我前进成长的脚步。鸡蛋从外向里打破是食物，但从里向外打破就是生长。积极、乐观地看待一切，创造并抓住一切可以让自己成长的机会，相信每个人都能成为最好的自己。

北京时间2019年3月4日

落地伦敦希斯罗机场——感受机场工作人员的热情

经过24小时的长途跋涉，我们于北京时间3月4日24：00，英国当地时间17：00到达伦敦希斯罗机场。下了飞机，大家便径直去行李转盘取行李。正当我们一个个拿好行李，集合准备出发时，同行的一位Judy老师发现自己的一个行李箱没有出现在行李转盘上。我们几个和Judy老师比较熟悉，便开始帮忙询问周围的工作人员。接下来的半小时，我们便开始了一次寻找行李的体验。从身穿黑色衣服的托运工作人员到着绿色上衣的咨询人员，我们一步步获得了相关信息：飞机上已没有行李了，这样干等下去是没有意义的。在工作人员的指引下，我们知道了应该去专门的服务窗口——Baggage enquiries去登记。工作人员细心地询问了Judy老师的相关信息，并耐心解答了我们的问题。很快，我们就知道了事情的原委，原来行李箱被落在了北京。因为我们的行程是从青岛转机到北京，然后从北京直达希斯罗机场，所以临行前，我们被告知要"强调行李直挂伦敦"，但不清楚哪个环节出现了失误。工作人员要求我们留下联系方式并告诉我们：在行李来到英国后，他们会把行李寄过去。

听到这个消息，一直心急如焚的Judy老师的眉头终于舒展开了。当我们道完谢，要离开时，工作人员热情地跟我们说："Have a nice day in London！"当听到课本对话中时常出现的这个句子时，我们都有一种莫名的惊喜。是啊，身在异国，一场有惊无险的经历却让我们有了一种宾至如归的感觉，顿时打消了之前内心的很多疑惑和不安。回顾寻找行李箱过程中遇到的每个人，尽管他们都有自己的事情要忙，但当有人求助他们时，他们每个人都是面带微笑，眼睛专注地看着你，耐心倾听，并竭力提供帮助。这令当时焦急万分的我们感到一种欣慰。

后来，经过一周左右的漫长等待，最终，行李箱被送到了Judy老师的居住地，我们心里更加踏实了，因为不管遇到什么事情，在这里，我们都能得到当

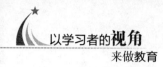
地人热情周到、细致耐心的帮助。

雷丁大学的工作人员非常贴心，特意为我们安排了接机服务，交流中得知，来接机的吴同学来自中国河南，现就读于雷丁大学建造专业，攻读博士学位。看到一位年轻博学的中国人在异国他乡迎接我们的到来，我们内心倍感亲切，一路的艰辛顿时被温暖取代了。大家带着好奇的心情，询问了有关这次学习的相关安排，以及当地的饮食习惯、周边环境、天气、Host family等情况。

在吴博士的带领下，我们每个人拖着两三个行李箱井然有序地走出机场，大巴已经等候在机场外了。然而，当我们到扶梯的时候都困惑了，拖着两三个行李箱怎么坐扶梯？就在大家试图一个帮一个地挽扶着往下走时，两位工作人员热情地走过来，告诉我们旁边有客用直梯，她们的态度依然真诚。这样，我们行李箱比较多的人便跟着工作人员分批坐直梯顺利下楼。出门在外，经常会遇到意想不到的难题，但是这次机场的经历却让我们感到无论在什么情况下总有人第一时间主动提供帮助。

分配寄宿家庭——感动于教授团队的悉心照顾

司机师傅Mike看到我们后，并没有被我们这么多行李箱吓倒，而是让我们放下行李先上车，然后自己耐心地一一帮我们把行李放置在车厢内。18：00，我们出发赶往雷丁大学报到，并与自己的寄宿家庭见面。刚在机场落地时，我们的第一感觉是衣服穿得太多了，没想到3月的英国已经这么温暖了。但是，夜幕降临后，我们来到雷丁大学校园时，发现昼夜温差还是相当大的，穿着同样的衣服已经让我们感到寒意。

此时，雷丁大学的教授们早已在寒风中等候我们了，他们是Louis和Helen，以及我们的培训导师Carrie和大国。我们被热情地领进一间教室，虽然教室的布置很简单，但细节之处无不体现着教授们的用心。Louis拿着五颜六色的新鲜水果给我们分发着。当看到Carrie老师时，我们都倍感亲切，因为Carrie老师和大国老师也是中国人，在沟通和文化上，我们没有任何障碍，这也为我们接下来为期三个月的访学提供了诸多便利条件。Carrie老师细心地确认完我们每个人的英文名字后，公布了寄宿家庭的安排情况，同时把早已为我们准备好的生活指南和注意事项分发到我们手中。大部分同学是两人住在一个家庭，仅有的三位男同学被分到了同一个家庭，而一直渴望有一个同伴的我，在百般期待中，却被告知要自己住在一个家庭里。我不禁有些失落，没有方向感、缺乏独立生活经验的我是多么渴望能和同伴住在一个家庭里啊！但从另一个角度来说，这异国他乡短暂几个月的生活体验对我来说未尝不是一种锻炼。打破自己的舒适区，更多地去体验和探索，也正是本次培训中我们最需要的。我们被告知将以不同的方式去寄宿家庭。大部分同学寄宿家庭的主人会亲自开车来接，而路途较远的六名同学需要每天乘坐公交车。还有六位同学只需第一天晚上坐出租车回家，以后每天步行，我就是其中一位。这对于平时不爱运动的我来说，是一个很好的锻炼机会。刚开始，看着同学们一个个被寄宿家庭的主人带走，我还没有着急的感觉，直到最后发现我们还有十位同学在等待。虽然Louis一直在不停地联系出租车，但是由于每个人行李太多，原本叫两辆出租车需要增加至五辆，因为每辆车除了考虑乘坐人数，最重要的是还要考虑行李数。一直等到伦敦时间晚上22点多，我和另外两名同学才最后被出租车接走。英国的昼夜温差的确很大，白天在机场我们感觉都要中暑了，但晚上寒风吹起，又需要羽绒服保暖。在此期间，Helen和Carrie老师一直陪伴着我们，瑟瑟发抖地在寒风中帮我们叫出租车，非常热情负责，这令我们感动不已。

看着我们最后三位同学坐上车，Helen和Carrie老师才放下心来。大概十分钟后，司机Mike沿途停下车，先跑下车看了一下门牌号，然后跑过来跟另外两名同学说目的地到了，并帮他们一一搬下行李箱，目送他们走到门口。这时，出租车上只剩下我一人了，漆黑的夜晚，路上更是没有一个行人，没有一点动静。为了打破尴尬的气氛，我询问Mike这里离我的寄宿家庭有多远，他说还有一段路程。回答完，他便上来发动车。当听到这句话的时候，我由开始的焦虑变成了担心，尤其当我注意到Mike掉过车头后不是开动车，而是突然停了下来。看多了恐怖故事的我被这个细微的动作吓坏了。虽然内心很是疑惑，但我还是故作镇静地问了一句："是我到了吗？"Mike说："没有，我只是想确认一下他们两个是否去对了家庭。"

瞬间，我悬着的心放下了，所有的担心与害怕都被抛到了九霄云外。因为Mike的一举一动和我大脑的想法完全没有联系。他的认真负责让我倍感安全。原本以为我们三个住的地方很近，他会把我们集中放在一个地方，我一直担心

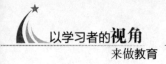

没有方向感的自己会找不到寄宿家庭的具体位置。出乎意料的是，他主动提出把我送过去，大概有两分钟的路程。他仔细查看门前的号码，嘴里说着"No.35 Wykeham Road"，然后告诉我，就是这里。终于到我的寄宿家庭了，Mike又一次帮着取下行李箱，我和他说过再见后，就急切地拖着行李箱按响了门铃。很快，我就听到了男主人的声音，他打开门，我们简单介绍寒暄。当男主人跟Mike说再见时，我才发现原来Mike一直没有离开，他依然默默看着主人把我接进门。Mike这种认真负责的态度又一次让我感动。从北京时间3月4日凌晨4点多，到英国时间晚上22：00（北京时间3月5日凌晨6点）到达寄宿家庭，二十多个小时的行程终于顺利结束，这一路我们被每一位遇到的人感动和温暖着，而这份感动与温暖也会化作我们访学期间最大的学习动力。

走进Host Family——感受家的温馨

寒风已让整个城镇的街道安静下来，但这一家人却围坐在客厅的壁炉前迎接着我这个中国学生的到来。男主人热情地向我介绍家庭成员，这时我诧异地发现女主人是一位坐在轮椅上的残疾人，而且似乎说话也不是很清晰，但我依然能感受到她的热情好客。这个家里大女儿今年21岁了，在上大学，11岁的Dennel在读七年级。男主人还介绍到他有一个大儿子Carl去工作了还没回来。后来我才知道，这不是我们国内理解的参加工作，因为Carl还是一个高中未毕业的学生，晚上的工作只是他学习之余的一份临时工作而已。

简单的交流之后，Dennel带我去二楼自己的房间安顿下来。整个房子是一个两层且有些破旧的房屋，进门的楼梯使整个房屋显得比较拥挤，一楼的客厅里有一张床、一个小沙发，对面是一个小小的壁炉，在灯光的照耀下，整个房间没有光鲜亮丽、整洁怡人的感觉，反而有些拥挤陈旧，甚至有点凌乱，但是主人的热情让我暂时忽略了这些，毕竟融入寄宿家庭的生活也是课程体验的一个重要组成部分。不管时间长短，我都要尽可能多地了解他们，以及他们的文化。

在第一天的行程中，还有一些不容忽视的小细节。比如，我在飞机上认识了一个英国人Steven，他曾在深圳工作过，后来去了韩国，而这次回英国待一个月后将去日本任教六个月。他对英国的简单介绍使我第一天漫长的行程不那么枯燥无味。比如，在英国，天气多变，遇到下雨是非常正常的事情，所以当地人一般不会打伞，打伞的人多数来自其他国家。当然也有一些尴尬的事情发生。比如，女主人的名字和我的英文名字竟然一样；在国内原本准备了三个月的牙刷，结果发现一个也没带来……经历了一件件事情，面对周围陌生的一切，我在这一过程中看到了新环境带给我的更多可能性。

学习者的入学体验

走进雷丁大学

　　一觉醒来，我们迎来了阳光明媚的清晨。昨天晚上，host family的男主人已经将今天的事情安排好了。因为他的上班时间非常早，而七年级的Dennel所在的学校离雷丁大学非常近，所以他可以顺路送我，等我熟悉了之后，就可以独自往返了。早上，Dennel教我如何泡燕麦片，大概五分钟的早餐结束后，我们一起步行赶往学校。大概十五分钟的路程后，我们在十字路口分开走，我刚好看到了雷丁大学的校园标志。这段路程有Dennel的陪伴，我至少不会担心找不到学校了。但令我意想不到的是，接下来在校园内找教学楼EM（Edith Morley）226却成了一件麻烦的事情。在寻找了几分钟依然无果后，我恰好碰到对面走来两名学生。看他们走路不算匆忙，我便决定上前问路，巧的是，我们竟然在同一栋EM教学楼上课。接下来，我们边走边聊，原来，他们两个都是来自日本的留学生，也是30人团队的成员，在雷丁大学只有16天的行程，现在是他们的第二周。在他们热情的帮助下，我找到了上课地点。尽管我不知道他们的姓名，但在校园里找路的半小时中我们聊得非常开心。今天在校园里寻找教室的经历让我有了作为学习者最真实的初步体验，从此，家、校园不再是简单的两点一线，而是每天充满无限生机的新起点。

【感悟】

　　昨天听吴博士简单介绍过雷丁大学，这里以自然景观、贴近大自然而著称，其绿化在英国学校中排名第一，拥有大片的草坪以及一个森林，里面有天鹅、狐狸、鹿等小动物。大自然生态是我们体验的重点。我第一天上学专注寻找上学的路，但校园的美景无时无刻不映入眼帘，相信这里会带给我很多的体验和挑战。因为身处熟悉的环境太久了，每天习惯性地穿梭在家、校园两点一线中，我们忽略了太多生活的细节和美好。而此刻，作为一名学习者，我大脑中的很多思维似乎又被重新触发了。每一个陌生的环境、每一个当下都意味着未知，其中充满了新鲜感。

图1-1

感知文化差异

1. EM226在哪一层楼？

我们第一节课上课的教室在EM226，看教室号，我自然地跑到2楼去找，但是发现根本没有226这个教室号。突然，我又一次意识到这是在英国，虽然身处异乡，但大脑依然停留在国内的1就在1层，2就在2层的惯性思维中。但在英国，first floor是第二层，second flour是第三层。这一点我在上学的时候学过，英国都是有ground floor的，但今天直到身临其境才真正感受到"纸上得来终觉浅，绝知此事要躬行"。想到这里，我立马跑到3层，果真在楼梯口处找到了我们的教室，而同学们见面后第一个话题自然都是迷路、走错楼层、找不到教室等。由此可见，真正的学习需要我们身处真实的情境去体验、去感悟的，没有这段经历，或许我们这群英语教师很难体会到学生在英语学习中所遇到的看似简单实则脱离生活情境的问题。

2. University of Reading，你读对了吗？

Reading 作为"阅读"的时候发音我们是熟悉的，但这里的人们却习惯把它读成/redɪŋ/，这也是文化中的一点差异。

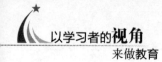

3. Restroom or Toilet?

当我在教学楼里询问 "Where's the restroom？" 时被老师惊讶地问道："Are you American？" 我又一次意识到在英国洗手间都使用toilet。

4. 对寒冷的不同感受

早上，我第一个来到教室，看到Louis早已来到。打过招呼后，她问我昨天睡得如何，我告诉她房间里非常冷。她建议我直接和Host family说一下，把暖气开大一点或者再要一条毯子。我突然想起来毯子就在被子上，我应该把它也利用起来。当然，英国人的确比我们抗冻，我经常在路上看到有穿羽绒服的人，也有穿短裤、短裙的人。个人对于温度不同的感受也需要自己慢慢适应。

5. 学好数学用处很大

接下来，为准备欢迎仪式，我帮着Louis和Helen一起摆放椅子，三排，每排10个，没想到我这么安排竟然得到了Helen的夸奖："Your math is quite good."尽管我算不上数学有多好，但是亲眼见到Louis和Helen为30名学员摆放椅子而大费周折时，我知道Helen这句赞美是发自内心的。

6. 简约的欢迎仪式

接下来是简约而不简单的欢迎仪式。还是在我们报到时的那间教室，不同的是，今天雷丁大学International Language Institute的五位教授全都莅临现场，和我们面对面、近距离地坐在了同一间教室。没有醒目的横幅，没有特意布置会议室，甚至连PPT标语都没有写开学典礼的字样，却让我们感受到了不一样的庆祝方式。五位教授都没有拿发言稿，却字字句句说出了自己的肺腑之言。他们分别做了简单的介绍，从不同方面让我们更明确了这次的行程安排。他们鼓励我们多走出去和当地人交流，去做在国内不能做的一些事情，注重彼此间的交流，互相学习，更好地反思自己。这是一个新的开端，三个月后，我们将迎来完全不一样的自己。

简约与隆重没有对错、好坏之分，却可以给人的内心带来不一样的动力和方向。

办理入学手续

接下来，整个环节安排得非常紧凑，也非常人性化。在开学典礼结束后，我们被分成两大组，分别由Louis和Helen带领去办理校园卡。3—5月这段时间恰好是英国天气最好的时间段，因为白天将会变得越来越长，而夜晚会逐渐变短，这就意味着我们将有更多时间来深度体验英国的风土人情。

图1-2

Louis向我们介绍了学校图书馆、自习室的位置，但重点是先解决我们在这里的生存问题，于是，她带领我们熟悉了一遍校园超市、就餐时间地点以及在哪里可以加热自带食物、在哪里可以领取饮用热水。

办理完学生证，注册完网络用户账号，同时领到一份贴心的急救小贴士之后，我们正式成为雷丁大学的一名学生。学生证非常有用，在校园里的一切活动，如吃饭、学习、出入所有场所都靠它。

A welcome lunch：

午餐是学校为欢迎我们的到来而特意安排的英国传统食物Fish and chips。30名来自青岛的学员与导师团队齐聚一堂共进午餐。和我们坐在一起吃饭的是Helen，因为她是一个素食主义者，所以她吃的是蔬菜与薯条。我们吃的食物需要先将柠檬汁均匀地洒在鳕鱼上，至于薯条，和我们国内不太一样的地方就是比较粗，吃起来软软的，可以自己搭配番茄酱。午饭后，我们集体合影留念。

图1-3

第一次集体出行

下午的安排是由吴博士带领我们乘坐大巴去Central Reading。在英国，交通是非常昂贵的，最常见的是一种双层巴士，一般只有4人为一组买往返票才能享受优惠。所以，在吴博士的带领下，我们按照所居住寄宿家庭的地理位置，按就近原则4人一组购买团票。但就是这样一个简单的组团过程，我们三十个成年人因为都不了解自己所居住的地方，更无法判断彼此家庭的距离，耗费了近一个小时的时间。直到突然下起雨，有人焦急地说，再分不好小组，我们今天的行程就要取消了。在英国，每天都有固定的安排，一旦取消，势必会影响接下来的课程安排。面对这一现实情况，大家都很焦虑，这时，身边有学员用Google map搜索到了具体位置，慢慢地，大家也都开始尝试自己使用地图搜索，而不再一味地等待着分配。通过这次经历，我感受到遇到事情时不能过于着急，而是要学会调动身边的资源，虚心向身边的人请教。因为学习比抱怨更能解决问题，提升能力。

煎熬的分组完成后，我们来到校园站点等待大巴的到来。此前，我就对英国人排队上车的秩序有所耳闻，但等车时看到的一幕还是让我不禁感觉诧异。虽然是雨天，几乎没人拿雨伞，但是队伍还是非常整齐，而人与人之间的距离也是自然舒适，陌生人之间绝不会拥挤在一起。更为神奇的是，我看到了一只导盲犬带领老太太排队，从候车到上车都非常顺利，没有任何障碍。上车后，我看到席地而坐的女学生，她们显得非常随意，这似乎也是与国内的场景不太一样。但不管个人如何随意，公共场合的秩序，以及人与人之间的礼貌友好都是触目可及的。

图1-4

来到Central Reading，吴博士带我们逛了不同级别的超市，从平价超市One Pound到Tesco，从LIDL and ALDI到中高档M&S超市，我们可以根据自己的喜好选择购物地点。进入M&S，我被温馨的购物提示吸引了。因为我有多次购买香蕉的经历，对如何选择香蕉，我真的不太懂，有时看外表非常满意，但是吃起来却没有想象中的好吃。但驻足在M&S里的一个温馨提示前，我轻松地从几种香蕉中选出了自己想要的。以前看到的香蕉从绿到黄，可能需要我们根据自己的生活经验来判断其食用的最佳时间，而在英国超市里随处可见的是类似这样的简单说明，简单贴心的小贴士，不是为了促销，而是为了更好地服务消费者。

图1-5

这趟行程结束后，我们需要自己回家。第一次回家产生了不少的争议，为此也浪费了不少时间，因为大家都不清楚回家的路线，也不知道彼此居住的距离到底有多远，而预定的车票要求四人一组往返，一时间，如何分组又一次成了摆在大家面前最大的问题。有人着急得不知所措，也有人静待佳音，无论怎么分都有路线不合适的，尤其我们的团队中只有三名男士，却有二十七名女士，对于女士来说，初来乍到，谁也不敢在晚上走夜路回家，特别在现在这种不知道回家路线的情况下。最后还是靠吴博士根据公交车路线结合地图上大家各自住家的位置重新分组，虽然比预期出发时间晚了近一个小时，但是这次合作让所有人明白了一个道理，那就是虽然要考虑个人的实际问题，但更要考虑

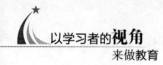
集体合作，而更多时候，我们要突破自己，走出自己的舒适区，勇敢面对生活中的实际问题。我有幸和周老师分到一组，因为她曾有过一次英国旅游的经历，所以我们便在她的带领下按原计划乘坐19路车回家。但是在等车时，问题又出现了，Google地图显示的是17路车，一时间，我们几个既没有经验，手机又没电的新人有些担心下车分开后怎么办，好在周老师把充电宝也带上了，靠着最后不足10%的电量，我和郭老师两个"路盲"边走边问，终于找到了郭老师的家Grange Avenue，而我的家竟也在拐弯处10米远的另一条街Wykeham Road，这真是意外的惊喜。没有这次的出行安排，我们真的不知道与其他同学竟然住得这么近。最令人兴奋的是，从此以后，我们每天上学有了同伴。

结束了一天满满的行程，带着愉快的心情，我第一次独自找到了Host family。作为学习者，第一天，我们体验了没有固定教室，而是在不同场景下真实情境中的学习，从认识教授、熟悉校园到体验公交车出行，再到Central Reading的购物中心，我们掌握了与国外生存相关的基本技能，内心是如此充实且快乐。因为这是我们在英国生存的必备知识，每个人都在积极投入地体验着。

联系我们日常教学实践，如果每届新生入学，我们也能够把教室延伸到校园外，基于学生的内在需求去创设真实的学习情境，那学生的学习兴趣和积极性是否也会有所提高呢？作为学习者的真实体验告诉我，关系到每个人切身利益的问题最能激发其内在的学习动力和需求，从而使其借助身边的资源想尽一切办法克服困难，达成目标。

又一个夜晚降临，所有的疲倦被抛诸脑后，在欣慰于自己生活技能得以提高的同时，我在思考这样的学习能否融入我们的中小学教育。

2019年3月5日

再一次上学迷路

第二天，我们家离得比较近的四个同学约好早上一起出发。我和郭老师因为知道彼此的住宿地点，准时出发了，却无法与另外两名同学会合到Church Road。于是我们两人只能再次借助Google导航重新定位，这次导航也并不顺利，原计划步行二十一分钟的路程，我们用了一个小时。

　　我们首先是在去往雷丁大学的路上迷路，然后是在雷丁大学的校园里迷路。我们一路不停地问，把学过的问路句型练习得再熟练不过了，只是丢失的方向感却怎么也找不回来了。为了弥补迷路浪费的时间，我们一路小跑，首先在一位巴基斯坦人的帮助下，找到了拐弯的地方。接着，一个骑自行车路过的人看到我们在问路，就停下车主动帮我们找到了雷丁大学的校门。进入校门后，我们又恰好碰到了雷丁大学的一名本地学生，在她的陪同下，我和郭老师终于来到了EM教学楼，只是这一次它与印象中的教学楼完全不一样，我们依然搞不清楚这所学校和这栋楼有多少种变化。走进教室后我们发现，并不是只有我们迟到了，据说有好多人在校园里迷路了，还有几个依然在公交车上没有赶过来。顿时，我们庆幸自己离学校比较近，只是需要多走几步路，同时多了些锻炼身体的时间。

2019年3月6日

图1-6

体验校园生活

　　今天，国际处的李崎老师向我们介绍了雷丁大学的有关情况，从校园环境、历史、地理位置等几方面让我们对雷丁大学有了详尽的了解。

　　李老师对雷丁大学的介绍引起了大家的兴趣，尤其当她讲述自己如何通过不懈的努力成为雷丁大学的一名教师时，带给我们极大的震撼。她的努力和勤

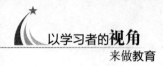
奋也激励每一名教师不断提高自己、树立目标。我们也期待着能尽自己所能在这里收获更多，从而更好地报效自己的祖国。

1. 办理银行卡

上午的主要事情是办理银行卡，在银行工作人员和Carrie老师的帮助下，我们办理了借记卡，以方便我们网上支付学费和住宿费。Carrie老师曾多次提到在英国申请一张银行卡是非常麻烦的，并不像我们国内程序那么简单。我们这次是同时开启两张卡，但是银行会分三次给我们寄六封信，时间跨度也比较长，由此可以看出他们的细心和认真程度。

图1-7

这项任务完成后，Louis带领我们填报雷丁大学的个人医疗基本信息，以便我们在身体不适时能够正常预约就医。表格中"个人死后器官捐献"这一项让同学们感到有些匪夷所思，可能因为生死是比较严肃的话题，离我们的日常生活又比较遥远，所以我们即使生病，也不轻易谈论这个沉重的话题，更没有签署过有关器官捐赠的协议，但从Louis的眼神中，我们可以看出这是一个需要我们谨慎考虑的问题，这可能是英国文化的一部分吧。

【感悟】

虽然我们在入学的第二天就申请了银行卡，但果真如Carrie老师所言，过程并没有我们国内办卡那么简单快捷。当我们几乎把这件事情淡忘了的时候，有一天，房东突然告诉我有我的一封信件，当我还在疑惑有谁能知道我在英国的地址时，我看到了"银行"字样。这是5月中旬，也就是在申请银行卡过去了两个多月之后，我收到了第一封信。按照流程，要收到六封信才能完成申请手续，照这样的速度，我可能早已回到中国了。从其他同学那里得知，我们这一批很多人都有这种情况。无奈之下，我们只好去银行申请取消，终止了这个业务。

2. 餐厅就餐

中午，Carrie老师带领我们来到餐厅，完成校园卡充值后，我们开始体验自己在英国消费的第一顿午餐。餐厅里大部分食物在五英镑左右，相当于人民币四十多元。这已经是享受学生价最便宜的饭了，如果出去吃，每个人大概要二十英镑。我们选择了五英镑的墨西哥卷饼，这个分量还是可以吃饱的。毕竟午餐对于英国人来说是比较简便的，因为他们的正餐是晚餐。

在用晚餐时，大家都自觉地将垃圾投放到相应的垃圾桶内，也不用担心如何区分，因为垃圾桶上除了有文字标识之外，还有参考图片，即使没有工作人员在旁边引导，每个人也都能准确地做好垃圾分类投放。我们不得不佩服英国垃圾分类处理的确做到了精细，这不仅体现在学校等公共场所，也体现在每个住户家。第一天来到寄宿家庭时，无论是孩子，还是女主人，都跟我强调过这个问题，他们说这一点在英国是非常严格的。在他们家院子里有绿色、蓝色和灰色三个大的垃圾桶，塑料类可循环的垃圾需要放在绿垃圾桶内，纸张类可回收垃圾需要放在蓝色垃圾桶里，塑料类不可循环的垃圾需要放在灰色垃圾桶内，这足以说明垃圾分类已经深入每个英国人的内心。

图1-8

下午需要进行大使馆的报到，由于电脑和网络问题，Carrie带领我们来到公共电脑区域，我们终于完成了入学前的报到任务。放学回家时，我们几个顺路的

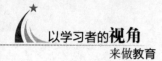

同学再次借助导航尝试了另外一条不同的路线，尽管回家的时间又加长了，但为了方便照顾，还是结伴同行更好一些。我的房间一直没有办公桌，晚上，我跟Host family提出申请，拥有了办公桌，这才把这几天的见闻和经历写成文字记录下来。今天凌晨3点，我起床后完成了前几天日记的补写，此刻已是早上8：24，窗外又下起了蒙蒙细雨。

2019年3月7日

第二章

开启学习生活

创建轻松快乐的学习氛围

了解课程全貌

　　时间过得真快，前四天，教授们把时间留给我们去探索、体验，带着我们适应英国的生活，还有很重要的一点，就是考虑到时差的转换问题，教授把正式的课程放在了第五天。今天给我们上课的是Rachel Thake教授，她将担任我们COP7这个班级绝大多数课程的教学工作。虽然已经60多岁，但她依然热情高涨，并且以风趣幽默、睿智博学赢得了所有人的喜爱。

1. 热身活动——Warm up（Lead in）

　　课堂伊始，Rachel Thake教授准备了一个气球，这个气球是她在课堂前吹好的，气球寓意也较好，是地球的形状，象征着我们来自五湖四海却能相聚在一间教室里。一开始，大家不知道Rachel要做什么，她没有用大量的语言提前讲规则，而是拿起球直接扔向了对面的学员，因为没有指令，所以拿到球的学员有点不知所措。这时，Rachel说，拿到球的学员要回答她提出的问题。第一个问题非常简单，是"What's your name？"有了示范，接下来，大家都明白了规则和要求。从喜欢的颜色到兄弟姐妹的数量、去过的国家、最崇拜的人，每一个问题都是有准备的，并且Rachel还要时不时看一下自己记录的内容，从后面的交流中我们得知她设置的问题在难度上是逐渐递增的，可见她的用心。

　　其中，我被提问到的问题是"Which country have you ever been to？"当时，我只去过两个国家——泰国和尼泊尔。没想到正是这一点让我们进一步了解到Rachel曾在尼泊尔居住过十年。通过这个游戏，我们学员之间彼此有了更多了解，而且在交流中，Rachel不时透露她个人的一些信息。就这样，在轻松愉悦的氛围中，我们变得更加熟悉，师生的配合也更加默契。

　　在游戏互动过程中，作为学习者，我深切地感受到，因为游戏带有偶然性、不确定性，每一个学员都有被点名的可能性，所以我们都听得特别专注。对于初次上课的师生来说，彼此还比较陌生，这样一种互动方式正是大家都期待的。回顾访学期间的每一节课，Rachel都曾以不同的方式来引导我们开启一天愉快的学习，这也让我更加注重设计好每一节课的教学导入环节。

2. 目标引领——Learning objectives

游戏结束后，Rachel引出我们需要重点关注的核心单词Rationale（基本原理），这是因为接下来我们所学的内容都是围绕着活动或问题背后的基本原理而展开的。同时，她给出了本节课的学习目标，那就是树立英语教学法的意识，并对当前的理论和实践有一定了解，从而逐步提升自己的教学水平。

第一节课，Rachel老师给我们呈现的学习目标是这样的：

Learning objectives：

By the end of this session you will have：

（1）participated in some introductory activities.

（2）been introduced to the course objectives and outline.

（3）established classroom "ground rules".

（4）been introduced to the assessment on the course.

（5）thought about your own expectations and those of the university.

热身活动、出示学习目标，这两个环节也成了Rachel给我们上课的保留项目。而作为一个学习者，我对这两个环节的体验深有感触，热身环节不仅能让我们身心放松下来，更重要的是，能让我们顺利地进入课堂主要内容的学习。而学习目标的出示也不容忽视，因为当看到Rachel给出的目标时，我自己的目标也相应地明确了，我知道这节课的重点应该放在哪里并能够自我评估学习效果。

【感悟】

Rationale，这是我们本次培训最核心的内容，在接下来的课程学习中，教授们不止一次地结合实例带领我们去感受和体验它的重要性，引导我们树立英语教学法的意识，停下当前的教学行为，做深入的自我反思。而在每节课的关键时刻，Rachel都是先给我们呈现学习目标。现在想来，这正是基于逆向教学设计，让学员明确目标，有目的地规划自己的学习任务，这就是出示目标的重要性。

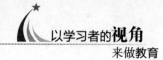

我从中收获的另一点重要启示是目标的撰写对象应该基于学习者，表述为Learning objectives。这与我们平时所见的教学目标是有很大差异的。以前，我们把教学目标的主体确定为教师，是为了让教师做好教学设计、明确教学规划。而学习目标的主体则是学习者，是以学生为中心，凸显学生主体地位的。当我作为一个学习者，有了每节课提前明确学习目标的亲身体验后，越发能够设身处地地站在学生的角度考虑问题，并下定决心从学习目标开始改变我们的课堂教学模式，力求做到课堂目标的描述以学生为对象。教师要把自己当成学习者，以目标为引领，做好每堂课的教学设计，并以逆向教学设计为路径深度感知每一个课堂环节；在课前跟学生分享学习目标，也就是让学生先明确目标，进而自主规划并监控自己的学习行为。

3. 体验Ground rules（基本规则）建立的过程

为了保证课堂的学习效果，需要制定哪些规则呢？这些规则应该由谁来制定呢？首先，Rachel安排我们进行头脑风暴，独立思考需要制定哪些基本规则。然后，小组合作分享，并围绕When、Who、How、Why几个维度，讨论形成小组共同的规则。最后，每个小组派一个代表在全班分享讨论结果。同时，Rachel邀请一名学员做记录员在教师电脑上记录每个小组的汇报答案，最终形成了我们的课堂规则：Be punctual；Respect each other；Think before speaking Be engaged；等等。

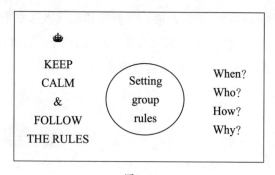

图2-1

Rachel特别指出，在英国，教师更多地强调合作（Cooperation）而不是竞争（Competition）。因为合作的过程就是交流观点和思想的过程，所以合作是一种让大家投入学习的有效方式。制定完规则，Rachel带领我们回顾为什么要这样做，让大家明确规则的建立一定要有共同参与探讨的过程，否则便没有执行的效果，这也是在培养大家的自律意识。当然，在此过程中，Rachel多次强调自己最好的习惯是Be punctual（守时），她通常提前设计好课程内容，准时开始并按时休息，保障集体中每一个人的基本利益。

今天，在我们刚刚开始的第一节课前，每个人对"守时"都应该有了很深的体会。因为Rachel老师早已来到教室，准备着上课所用的教具。而作为学员的我们却依然像前几天来到教室一样自由地、兴奋地交流着，完全忽略了上课时间。最后，在Rachel的提醒下，我们才安静下来上课。显然，当时Rachel是有点不高兴的，但她没有进行任何说教，而是通过集体制定规则这样一堂课让我们明确了制定规则的必要性、方法以及背后的原理。Rachel用实际行动给我们做了很好的示范——What I say is what I do.制定的规则只是外在的，而我们更需要从内在做一个自律的人，这样才能为学生树立更好的榜样。

针对课前游戏环节，Rachel依次提出了四个问题，并让我们分组讨论：

Why did I start with this lesson?

Which level could you use it for?

Could you use this in China with your classes?

What would you do next?

在小组分享的过程中，Rachel带领我们回顾刚才的游戏环节，并提炼出对我们今后的教学有启发、有帮助的理念，将实践和结论有机地结合起来。因为我们来自小学、初中、高中三个不同学段，回国后要面对不同的学习群体，所以面对教师所教授的内容，我们该如何取舍，在这里所学的内容是否一定适合我们国内的学生，当前这样做就是否是最好的方式，后续我们还需要做些什么等问题的提出促使我们不断思考。可以说，在课堂上，更多时候，我们得到的不是答案本身，而是探讨和思索的过程，或者说是一种敢于质疑的、批判性的思维。这种思维有利于我们创新性地开展适合本土的教育。我们需要停下每天连轴转的模式，静下来好好反思，回顾自己过往的教学，以空杯的心态接纳每天的学习内容，然后用批判性思维有效地创新应用。

【感悟】

Rachel老师教学方法的巧妙之处在于，她不会直接告诉我们任何知识，而是引领我们体验，在活动结束后设计问题让我们反思、改进。课堂学习的主要

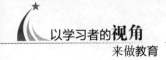

形式是小组合作、互助分享（Listen—Think—Share），而且Rachel老师带领我们反思了几乎每节课的每个活动，并依次提出四个问题：Why did I start with this lesson? Which level could you use it for? Could you use this in China with your classes? What would you do next? Rachel老师小小的一个举动就能把学习者的主动性调动起来，这有利于规则的落地执行。

在教学实践中，开始时，学生可能不知道教师的用意，是在教师的指导下参与活动、做游戏，似乎是被教师牵着走。但当教师再次以问题来启发学生思考反思时，学生会有种恍然大悟的感觉，不止于头脑的"知道"，而是唤醒了身体的记忆。面对有限的课堂时间，Rachel老师宁愿完不成教学任务也要留给我们体验反思机会的做法更是引发了我的思考。作为教师的我们，曾以为最重要的是完成自己的教学任务，认为把所有内容都传授给学生才算完成任务。但是作为学习者，在雷丁大学的每一节课我都感受到：教师不是为了教而教，而是为了引发我们的思考而教。即使没有完成预期的教学任务，一堂课也不能缺少一个环节，那就是让我们停下来反思，联系自己的教学实践，发表自己的观点、看法。在这里，教师不会进行很多的讲解，把知识点灌输给我们，而是设计一定的情境或体验，让我们在参与中深入感知。正如Rachel带领我们回顾刚才的游戏环节。"我为什么要这样开始这节课？""你可以把它用在哪个级别？""你在中国的课堂上能加以运用吗？""你接下来会怎么做？"这四个问题不止让我们仅停留在教师所讲授的内容上，而是去反思、迁移，并将之进一步创新，提炼出对我们今后的教学有启发、有帮助的理念，将实践和结论有机地结合起来，从而更加适合我们的国情和学情。听着大家你一言我一语地纷纷发表自己的见解和看法，我们从中看到了更多的可能性，我们体验到课堂生成带来的成就感和学习带来的愉悦感。

Rachel老师的一个比喻比较恰当：Pause and Pounce, just like a cat。这或许又像我们所说的厚积薄发。如果我们持续地教书，却从不停下来反观自己的教学行为、不去提升自己的教育教学理念，那我们影响的不只是学生的发展，更有自己的前途。一名真正优秀的教师需要通过不断学习更新自己的知识结构，从而为学生提供源源不断的新鲜知识营养。The more you put in, the more you get out. Rachel老师说的每一句话都深深打动了我，激起我终身学习、终身成长的意识。Every day choose something different.

4. 以问题启发思维Listen—Think–Share

作为我们本次学习的主要授课教师，Rachel并没有细致全面地介绍这门课程的所有内容和教学特点，而是在让我们明确本课程的目标之后，给我们发了课程纲要（Course Outline）的学习材料，从教育教学理论与实践、教学方法论、教学技能及教师个人专业发展等几方面设置了七个问题让我们自己思考，然后小组交流各自的观点。

Course objectives：

The "Teaching English" course aims to help participants to：

（1）be more aware of options in English teaching methodology.

（2）gain a basic understanding of current theory and practice.

（3）become familiar with the challenges facing Chinese learners of English.

（4）expand their repertoire of teaching skills and techniques.

（5）increase their confidence in teaching English.

（6）promote on-going personal and professional development.

（7）become reflective practitioners.

每次小组活动，大家都讨论得非常激烈，这个过程也是一个非常重要的相互学习的过程。Rachel提出Listen—think—share，鼓励我们在课堂上多思考，积极分享。因为我们的学习一部分来自教师，但更重要的是来自我们学员之间的相互学习，所以我们要养成分享的习惯，不能仅停留在听，而是要勇敢地发出自己的声音。

小组的分享讨论加上Rachel老师的点拨，让我们对"Loop Input"有了一定的了解。Loop Input（循环输入）强调的是"课程内容也反映在培训的过程或方法中"，即所教的内容与所教的方式相匹配。参与者不仅会接触到新的教学理念，而且会在不同的培训课程中亲身体验这些理念。参与者不仅需要注意课程内容，还需要注意授课方式。训练过程中提到的技巧由教师在整个课程中演示。Rachel老师带我们建立规则的过程就是这一理念很好的体现。

同时，课程所采用的方法在很大程度上基于建构主义原则，即我们的学习是一个积极的、建设性的过程。所以，课程倡导主动性、参与性的学习方式，且均以任务为基础，通过小组合作学习调动学员积极参与，让学员注重合作而非竞争，以促进学员的专业发展。Rachel老师非常认真地执行这一教学原则。

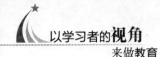
为了保证收到更好的学习效果，每次小组活动，她都会为我们重新调整小组成员。而在此过程中，Rachel一直强调我们可以坐着回答问题，因为在她看来，大家是平等的，课堂上回答问题不必起立。

【感悟】

回顾自己平时的课堂，我是否给学生留出了足够的时间让他们充分地去表达自己的观点，与同伴交流分享自己的想法，还是要求他们乖乖地做一个听众呢？

我们都有过听报告的真实感受，相信听一两天报告之后，都会有不同的身体反应。而在为期90天的学习中，如果听传统报告的话，相信我们没有人能够坚持下来。然而，庆幸的是，我们是以学习者的身份真正地参与到课堂学习中，而课堂又以体验合作为主，所以每次两个多小时的课堂对我们来说真的是一种享受。Mistakes open the door to discover a comfortable atmosphere. 这样的课堂允许每一个学员以自己真实原本的样子呈现，允许错误的发生，没有了教师的说教，没有了恐惧，教室真正成为学习的殿堂。这也促使我不断反思并坚信：只有营造轻松愉悦的课堂氛围，才能让学生感受到安全和舒适，而在这样的氛围中，学生才更愿意参与到学习中来。

5. 过程性评价与终结性评价相结合

保证学习效果最有效的方式就是及时有效的反馈和评价，那我们这次学习会有什么样的评价方式呢？从评价内容和维度来看，分为出勤（10%）、教学水平发展（40%）、行动计划和面试（50%）；从评价等级来看，分为三个级别：Pass（及格）、Merit（良好）、Distinction（优秀）。而评价的执行并不只是停留在每一项的表面，比如出勤，不仅指每天按时来到教室，更重要的是，在整个课堂活动中，是否积极参与了双人、小组活动，在任务和讨论过程中是否发表了自己的观点或提供了有价值的信息，兴趣水平、参与热情、与他人的合作，都属于出勤范围。细致而全面的评价维度对我们更好地规范自己、约束自己起到了一定的引领作用。

6. Assessment：How will I be assessed?

You will be assessed under three categories during the course：

（1）General participation during the course.　　　10%

（2）Teaching Development.　　　40%

（3）Written action plan and interview.　　　　　　　50%

At the end of the course you will receive a certificate issued by the University of Reading. You will receive one of three possible grades：

Pass　　　　　　　completion of the course：satisfactory achievement.

Merit　　　　　　　completion of the course：good achievement.

Distinction　　　　completion of the course：outstanding achievement.

但Rachel教授一直对我们强调的是：评价的目的不是区别好与坏，而是让每一名教师都在自己原有的基础上有所提升。我尤其喜欢Rachel多次提到的一句话——做最好的自己。作为教师，我们每个人都希望成为最好的教师。而此时作为学习者，我们要努力成为最好的学习者，这也是我们来到雷丁大学的目的之一。个性化的评价方式将引领我们更清楚地看到自己的成长空间。在总结中，Rachel提到让我们做反思的实践者（Reflective practitioner）。Every morning reflect yourself. Be an active learner and keep learning.

下午，认真负责的Carrie老师又向我们介绍了Tutorial课程的outline。Carrie老师非常注重发展大家的发散思维，也注重联系教学实际，并鼓励大家注重自己对团队的贡献。More ideas，more valuable，紧紧围绕What、How、Why、When，让我们看到Carrie老师带给我们的精彩纷呈的精神大餐。

万事开头难，我们在英国留学的第一周顺利结束了，在各位导师和同学的互帮互助下，我们均已适应了英国的生活环境，这为我们接下来的学习和生活奠定了良好的基础。

【感悟】

我们本次所参加的培训既有来自市教育局和国家留学基金管理委员会的评价，又有来自雷丁大学的评价。但评价是双向的，既有雷丁大学对我们学习表现的评价，也有我们对雷丁大学课程的评价反馈。我们每个学员对课程有两次评价，分别在期中和期末。让我感触最深的是，评价的目的是更好地调整教学以符合学员的预期。我们做完调查问卷的第二天，所有教授就和我们进行了一次面对面的交流。每个人针对学员合理的评价和建议进行总结，并在接下来的教学中发挥更大的促进作用。

雷丁大学对我们的评价更是体现在真实情境的运用中。最初对我们有一次摸底测试，主要测试听说和写作技能，然后教授们根据测试结果，将我们分成

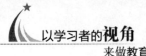

Blue和Green两个团队。因为口语课要求一个班不超过15人，所以我们30个人在上口语课时被分成了两个班级。在课程的开始，教授们就跟我们提到了诚信这一点，要求所有独立完成的作业不能有任何抄袭，哪怕是教师讲课的资源和下发的handouts。剽窃抄袭他人作业记为0分，得不到证书。在明确了原则之后，对我们的评价主要有Action plan（50%）两次二对一的采访答辩；一个Lesson plan，PPT展示分享和个人800词以上的反思（40%），还有实习汇报，所有课程活动参与情况（10%）。

根据学习金字塔理论（美国学者、学习专家爱德加·戴尔1946年提出），两周后学习效果跟学习方式有直接关联，仅以听的方式进行学习，两周后学习者只能记住5%的学习内容，这种学习效率是最低的；而小组讨论以及真实情境中的运用则会使学习者记住50%～75%的学习内容；如果教别人或者"马上应用"，学习者可以记住90%的学习内容。由此我们可以看出，学习效果在30%以下的几种传统方式都是个人学习或被动学习，而学习效果在50%以上的都是团队学习、主动学习和参与式学习。我们这次培训所需要做的无疑是在真实情境中的应用。无论是语言，还是教学理论，我们都是在活动中、在任务的完成中获取知识，提升自信与表达能力。

比起短暂的旅行，三个月的时间很长，长到我们足以深入英国家庭品味地道的英国风土人情；比起漫长的求学之路，三个月的时间很短，短到我们无法完成大学的一门必修课程。但是一切都是最好的安排，市教育局领导和雷丁大学已经为我们创造了足够好的平台，接下来就需要我们全身心地去探索、去体验、去提升、去创新。

2019年3月8日

灵活多样的课堂导入

1. Drama开场——体验不一样的热身活动

早上来到教室，我发现Rachel已经在教室的墙上贴好了10张纸，到了上课时间，她依然准时开始。只是这一次，她一反常态，没有幽默风趣的开场白，而是一脸严肃地拿着讲义快速地说这节课的目标。大家一脸茫然、不知所措地看着她，而她甚至不抬头看我们一眼，又重复了一遍这节课的主要目标，然后问"How do you feel？"几乎没有学员回答她的问题，因为大家还是异常困惑，自然也没有任何学习的劲头。这时，Rachel放下讲义，用慈祥的目光注视着我们，同时露出了我们期待已久的笑容。她说刚才只是个玩笑，给大家演示了一个Drama，但是需要大家思考"我刚才做错了什么"（Think about what I did wrong），然后进行小组讨论。

在Rachel的引领下，大家纷纷发表小组讨论后的观点：在课堂导入环节，缺少师生间必要的交流，尤其是一些肢体动作，如微笑（smile）、目光交流（eye contact）等几个方面，只是以教师为中心，而忽略学生的主体性（subjective），不能充分调动学生的积极性。

Rachel还带领我们去探索目标（aims）的重要性。她用学者曾提出的"Always start with your aims when you teach（教学一定要从你的目标开始）"，让我们理解教师的教学目标定位足以影响学生的学习效果。如此，我们不难理解为什么这节课的开始，Rachel在Drama中呈现的导入方式是失败的：这样的目标忽略了学生群体的感受，只是在走教学流程。回归到本质问题，教育是培养人的，而不是仅仅传授知识。每个人需要真正明确为什么学习（You should know why you are learning）。由此可见，一堂课的热身环节（warmers）有着非同一般的重要性。

2. 描述情绪——体验情绪对学习者的影响

为了让我们对warmers有更好的体验，接下来，Rachel让我们回顾上周五所学内容。小组讨论后，她依然带领我们总结所提到的内容，可以是一个单词（word），也可以是自己学到的新想法（new ideas）。Rachel快速板书记录各小组提供的信息，接下来，她让我们用一个形容词来描述一下自己当下的心情和感受。然后她带领我们做了一个相关游戏——所有人都站起来，当她说到一个形容词时，只要与我们当下的心情一致，我们就可以坐下，以此将我们的感受和这些词汇联系起来。随着一个个词汇如relaxed、bored、excited、happy、tired等不断地呈现，她也不断关注着每一个人的感受。最后，当所有同学都坐下后，Rachel带领我们进行反思（reflection），让我们在亲身体验后，验证情感对学习者当下学习效果的重要性，并引用了下面这句话：

I've learned that people will forget what you said, people will forget what you

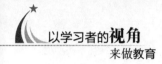

did，but people will never forget how you made them feel.——Maya Angelou

　　每个活动结束后，Rachel都会留给我们时间讨论这样做的目的，以及反思在我们的教学中如何改进。There are lots of different reasons，caring about the students' feeling moral，go over different kinds of adjectives，checking up speaking grammar。还可以小组方式来做，由同学来问。在接下来的环节中，Rachel给我们提出了一个新问题，以"How did you feel the day you left Qingdao？"为问题，给出一个形容词，继续进行小组内的猜词游戏，老师带领学生体验感受，并关注mood，feeling of their students。

3. 图片环游——让学习行为可见

　　课前，一进教室，我就发现墙上贴了很多图片，直到此刻，Rachel才说出它们的用途。原来她需要我们两人一组判断图片下面的句子是否正确（True or False）。尽管都是成年人，但此时作为学习者，我们俨然和学生一样，对教师设计的每一个游戏保持高度的积极性，这个图片环游活动也不例外。Rachel话音一落，大家两人一组就近从身边的图片逐一开始讨论起来。因为有时间限制，所以大家每完成一张图片，就开始迅速移动，但期间Rachel强调最多的是不能使用百度查答案，要凭自己的经验来猜测。

　　（1）A cockroach can live several weeks with its head cut off.

　　（2）Your heart beats over 100，000 times a day.

　　（3）Coca-Cola would be green if they didn't add colouring to it.

　　（4）Worldwide，more people are killed each year by bees than by snakes.

　　（5）The longest recorded flight of a chicken is 3 seconds.

　　（6）You're born with 300 bones in your body. By the time you reach adulthood，you only have 206.

　　（7）A quarter of the bones in your body are in your feet.

　　（8）More people are killed by donkeys annually than are killed in plane crashes.

　　（9）A chicken with red earlobes will produce brown eggs，and a chicken with white earlobes will produce white eggs.

　　（10）In the course of an average lifetime you will eat about a hundred insects in your sleep，including ten spiders.

　　（1）（3）（5）（10）是错误的，其余都是正确的。这些超越英语教学范围的问题打开了我们的思路，同时活跃了我们的思维。虽然Rachel给出了答案，但大家对这些问题的探讨依然保持着很高的兴致。紧接着，Rachel又给我们提出了一个新的任务，她把卡片都折叠起来，让我们集体讨论并说出这些句子，最终把句子都写下来。这时，大家才发现刚才只关注结论"判断正误"，却忽略了句子结构，所以默写对所有人来说都变成了一件艰难的事情。幸好Rachel又给了我们再一次查看的机会。这次，大家的积极性更加高涨了，每个人都朝着自己的目标努力记忆着。很快，时间到了，大家回到自己的座位开始安静地写出刚才的十个句子。这时，大家都不约而同地做了一个动作，那就是虽然图片不在了，但脑袋时不时需要转向图片所在的位置，以此来帮助回忆。在接下来的讲解中，Rachel也让大家明确了这个活动的目的，它不仅能促进学生积极思考，还能充分利用教室的空间位置帮助学生记忆。

反思环节：

Activities：Reflecting.

How did you feel about doing these activities?

Why do we do these types of activities?

Could you use these activities in your own classes？ In what way（s）might you need to adapt it?

这个活动与动物有关，我们可以把它转换成与我们课堂主题相关的任意话题，使其具有普适性。活动意义不言而喻，it's good for our brain to work when we stand up to do something. Position helps us to remember. Put things in different places，we help students to remember。

Rachel和我们一起反思：为什么大家开始时写不出多少句子？因为最初的活动目标未提及默写。所以，教师的活动指令要精准，简洁明确的指令能够帮助学生更好地完成任务。

4. 利用信息差（Information Gap），调动学生参与的积极性

随后，Rachel带领我们做了一个利用信息差（Information Gap）的两人活动，即在中国地图上圈出四个自己最喜欢的地方，然后和同伴交流原因。对于每个活动，Rachel都做了充分的准备。就拿这个活动来说，她没有选择让我们看着大屏幕上的一张大地图进行口头交流，而是非常用心地把一张张彩色小地图发到我们每个人手中，就算是两人活动，她也确保我们每人人手一张小地

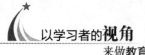

图。但她绝对不是铺张浪费，相反，对于很多可以循环利用的资料，她会用心地收集保存起来，她说要尽可能节约用纸。

最初，我对Rachel发的小纸片一类的小道具有点不屑一顾，总觉得这是给小学生用的，对我们成年人没有多大用处，还不如干脆用PPT呈现一个地图，利用三五分钟讨论一下，这样非常高效省事。但是，在参与的过程中，作为学习者，我切身体会到，当我手中拿着地图，用笔圈画每一个城市的时候，我特别专注，同时在积极地调用我的生活经验。而当我们各自拿着自己独一无二的小地图和同伴互动交流的时候，也更有一种身临其境的感觉。不得不说，小纸片有大作用。身边的每个学员都像孩子一样拿着中国地图，开心地分享着自己曾经的经历。

这节课的最后，Rachel给我们下发了当天的讲义（handouts），并要求我们每个人拿出5分钟时间总结近期所学的主要内容（take five minutes on your own to think what you have learned）。Rachel通过一个个趣味活动，从关注学习者、考虑其情绪因素到利用教室空间、已有信息差等方式，让大家体验到了什么是好的热身活动。每个活动Rachel都带领我们全身心地经历体验，然后分享感受并反思其中的Rationale。热身活动有很多种作用，但概括起来，不外乎从两方面入手：语言目标（Linguistic aims）和课堂动态与管理（Classroom dynamics and management）。Rachel依然没有夸夸其谈地讲述，而是让我们以小组活动的形式来讨论学习。

这次，Rachel发给每个小组14张小纸条，每张纸条上都写着热身活动的其中一个作用，要求我们阅读并按语言目标和课堂动态与管理把它们分成两类，通过这个活动，我们进一步理解了warmer的两种类型。

（1）to calm students down.

（2）to pre-teach vocabulary.

（3）to raise students' interest.

（4）to focus on pronunciation.

（5）to fill free time at the end of the lesson.

（6）to give additional language practice.

（7）to make students happy.

（8）to change the pace and wake students up.

（9）to focus students on the lesson.

（10）to give an informal progress test.

（11）to students'attention duration longer.

（12）to rearrange groups.

（13）to revise vocabulary/grammar.

（14）to encourage collaboration and teamwork.

最后，Rachel以思维导图的形式带领大家共同探讨常见的warmer方式，如daily report、flash cards、chants、games、free talk、video、song、brain storm、dictation、Bingo、T.P.R.、dialogue、role play、look at a picture等，为我们提供了更多选择，促使我们的课堂更加有趣。（You do make your class more interesting. Do a different warmer every course.）

每一节课，Rachel都能带给我们非常多的思考和启发，两小时的时间过得很快，我们期待着更多的课堂。

下午进行的是语言能力提升课程，这个课程将有三名教师来任教，他们分别是Ted，Paul and Fran。首先，Ted和Paul对这个课程进行了25分钟的介绍，并留给我们一些提问答疑的时间。接下来就是测试环节，分为语法和写作两部分，每部分25分钟时间。原则上，口语教学班的人数不超过15人，所以第二天根据测试结果，我们30人被平均分成了两组（Blue Group and Green Group），这是标准的小班化教学。有趣的是，因为习惯了按1班、2班这样的数字形式来分类，我们经常忘记自己所在组的名称，只能通过辨认同学的方式来进一步确认。

Ted and Paul重点强调每个学员务必做到学术诚信，无论是的复制粘贴网络资源者，还是抄袭教授讲义内容者，一律被看作plagiarist（剽窃者）。这一规则的严格界定和执行确保了我们全身心投入整个学习过程，积极思考，有自己的思想，不生搬硬套所学内容。

另外，对我们要求非常宽松的是对待错误的态度（You are supposed to make mistakes.）。教师鼓励我们大胆尝试，不要害怕出错，而且在实际上课的过程中，我们也真切地感受到了教师对我们的错误的包容，每个人的想法和观点都是可以被理解和接纳的，而英语真正成了一种沟通交流的工具。

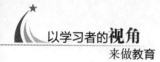
【感悟】

我参加过很多学习培训，但从未放下过教师的身份，只有这次是完全以学习者的身份来参与学习的。而这次培训可以说是时间最长的，但也是令人最难忘的。因为，全新的体验式教学打破了传统以听报告为主的培训的枯燥乏味，小班化身临其境的情境式教学让学习和生活完美融合在一起。所有课程的设计都符合我们的认知规律，第一节课从轻松的游戏活动开始，而三个月的时间内，Rachel老师为我们呈现了非常多warmer and cooler，竟然从未重复过，有创意地进行课前热身导入是我这次学习最大的收获。热身活动的目的是一致的，那就是激发学生的学习兴趣、锻炼学生的听说能力，但Rachel老师的教学亮点在于以生活中的物品作为教具增加了趣味性，这些教具有时是气球，有时是骰子（dice），有时是硬币，有时是game board，有时是限时自由表达，有时是画板，有时是游戏活动。总之，Rachel老师总会像变魔术一样带着大家一起开心地进入学习状态。而我们也惊喜地发现，三个月来，我们的学习热情越来越高涨，听、说、读、写各方面能力也有了很大提升。这不得不归功于Rachel老师带给大家的幸福学习体验。

每次活动，Rachel都要强调PBP原则（Private Before Public），即首先留给学生个体学习思考的时间，然后进行两人活动，接下来是小组活动。这一点与国内有一定差异，我们在教学中通常强调的是整体—小组/两人—个体，在提问学生个体之前，先确保学生整体已经了解新知识，然后检查小组或两人的掌握情况，最后到学生个体，以免在没有整体讲解的前提下造成学生个体学习的困难。在这种情况下，教师的角色更像是一个必不可少的检查者，教师具有主动权和一定的掌控性，其潜在信念为学生学习离不开教师，教学目标更多地侧重让学生掌握知识，缺少让学生进行沟通分享的意识。而Rachel则更强调教师作为facilitator（促进者、帮助者）的角色，更加突出学生的主体性，注重学生的独立思维，其潜在信念为学生能够独立学习，教师只有在必要的时候帮助学生个体，学习目的是交流分享。或许两种思维方式没有明显的好与坏之分，只是关注学习的不同阶段，终极目标都是让学生学会。但我个人更倾向教师作为帮助者的角色。我的内心有一份坚信的力量，那就是学生可以学会，因为信任也是尊重的前提。当我们信任学生，才能有意识地让学生去做事情，而学习能力就是在不断做事情的过程中逐渐得以提升的。

　　值得注意的还有Rachel在教室里专门设置了一个stand-up light，用来提醒她到了一定时间就让学生们站起来活动，因为科学研究表明，人在站立起来后，更多的血液可以供给到脑部，可以使思维更加活跃。

　　每次小组活动，教师们都或采用就近分组方式，或采用报数分组方式，确保每个人都有同伴，无论是两个人，还是三个人，每个个体都得到了关注。而在小组讨论的过程中，教师们一定是来回巡视，倾听每个小组发言，而且包容错误，即使你出现低级的错误，教师也会以简笔画这种幽默的形式来呈现并进行善意的提醒。（如clean the kitchen被误说成clean the chicken，eat the dessert被误说成eat the desert。）

　　这些人性化的做法都体现了教育对生命的充分尊重。反思我们的课堂，是否在不经意间有被忽略的个体？即使学生在知识学习上有难度，也请教师给予他们人性的关注和及时的帮助，因为不放弃也是尊重的前提。

　　通过学习克拉申的五个假设，我们知道Affective filter（情感过滤器）在信息接收过程中起着至关重要的作用。它的强弱直接关系着最后的输出效果，这也进一步提醒我们关注学习者个体的生命状态、情感体验。打造舒适愉快的学习环境，可以让学习事半功倍。

2019年3月11日

教育理论学习

认知与社会建构主义

今天，我们遇到了一位新教师Sharon。她是一个精力非常充沛、性格活泼开朗的教师，无论从她的性格，还是外表，你根本想象不到她已经50多岁了。她和Rachel老师有着明显不同的风格，但这并不影响我们对每一位教师的喜爱。Sharon一般是卡着时间点进教室，而每次一定是她热情的问候声和灿烂的笑容伴随着她匆匆的脚步声同时出现在教室。

第一节课时，由于天气恶劣和交通拥挤，她迟到了几分钟。或许是为了弥补耽误的课堂时间，Sharon从"construct（建构）"这个词直奔主题。首先，她要求我们进行头脑风暴，在3分钟内写出当我们听到和看到这个词时出现在脑海里的每一个画面和词汇（every image and word）。在每个学员写完之后，我们按要求分组讨论并分享对于"construct（建构）"一词的不同观点和看法。Sharon没有否定任何答案，而是把抽象的理论转化成任何人即使没有心理学背景也可以理解的通俗说法。她说心理学家通常有两种研究人的方式：一种是关于个体如何思考和感受的；另一种是关于人们如何行动、如何运用身体语言及眼神进行交流的。这也正是Cognitive Constructivism（认知建构主义）和Social Constructivism（社会建构主义）。由于社会建构主义可以与认知建构主义重叠，Sharon向我们强调了认知建构主义：当人们积极参与解决问题和探索可能的答案等活动时，学习效率会更高。建构主义关注的是知识的建构过程（construction），而不是复制（reproduction）。

建构主义是关于知识与学习的理论。它强调学习者的主动性，认为学习是学习者基于原有的知识经验生成意义的过程，而这一过程常常是在社会文化互动中完成的。Sharon用建造房屋这一形象的比喻向我们呈现了建构知识的过程。作为教师，我们构建的是知识，建构者（builder）自然是教师和学生，而脚手架（scaffolding）则可以是来自任何人或任何东西的支持，如学习材料或任何其他额外的帮助。但最重要的建构过程是思考，这也是搭建脚手架的意图所在。建构主义的代表性人物是瑞士的皮亚杰（Jean Piaget）。他认为，儿童是在与周围环境相互作用的过程中，逐步建构起关于外部世界的知识，从而使自身的认知结构得到发展。从教师的角度来说，他的研究有两个重要的部分：儿童如何发展认知能力（How children develop cognitive abilities）和儿童在不同的阶段能做什么（What children can do at different stages）。（Stages of Cognitive Development / Growth见表2-1）

表2-1

Age	Stage	Ability
Birth to 2	Sensori motor	The mental structures are mainly concerned with the mastery of concrete objects. Infants use sensory and motor capabilities to explore and gain understanding of their environments
2 to 7	Pre-operational	The mastery of symbols takes place. Children begin to use symbols.They respond to objects and events according to how they appear to be
7 to 11	Concrete operational	Children learn mastery of classes, relations, and numbers and how to reason. Children begin to think logically
11+	Formal operational	The last stage deals with the mastery of thought and abstract thinking. Children begin to think about thinking. Thoughts are systematic and abstract

随着儿童的成长，认知发展可分为不同的阶段（Sensorimotor感知运动阶段、Pre-operational前运算阶段、Concrete operational具体运算阶段、Formal operational形式运算阶段）。依据这一认知发展理论，在教学实践中，我们既不能教儿童在我们的帮助下学不会的东西，也不能教他们已经知道的东西。我们在学校能教的是他们在我们的帮助下可以学会的东西，这一部分就是最近发展区（Zone of Proximal Development，ZPD）。

One Model for the ZPD

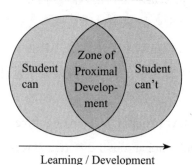

图2-2

皮亚杰原理（Piagetian Principles）：

Learning is an active process.（学习是一个主动的过程。）

The students：Make mistakes，solve problems.（学生：犯错，改错。）

The teacher：Presents information as tools to solve problems，not isolated unrelated facts.（教师：把信息作为解决问题的工具，而不是孤立的、不相关的事实。）

Learning occurs with new experiences changing existing prior knowledge.（学习是伴随着新经验改变已有先验知识而发生的。）

为了让我们更好地理解这个学习理论，Sharon让我们在5分钟内想出20种回形针的使用方法。（You have 5 minutes to think of 20 ways of using a paper clip.）大家手里拿着小小的回形针，开始的时候都飞速地书写，可没过一会儿，大家抬起头，你看看我，我看看你，感觉1分钟都用不了就已经写完了，因为在日常生活中，回形针不过是用来夹纸张或资料的。可为什么Sharon给我们留这么长的时间？

好不容易等到时间结束，Sharon统计数量时发现写得最多的学员能找到9种方法，而大多数学员只想到了3～5种方法。然后，Sharon让我们在组内分享交流各自的方法，这一次，在大家的互相启发下，每个人都可以写9个左右了。接下来，她让每个组选出一名方法最多的成员与其他小组成员互换。这样看起来似乎更有趣了，我们每个人都差不多写到了20种方法。看着从开始的三五种到近20种，我们几乎不敢相信，但这还没有结束，接下来，她让我们交换下一名成员，并把分享的内容写在新的一页纸上。最后，我们发现一个小小回形针的使用方法竟然超过了20种。终于，在大家的共同协作下，我们成功完成了任务。

　　这正是Sharon从一开始就向我们说明的，我们不是从教师那里学到东西，而是通过与合作伙伴的体验和分享学到东西，而教师需要做的只是为学生创设一个解决问题的情境，这就是任务型学习（Tasked-based Learning）。整个任务的完成过程恰好是知识在我们头脑中逐步构建的过程。这也正是建构主义所提倡的在教师指导下的、以学习者为中心的学习。它既强调学习者的认知主体作用，又不忽视教师的指导作用，教师是意义建构的帮助者、促进者，而不是知识的传授者与灌输者；学生是信息加工的主体，是意义的主动建构者，而不是外部刺激的被动接受者和灌输的对象。正如维果斯基所说："今天的孩子们能够合作做什么，明天他将能够独立做什么。"而问题在于，每个人经历的事情可能与其他人不同，而个体已有的先验知识与所学东西又是密切相关的，这对教师来说或许是个挑战。

　　经历了前面小组共同探究回形针使用方法的体验，我们更容易理解皮亚杰的认知发展理论。而对于"发生认识论"中提到的图式（scheme）、同化（assimilation）、顺应（accommodation）、适应（adaptation）、平衡（equilibrium）等抽象概念，Sharon以练代讲，设置了一个填空练习，让我们在读文章的过程中理解它们的含义与区别。皮亚杰认为新知识乃是连续不断构成的结果。他把智力的本质看作一种适应，即在主体和客体相互作用过程中产生并通过主体不断自我调节而建构或再建心理结构的机制。适应是通过两种形式来实现的：同化和顺应。同化就是把环境因素纳入机体已有的图式或结构之中，以加强或丰富主体的动作；顺应是主体的图式不能同化客体，而是需要改变主体动作以适应客观变化。个体通过同化和顺应这两种形式来达到机体与环境的平衡。如果机体和环境失去平衡，就需要改变行为以重建平衡。这种不断的平衡—不平衡—平衡的过程就是适应的过程，也就是儿童智力发展的实质和原因。

　　接下来，Sharon为我们读了一个故事——《盲人摸象》，这几乎是一个家喻户晓的故事，常用来启示那些片面看待问题、以偏概全的人。当我们把六个人的观点组合在一起时，呈现出了非常可笑的大象图形。所有人的观点都没有错，但也不正确。通过这个图式，我们可以看到个体认知失去平衡的结果。

THIS IS AN ELEPHANT

图2-3

最后一个活动是奔跑听写（Running dictation），它可以锻炼听、说、读、写、看的综合应用能力。因为是以比赛的形式进行，所以大家都很感兴趣。我们完全可以在教室里进行这个活动，尤其当学生们在课堂上感到厌倦的时候，这是让他们保持专注的一种有效方式。

【感悟】

对于一线教师来说，我们都不乏教学经验，但缺乏理论支撑。作为本次培训的基础课程，建构主义被放在了核心环节。感谢Sharon和Rachel以一种非常有趣的方式让理论知识学习变得轻松愉悦。教师要依据认知建构主义与社会建构主义理论，在教学中充分考虑学生已有的知识体系，尊重个体差异，找到每个学生的最近发展区，更加有的放矢地进行精准教学。有心理学基础的教师会发现，学生能在英语课堂上听到教师讲解这些内容是一件非常令人欣慰的事情。因为在教学实践中，我们发现围绕知识的教学不仅让教师失去了耐心和信心，更是抹杀了儿童的天性。而当我们有了心理学和教育学上的建构主义理论，我们的教学就会变得更加人性化，更加有创造性。

此刻，坐在教室里听到Sharon和Rachel在一次次呼吁我们站在孩子的角度考虑问题，回想起多年前第一次接触心理学知识的欣喜与兴奋，我们越发感受到教师的塑造人类灵魂的教育责任之重大。要想当一名优秀的教师，首先要成为一个真正懂孩子内心的教师。教师教育学与心理学的内化与融合程度决定了他在教育教学实践中应对问题的态度和方法。独立思考、积极参与、乐于分享、善于反思，包括犯错是每个孩子应该享有的权利，请给每个孩子创造学习的平台和机会，而不要过早、过多地给他们贴上标签。

关键原则（Key Principles）：

（1）Learning takes time. 学习需要时间。

（2）Learning is an active process——the learner should be active but teachers need to create the environment to facilitate. 学习是一个主动的过程——学习者应该主动，但教师需要创造环境来促进学习。

（3）Learning involves language. 学习涉及语言。

（4）Learning is contextual, no isolated facts, we learn in relation to what we already know. 学习是前后关联的，不是孤立的事实，我们是根据我们已经知道的东西来学习的。

（5）Constructing meaning is a mental activity, a reflective activity, learning is both a mental and social activity.（that involves interaction with peers, parents, teachers and friends）建构意义是一种心理活动，一种反思活动，学习既是一种心理活动，也是一种社会活动。（包括与同龄人、父母、教师和朋友的互动）

（6）Motivation is a major aspect of learning. 动机是学习的一个主要方面。

2019年3月12日

阅读速度与阅读技能

1. Warm up

今天，我们跟随Sharon一起来到了伦敦路校区。课前，她给我们每人发了一张带有一个问题（question）的小纸条。我们要做的是站在教室的后面，任意找一个同学回答这个问题，等对方回答完，再和他/她交换小纸条。然后，我们需要找下一个同学继续提问、交换，直到Sharon说时间到。因为这个活动中所讨论的问题都是基于大家已有的生活经验，所以每个学员都兴致高昂，将雨天带来的忧伤抛到了九霄云外。

图2-4

接下来，Sharon和我们分享了这样做的目的。通常在刚开始上课时，学生容易感到困倦或习惯保持沉默，这时，我们需要做一些活动来唤醒他们。这就是一个非常好的热身活动，因为它简单易操作，只需要根据班级或小组人数提前准备好与主题相关的基本问题，就可以根据班级实际情况灵活运用了。

Sharon引用了布卢姆（Bloom）的一个观点：一个好教师能提出有趣的问题，并耐心等待答案。而我们需要做的就是把学生们聚集在一起，让他们学会提出问题，哪怕是提出已知的问题，相信在得到答案的那一刻，他们的内心一定是欣喜的，眼睛一定闪烁着智慧的光芒。这样的活动目的就在于逐步提高学生提出问题的能力。

2. Show learning objectives

By the end of this session, you will have:

（1）identified different reading skills.

（2）become more aware of how to help students to become effective readers.

（3）experienced a range of sample reading activities.

（4）acquired ideas for pre-reading, while-reading and post-reading tasks.

（5）discussed ways to help students to develop good football skills.

（6）become more confident about exploiting reading texts in future.

热身活动结束后，Sharon告诉我们今天要学习一些关于阅读的知识，而且提醒我们阅读时的提问也很重要。接下来，她在大屏幕上呈现了学习目标（Learning objectives），并要求我们在30秒内找出所呈现目标的错误。很明显，在30秒的时间里，我们都不可能读完满屏内容，更别说再仔细看目标内容了，而在一节课的时间里，我们也无法帮助学生提高所有的学习技能，而且这个活动和阅读无关。从目标开始，Sharon引导我们带着批判性的思维去看待目标与教学的关系，而这节课，她重点通过指导我们阅读的方法来教授阅读。

3. Reading skills

为了检验我们在阅读中是否认真细心，Sharon带领我们做了一个小测试。她首先给我们发放了讲义（handouts），然后要求我们按照上面的指令完成各项任务。拿到讲义后，我们习惯性地从第一条指令开始认真阅读，并按要求逐一完成，但当读到第12条指令最后一个"Complete only the first instruction"时，大家都不约而同地笑了。直到最后，我们才发现前面的工作都是徒劳的，因为最后的指令是"只完成第一个指令"。

（1）Write everything in the left hand column of this table, starting with your name. Put it in the top left-hand corner.

（2）Underneath your name, write your date of birth.

（3）If your date of birth has a 3 in it, underline your date of birth. If there is no 3, ignore this instruction.

（4）Write the name of your school in capital letters in the top right-hand corner and underline it.

……

测试结束后，Sharon告诉我们，一个好的读者在着手做任务前，首先会浏览完所有信息，但我们所有人无疑都习惯按部就班地从第一个词读到最后一个词，边读边做。通过这个测试，大家学会了纵览全局，而且意识到需要掌握必要的阅读技巧，以帮助我们在短时间内获得必要的信息。

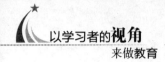
READING SKILLS

USE BACKGROUND KNOWLEDGE	ASK QUESTIONS	IDENTIFY THE AUTHOR'S PURPOSE	IDENTIFY THE MAIN IDEA
RECOGNIZE SEQUENCE	RECOGNIZE CAUSE AND EFFECT	MAKE INFERENCES	MAKE PREDICTIONS
SUMMARIZE	DISTINGUISH BETWEEN FACT AND OPINION	FIND FACTS AND DETAILS	RECOGNIZE COMPARE AND CONTRAST
MAKE CONNECTIONS	VISUALIZE	REREAD FOR CLARITY	ADJUST YOUR PACING

THE CLASSROOM KEY

图2-5

接下来，Sharon计时测试我们1分钟的阅读速度。当时间结束，Sharon在屏幕上呈现我们的阅读速度时，惊讶地发现我们都是slow readers，因为没有一个人能在1分钟内阅读超过200个单词，这意味着我们都是慢速阅读者，而恰恰是我们自己让阅读速度变慢。因为我们用的是传统的阅读方式，所以我们把自己训练成了慢速阅读者。

110 wpm（words per minute），slow reader.

240 wpm，oral reader.

400 wpm，auditory reader.

1000 wpm，visual reader.

4. 阅读速度慢的原因

Reread——read the same information two or three times（重读——同样的信息读两三遍）

Confuse similar words, such as where and were, and are unable to guess unknown words（混淆类似的单词，如where和were，无法猜出生词词义）

Say words aloud as they read（sub-vocalisation）or hear the sound of their own

44

voice in their mind as they read.（阅读时大声说出单词，或者阅读时在脑海中听到自己的声音）

Have low concentration——their mind wanders as they read（注意力不集中——阅读时心不在焉）

Read word by word——focus on one word at a time，move a space to the next word.（逐字阅读——每次只关注一个词，只移动一个空格一个单词）

Skip and skim——because they are running out of reading time.（跳读和略读——因为阅读时间不够）

Reverse words——they read the words in the wrong sequence.（颠倒单词——以错误的顺序读单词）

5. 如何做到高效阅读

好的阅读者（good readers）倾向关注单词的开头，能够通过只挑选有意义的实词（content words）实现快速阅读，同时很擅长猜测每个句子的意思，预测每个句子的用法。为了提高我们的阅读速度，Sharon教给我们一种手部定位的技巧（Hand Position-guiding technique）。有了新的阅读技巧，我们的阅读速度提高了2倍。

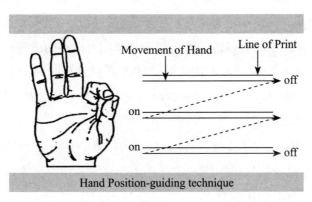

图2-6

接下来，Sharon给我们展示了常见的两种阅读方式：精读（intensive reading）和泛读（extensive reading）。不同阅读者可以根据自己不同的阅读目的来选择精读或泛读。比如，为了帮助学生学习更多的知识，在多数情况下，教师会选择包含一定生词且有一定难度的语篇，让学生通过精读理解其中的细

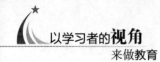
节；而学生可能更倾向选择词汇简单，只需了解大意的文章进行快速泛读。常见的阅读模式有"自上而下"（Top down）和"自下而上"（Bottom up）。"自上而下"模式指的是读者利用自己已有的语言知识和有关经验对文章进行认知、加工，从而理解文章的主题和结构以及作者的意图等，也就是读者利用已有知识（existing knowledge）、视觉线索（visual clues）、期待（expectations）和从文本中已理解的东西，逐步建构自己进一步阅读的图式，一般包含以下步骤：Previewing - Predicting、Skimming and scanning、Guessing from context、Paraphrasing、Summarizing、Recognizing fact VS opinion language。

"自下而上"模式是读者从低级的字母加工发展到高级的词组、句子以及语义的加工，通过对字母、单词、词组和语法结构的理解，达到对全文理解的目的，即先对文本中最小的单位进行解码，然后逐步形成更大的画面，一般按照以下顺序进行一系列的信息加工处理：Recognizing letters and parts of words、Sounding out words、Putting syllables together to make words、Putting phrases together to make sentences。我们不难发现，"自上而下"模式更有利于提高学生的阅读能力。但真正的阅读绝不可能只用一种方式，因为图式理论认为，阅读理解是一个读者头脑中被激活的相关图式与阅读材料之间双向交流的过程。在阅读过程中，交互作用（interactive）模式作为"自上而下"和"自下而上"两种信息综合加工的模式更为常见。除了这两种模式，略读和扫描也是我们日常教学中常用来教学生阅读的模式，但是当我们自己在阅读时，却容易忽略如何阅读。事实上，我们还没有成为好的阅读者，只是试图把阅读方法教给学生，而没有真正提高自己。一个好的教师永远不会停止阅读和发展。

6. Jigsaw Reading

上午课程的第二阶段，我们在Sharon的指导下体验了拼图阅读（Jigsaw Reading）。她给我们提供了同一主题（Homes）两种难度等级的阅读材料：初级（关于narrowboat）和高级（关于lighthouse），然后让我们和搭档两人合作，从中选择一篇文章。读完自己的文章后，我们需要回答彼此的问题。因为人数少，所以我们所体验的可以说是一个简易版的拼图阅读活动，但在我们真实的课堂教学中，这种方法还需要有效落实。作为学习者，我亲身体验了阅读过程，并和同伴针对阅读内容进行了分享。我感觉到在互动交流的过程中，我对文本的理解在加深，而且从同伴那里获取的信息又推动我进一步深入理解文本的内容，从而进行对比分析。我认为这是练习阅读理解的一种很有效的方式，它既能促进学生认真地阅读，又能检查他们对语篇的理解情况，同时开放性问题的讨论促进了参与者双方的思维，增加了阅读的趣味性。至于家庭作业，可以让学生分享他们读到的相关主题的文章或写一篇文章的总结，因为阅读和写作总是密不可分的。我暗下决心，回国后一定要第一时间在班级里尝试这种阅读方法。

针对有学员担心英语读物少，难以开展阅读的情况，Sharon分享了自己的想法——建立移动图书馆（a mobile library），即把书放在带轮子的行李箱里，请两名学生自愿帮助同学借书或还书。这样就方便了学生在班级里借阅图书，而不是总依赖学校的图书馆。

【感悟】

Sharon老师在课堂上通过多种体验活动，让我们从阅读速度、阅读方法、阅读理论等方面重新审视了"阅读"，相信这给每位参与者都留下了深刻的印象。不可否认，我们都是slow readers，而造成这一现象的正是我们自己。我们在以汉语的思维方式来阅读，甚至在不明确阅读目标的情况下盲目阅读。而Sharon和我们分享的阅读技巧，又是那些我们最熟悉不过、每天教给学生的阅读技巧。这是不是一个有趣的笑话？我们都在用阅读技巧教阅读，而我们自己却依然不能摆脱slow reader的身份，更别说成为oral reader，auditory reader甚至visual reader了。阅读应该是无处不在的，如阅读手机信息、阅读电器用品说明、阅读报纸杂志，它不是仅仅发生在教学中的。首先，我们要明确阅读的目的，扩大单位时间内的视线范围，学会抓取关键信息，利用大脑的自动填补功能，这样就可以在短时间内提高阅读速度和学习自信心。当我们为了教学而教阅读时，往往欲速而不达，而当我们从培养学生的兴趣和提升学生的微技能出发循序渐进地开展阅读时，或许会无心插柳柳成荫。在教学中，无论在哪个学段，我们都不能太功利，要从满足孩子现阶段的需求开始，耐心地等待孩子经历一次次成长的阶段，让他们一步步遇见更好的自己。

2019年3月14日

TTT（Test—Teach—Test）语言教学方法

今天的课程安排是Rachel向我们介绍英国的学校体制。令人惊讶的是，她只给我们上了四五节课就已经能记住我们每个人的英文名字了。每一堂课她都会采取不同的方式，你永远不会对她的课产生厌倦或感到无聊，相反，每天我们都期待着Rachel给我们上课。今天，她把自己比作父亲，把Sharon比作母亲，目的是让我们在英国的学习和生活更加温馨有趣。

这次的热身活动是"3-2-1"，我们需要和搭档在2分钟内谈论以下事情：

3：differences between China and the UK.

2：things you have learned.

1：surprising thing you have experienced this week.

3：分享关于中国和英国的3个不同之处，如时间（the time）、食物（food）、交通系统（traffic system）、车票（ticket）、交通规则（the traffic rules）、垃圾分类（the dust classification）等。这个问题一石激起千层浪，尤其在大家有了十几天的生活体验后，可以说人人都有话可说。大家吐槽最多的是英国的食物，因为缺少了中国烹饪的煎、炒、炸，多数学员都感觉食之无味，开始想念国内的美食。

2：分享课程中学到的2个知识点，如建构主义（constructivism）以及各种热身活动（warmer）。这个分享起到了很好的复习效果，尤其临近周末，在大家学过一段时间后，这种分享式的复习能避免遗忘。

1：分享本周经历的1件令人惊讶的事情。由宏观中西方的文化到本周所学内容，最终到微观个人的经历和感受，可以说，问题的设置调动了所有人的参与积极性，让大家不会因为长时间的学习而感到索然无味，反而因为有了积极情感的投入，让学习变成了一件自然发生、轻松愉快的事情。

在我们分享完学习和日常生活中的真实经历之后，Rachel引导我们反思这个热身活动背后的原理（Rationale），以及回国后能否在我们自己的课堂中迁移应用。批判性地看待各种活动，结合自己的实际学情大胆创新改进是这次培训带给我们最大的启发。

热身环节之后，Rachel按照座次把我们分成六个小组，并让我们为自己的小组命名，然后她把小组名写在白板上。完成后，她告诉我们将在小组内做一个关于英国教育制度（UK School System）的2分钟测试。因为大家对英国的教育系统知之甚少，所以这对我们来说真的很难完成，即便是小组合作完成，难度也是不小的。当我们完成测试后，Rachel交换了各小组的答案，然后一起核对。在10个问题中，我们小组只答对了3个，最好的小组答对了6个。但不得不说，这个学习过程很有趣，因为大家都期待着得到一个好的结果，所以无论是在做题的过程中，还是在听教师核对答案、给对方批改的过程中都非常专注。最终，我们也是在批改的过程中，大体了解了英国的教育体制。测试结束后，Rachel告诉我们，这种教学方法叫作TTT（Test—Teach—Test）。为了让我们更清楚地了解英国的教育体系，她给我们发了一些资料，让我们在5分钟内阅读完。结合Carrier博士的思维导图，我们可以很容易地看懂英国教育体系。接下来的20分钟，Rachel向我们介绍了4月要进行的School Placement（教学实践）。因为我们将进入雷丁大学附近的各级各类学校去实践体验，所以需要了解每一所学校的基本信息，如学校生活、学术工作、学生情况等。最后，她把我们分成不同的小组，采用类似Jigsaw Reading的方式，以便我们能够分享各个学校的信息。Rachel总有很多好的想法让课堂的每一分钟都有价值。在本节课结束时，她建议我们每天专注一个观察点，这样就可以用心学习，并做到每天反思。学校实践后，我们每个团队将会回来做一个25分钟的分享报告，那将会是一场奇妙的教学经历分享。

　　资料：

　　TTT（Test—Teach—Test）语言教学方法一般指的是学习者首先在没有教师帮助的情况下完成一项任务或活动，然后，教师根据所看到的问题，对目标语言进行规划和呈现，让学习者做另一项任务来练习新语言。TTT之所以被看作一种有用的教学方法，是因为它能够让教师识别学习者在某一语言领域的具体需求，并适当地满足这种需求。TTT尤其适合中级及以上水平的学习者，因为以前他们可能学过语言，但在使用方面仍会遇到特定困难。在混合水平的课程中，TTT也可以帮助每个人确定目标。

2019年3月15日

Second Language Acquisition

今天，Rachel和我们的热身互动是以free talk的形式开始的。作为一周的第一节课，谈论周末的事情自然是这个热身活动最好的选择。How are you? How was your weekend? What did you do? Did you see the Marathon? 但这只是一个小小的过渡，是为了让我们适应课堂高强度的思维活动所做的小铺垫。

本节课的导入活动是Dice game（掷骰游戏）。Rachel拿出一盒骰子，给我们讲游戏规则：屏幕上一共有六个问题，两人一组，轮流掷骰子，掷到了哪个数字，就需要回答哪个问题。但需要注意的是，必须不停地讲1分钟，而且1分钟讲话的整个过程不能被打扰（No interrupt）。

因为这些问题与我们在英国的日常生活有关，所以每个人都对这个游戏感兴趣。最重要的是，比起那些专业术语，对每个人来说，用英语谈论自己的经历很容易。

六个问题如下：

（1）Something you have bought here in the UK which you are very pleased with.

（2）Things you have noticed which are different from China.

（3）How does English help you live in the UK?

（4）Thing you miss most about home.

（5）A great trip/afternoon off that you have had here.

（6）Things you would like to take back to China from the UK，if your bag was huge / money was no object.

游戏结束后，Rachel再次要求我们分享这次活动的原理（Rationale）。它涉及语言和课堂管理。在语言方面，它有利于提高我们的口语表达能力、听力等；在课堂管理方面，它可以让课堂更有趣，改善课堂气氛，让学生关注英语思维，即给学生提供用英语思考的机会。如果我们想在自己的教学中使用这种方法，也许我们需要将其改变成与我们主题相关的问题，使用计时器，将时间控制在半分钟之内。在活动中，教师主要作为一个辅助者，在教室里四处走动，在必要时为学生提供帮助。为了避免复习的枯燥乏味，Rachel继续用TTT的方式借助思维导图来帮助我们检查所学内容。这两个活动，一个是有针对性的热身复习，另一个是很好的导入。在这节课，Rachel教会我们更多关于语言学习的理论。

她像往常一样向我们展示了学习目标。接下来依然不是简单的讲述或知识呈现，而是以问题激发思维。正如我们设置单元核心问题，引导学生进行主题意义的探究一样，Rachel设置的问题是：孩子们是如何学习母语的？你会说几种语言？你是怎么学会这些语言的？谁教会你的？这些问题促使我们回顾自己的语言学习经历，也让我们意识到了输入（input）、表扬（lots of praise）的重要性，从而奠定了我们对语言习得（Language Acquisition）的基本了解。然后，Rachel为我们分发了一些名人图片，她让我们首先讨论他们是谁，然后把名字和照片匹配起来，最后加上他们各自的理论。

1. 相关理论学习

为了帮助我们理解巴甫洛夫（Ivan Petrovich Pavlov）的经典条件反射理论（Classical Conditioning），Rachel让Alan和我做一个简短的Drama。Alan扮演该实验中的那只狗，我扮演科学家。当铃声一响，科学家就给狗一些糖。此后，每当铃声响起时，狗就会产生唾液。一个幽默诙谐的情景剧将这一实验清晰地呈现在学员面前，大家在轻松愉悦的氛围中牢牢记住了巴甫洛夫的经典条件反射理论。对于学习来说，当我们去想一些美好的事物时，我们就将学习与美好的事物连接起来，那么学习自然也会变得相对轻松美好。条件反射是一种自动的学习方式。

接下来，我们通过另一个情景剧再现了斯金纳（B.F.Skinner）的行为主义理论（Behaviourism），即现场模拟教师分别用表扬和惩罚两种不同的方式对学生学习行为习惯产生影响。这一理论也被称为Operant conditioning（操作性条件反射理论）。

诺姆·乔姆斯基（Noam Chomsky）的普遍语法理论（Universal Grammar）指出：幼儿出生在任何环境中都能轻松地学会语言，这似乎是一个奇迹。由乔姆斯基倡导的生成语法方法认为，只有当学习语言的能力是人类大脑某些深层的、普遍的、固有的特征时，普遍语法理论才可以解释得通。

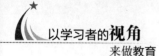
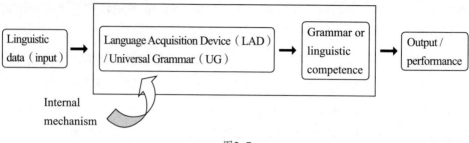

图2-7

戴尔·海姆斯（Dell Hymes）于20世纪70年代提出交际能力理论
（Communicative Competence）。交际能力是指学习者运用语言进行成功交际的
能力。交际语言教学（CLT）最早由戴尔·海姆斯提出。其中，能力和表现都
被认为是比较重要的。

20世纪80年代，普拉布（N.S.Prabhu）设计了交际教学项目（Communicational
Teaching Project，CTP）。他认为外语教学应该是"通过交际来教"，而不是
"为交际而教"。他设计的CTP由引领学生进入思考过程的任务构成，让学生
通过小组合作，运用已经学过的语言和本节课学习的新语言完成任务。普拉布
的这项实验可以看作任务型教学（Task-based Learning）的第一次尝试。在任务
型教学中，教师不会预先决定要学习什么语言，课程是以完成一个中心任务为
基础的，学习的语言是由学生完成任务的情况所决定的。

由于人物和理论名称比较集中，在学习过程中，Rachel不断地回顾提问我
们，以确保我们能把名字和图片以及相应的理论观点对应起来。但不幸的是，
我们总是困惑、混淆。Rachel把名字隐藏起来，只让我们关注人物图片与理论
观点的对应匹配。为了巩固所学，Rachel给我们提供了一个正误判断练习。通
过这个练习，我们对这些理论家有了更深的了解。

接下来，Rachel带我们做了一个关于教学风格的小测试。这个测试比较准确
地反映出不同理念的教师具有不同的教学方法，包括学术/语法翻译（Academic
/ Grammar Translation）、行为主义/视听教学法（Behaviourist / Audio-lingual）、
交际能力（Communicative Competence）、任务型教学（Task-based Learning）、
人本主义（Humanist）。这个测试能让我们透过自己的教学行为看到自己的教学
风格及其背后的教学理念，对教师个人反思自己的教学有很大帮助。

在了解了自己的教学风格后，我们学习了克拉申的五个假说（Five

Hypotheses，表2-2），这是比较流行的理论之一，对我们的日常教学有很大影响。

表2–2

Hypotheses	Characteristics
The Acquisition—Learning Hypothesis 习得—学得假说	There are two ways of developing a second language. Acquisition is a subconscious process and learning a conscious process that results in "knowing about" the language. Acquisition and learning are used in producing language. They are different. Acquisition（subconscious knowledge）allows the learner to communicate while learning（conscious language）serves as a "monitor"
The Monitor Hypothesis 监控假说	The monitor allows the learner to correct or check the language they are using
The Natural Order Hypothesis 自然顺序假说	The rules of the language are acquired in a particular order. All learners learn in the same order
The Affective Filter Hypothesis 情感过滤假说	If students are worried or unhappy，they cannot learn effectively
The Input Hypothesis 输入假说	Humans acquire language by understanding messages，or by receiving comprehensible input

Krashen's Five Hypotheses

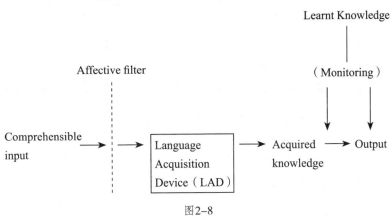

图2-8

图2-8展示了我们学习时大脑是如何工作的。Rachel重点给我们介绍了情感

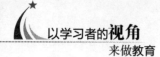
过滤器（Affective filter）是如何影响大脑工作的。当情感过滤屏障非常高时，学习就无法发生。根据克拉申的观点，焦虑、学习动机和自信心是影响第二语言学习的主要情感变量，这对我们的教学具有很强的指导意义。教师除了专注目标语言教学本身之外，还有责任减少学生的焦虑情绪并且激发他们的学习动机，逐步提升学生语言学习的自信心。由此可见，我们需要更多地了解学生，并尽量为学生提供可理解性的输入、互动和有意义的任务，同时，提高学生的思维能力和学习技能。

【感悟】

理论学习的过程难免有些抽象枯燥，但意识到理论对我们教育教学的指导意义后，我们的学习动机就相应地增强了。

我印象最深的是学完理论知识之后，Rachel把我们分成六组，给每个小组提供了一个观点，要求大家小组讨论，然后与其他五个小组分享。通过讨论，我们互相帮助，更好地了解了第二语言学习。

我们是第六组，讨论的观点是All students learn a second language in the same way and at the same rate（所有学生学习第二语言的方式和速度都是一样的）。我幸运地被Rachel选中来做分享。我刚完成的一项英语个别化学习的课题研究恰好跟这个问题有着相似之处。在判断了这种说法错误之后，我用心理学知识和霍华德·加德纳的多元智能理论做了一定的阐释。令人惊讶的是，我的分享得到了Rachel的高度评价，这让我坚信学习和研究都离不开平时的教学，理论知识将会助力我们的教学实践。

习得是一个潜意识的过程，而学习则是有意识的过程。一上午充实的精神食粮需要更多时间来消化和吸收。

2019年3月17日

A demo Lesson on CLT

今天的热身活动让大家非常焦虑紧张，因为是复习以前学过的内容，而且Rachel点名让学员站起来随便说出一个学过的知识点，然后由这个学员任意选择一个同学来回答。这个同学回答完问题，再想一个学过的知识点（不能重复），然后选择另一个同学来回答，依次类推，直到复习完所学内容。在整个过程中，我的心情一直非常紧张。因为昨天晚上没来得及复习，所以，虽然我努力回忆学过的东西，但大脑仍然是一片空白。这让我想起了克拉申的五个假设中的情感过滤假设，我当时的情感屏障肯定非常高，让我无法将注意力集中在大家的问题和交流上。然而出乎意料的是，轮到我们组时，Rachel让大家停止了。在所有热身活动中，我认为这是最让我紧张得不知所措的一个，但这次快速的复习对促进我下一步主动复习还是有积极影响的。

接下来，Rachel像往常一样展示了学习目标：

By the end of this session you will have：

（1）clarified some key concepts.

（2）become familiar with the practical application of some teaching methods.

（3）considered a few approaches.

（4）considered the merits of particular methods and approaches in the context of teaching English in China discussed the advantage of a balanced activities approach.

看到目标又是关于教学法的内容，我们都担心Rachel会给我们呈现一大堆理论知识。出乎意料的是，她没有给我们讲任何枯燥的知识。相反，她拿出了一顶尼泊尔风格的帽子，给我们上了一节尼泊尔语的Demo lesson（演示课）。她告诉我们，戴着帽子就是尼泊尔语教师的身份，摘下帽子就恢复Rachel的真实身份。接下来，Rachel没有再说一个英语单词，而是直接用尼泊尔语展开了教学。在整个过程中，我们都是她的学生。这也是她教我们教学法的方式，那就是不会给我们讲教学法的定义，而是直接让我们全身心投入外语（尼泊尔语）的学习中。这一节课，我们做了各种各样的活动。首先，Rachel用一家三口人在机场的一张照片作为导入，设置了一个互相介绍和问候的对话过程。她

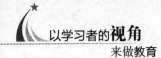

呈现对话时，让我们一遍一遍地跟读，直到每个人都能说出这个句子。然后，她让我们练习介绍和问候的句型。当我们能够在小组中使用这些句子后，她让我们三人一组进行角色扮演，最终，看到大家都学会了目标语言，她也结束了展示。

恢复真实身份的Rachel通过一系列问题让我们及时反馈总结作为一个语言学习者，我们的感受是什么。在问题的引导下，大家从自身感受与教师教学策略两方面进行了反馈。不同的人有不同的感受，Rachel将大家的感受用思维导图一一呈现在白板上。

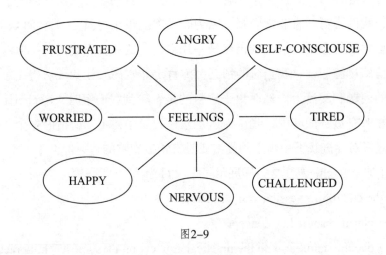

图2-9

Rachel总结了CLT（Communicative Language Teaching，交际语言教学法）基本原则：学习者通过交际学习语言；真实而有意义的交流应该是课堂活动的目标；流利是交际的一个重要方面；交际涉及不同语言技能的融合；学习是一个创造性构建的过程，需要反复试验。

交际语言教学鼓励学生以小组的形式练习语言，让他们有平等的机会提问、回答、发起和回应，同时，鼓励学生有效地交流，而不仅是生成语法正确的语言形式。在这种教学方式下，教师要将目标从语法的准确性调整到流利性，并坚持让学生进行体验式学习，这是因为交际能力的提高是通过沟通来实现的。由此，我们可以看出，CLT的目标是培养学生运用语言来表情达意，完成评论、沟通等任务。

在演示课中，Rachel淋漓尽致地诠释了这种教学方法。她总是通过活动让我们亲身体验和感悟，而不是用报告的方式传授给我们。作为一名学习者，在体验第二语言学习的过程中，我感受到一节课的重点不在于教师在课堂上教了什么，而是教师做了什么，以及教师所说的和他所做的是否一致。

接下来，Rachel给我们介绍了另一种教学法——任务型教学（Task-based Learning），它旨在促进现实世界中的问题解决，主要集中在意义，而不是形式（Cook，G Applied Linguistics OUP 2003）。课堂活动的主要焦点是任务，语言被看作学生完成任务的工具，任务是学生运用语言达成特定目标的活动。活动本身反映真实的生活，学生注重的是意义，在完成任务的过程中，他们可以自由使用任何语言。任务型教学一般有三个阶段：Pre-task cycle（任务前周期）、Task cycle（任务周期）、Post-task cycle / Language Focus（任务后周期 / 语言聚焦）。任务前周期一般包括热身活动或导入，教师介绍情境，提供有用的语言支架；任务周期，学生围绕任务自主合作，开展实践活动，教师记录学生的需要纠正的错误，给学生输入的内容较少；任务后周期 / 语言聚焦，教师对活动内容进行反馈，注重形式和准确性。常见的七种任务类型有：列举（Listing）、排序和分类（Ordering and sorting）、匹配（Matching）、对比（Comparing）、分享个人经历（Sharing personal experience）、问题解决（Problem solving）、项目和创造性任务（Projects and creative tasks）。

任务型教学对我们来说并不陌生。早在2001年我国教育部颁布的《全日制义务教育英语课程标准（实验稿）》就以社会建构主义（Social Constructivism）为理论基础，明确提出倡导任务型教学模式（Task-based Approach）。2011年，修订后的《义务教育英语课程标准（2011年版）》不再明确指出具体的教学方法，表述为"英语课程提倡采用既强调语言学习过程，又有利于提高学生学习成效的语言教学途径和方法，尽可能多地为学生创造在真实语境中运用语言的机会。鼓励学生在教师的指导下，通过体验、实践、参与、探究和合作等方式，发现语言规律，逐步掌握语言知识和技能，不断调整情感态度，形成有效的学习策略，发展自主学习能力"。我们使用的人教版Go for it初中英语教材也是以任务型教学为基本理念而编写的。相对来说，任务型教学创造了促进第二语言习得的环境，很容易与学生的实际生活和语言需求联系起来，课程结束时可以通过任务的完成与否来评价教学效果，学生也更容易受到内在激励，尤其当任务的设置对他们来说富有一定的趣味性和挑战性时。在实际教学中，任务型教学是一种最为常见的教学方法。

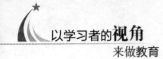

最后，Rachel从语言教学方式的结构化、功能性和交互性三方面为我们补充了几种外语教学的方法。传统方法有语法翻译法（Grammar Translation Method）、听说法（Audio-lingual Method）、直接法（Direct Method）；20世纪七八十年代的"时尚"/"设计师"教学法（"Fashionable""Designer" Methods）、全身反应法（Total Physical Response）、社区语言教学法（Community Language Teaching）、暗示性教学法（Suggestopedia）、沉默教学法（Silent Way）、交际语言教学（Communicative Language Teaching）。近代的教学法有任务型教学（Task-based Learning）、词汇法（The Lexical Approach）、疯狂英语（Crazy English）等。

【感悟】

Rachel在给我们讲CLT时，特意戴上了一顶尼泊尔帽子，给我们上了一节尼泊尔语课。她原本可以选择旁征博引，用PPT给我们讲解更多有关交际语言教学法的理念成果，但她却用了整整一节课的时间，只是为了让我们全身心体验外语学习的过程。因为我们没有任何尼泊尔语基础，所以Rachel只在课前说戴上帽子她就是尼泊尔语教师，摘下帽子就是Rachel。在确保大家都明白规则后，她戴上帽子结合图片开始和大家互动。起初，我们都有些不知所措，但在她的肢体语言和图片情境的引领下，我们慢慢地开始模仿着用尼泊尔语和她互动，通过跟读练习、师生对话、两人活动、小组分角色表演等活动，最终我们都学会了用尼泊尔语进行简单的问候和自我介绍。活动结束后，Rachel让我们回顾自己的感受，结合自己的实际情况分享真实的想法。

这节课，Rachel展示给我们的一个比较成功的CLT，因为从效果来看，大家的确都积极参与学习过程，并学会了使用目标语言进行表达。Rachel课堂的巧妙之处在于，课例只是在某一方面给大家提供思考的范例，更重要的是个体的反思讨论环节。这是真正促进我们发散思维，实现个性化成长的地方。

不同的学习个体对同样的学习内容必然会产生不同的感受，从而影响学习效果。而好的教学一定会兼顾并包容个体差异，触发个体内在的感受，促进其反思成长，引发共鸣。Rachel的这个教学范例为我们营造了真实的教学情境，并在活动后及时引导我们从学习者感受（Feelings about being a language learner）和教学技术（Teaching techniques）两方面分析反馈，然后联系自己的教学实际，反思教学过程中的可取之处和有待改进的地方。在这个过程中，我们每个人都成功建构了对交际语言教学法的认知。

在学习了认知建构主义理论后，我们进入了第二语言习得和教学方法的学习，这些理论知识的学习有助于让优秀教师这棵大树扎根教学一线，并不断汲取营养、持续生长。随着课程的不断推进，从最初的新奇到现在越发感觉雷丁大学教师培训课程设计的科学与严谨，这不仅体现在教育学与心理学、理论与实践的有机结合，更体现在团队授课教师以其人格魅力帮我们打开了一扇教学艺术之门。比如，Rachel亲自上演了一场错误百出的听力教学，让大家用自己的真实体会感知学生在听力教学过程中所遇到的困难和问题……所有这些内容包含的信息量非常大，但在课堂上教授们都没有为了灌输知识而一味地讲解。恰恰相反，他们把每一个重点内容融合在真实的情境中，让我们充分地参与和体验。现在想来，一节课除去学生的参与体验时间，教师在有限时间内所讲的内容必然减少，对于这样庞大的理论体系，我们无法在短时间内全部了解，但教师讲过的每一个内容都是深入人心的。正如Rachel多次强调的：What I say is what I do。教师的话不在多，而在于每一句都要掷地有声。同样，为了一个CLT，Rachel用了整整一节课的时间，让我们在第二语言（尼泊尔语）的真实情境中充分体验感知，而我们的感受是真实的，印象自然也是深刻的，反思实践也更具有可操作性。

体验需要时间，需要经历失败。但我们是否愿意把时间留给学生充分体验感知？我们是否给他们创造了机会？我们是否能耐心等待？我们是否能包容他们的错误？每一种教学方法都有其优势和弊端，我在过往的教学实践中也曾做过多种尝试，而我认为最有效的方式莫过于让学生参与体验。在2013年至2016年，我在自己所带的班级，实施学生讲课，所有教学环节由他们自己设计，每节课都是全员参与，每个小组都形成了学习共同体、取长补短，共同设计完成教学环节，全班同学合作完成一节课。经过多年的实践，我发现学生的自主学习是其天生具备的潜能，而潜能需要教师创造适当的平台去激发，等到条件成熟、机会合适，学生一定会在原有基础上有所提升。

2019年3月17日

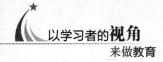

记忆与语言学习

今天的热身活动，我们尝试了一个新游戏。Rachel在地板上固定了一根绳子，我们需要把双脚放在绳子两边，然后全班站成一列。当教师提出问题后，如果你的答案是肯定的，那就站在右边；如果你的答案是否定的，那就站在左边。开始是由教师提出问题，比如，Did you have breakfast？（你吃早饭了吗？）所有吃早饭的同学都将双脚移到绳子的右侧。做错的同学就以教师的身份提出问题，其他同学继续玩。

1. 活动原理

我们都知道，热身活动有两个目的：在语言层面，训练学生听力，然后引出话题；在课堂管理层面，帮助学生快速融入课堂，让他们保持好奇心，并为上课做好准备。热身活动也有助于教师了解学生的学习状态。这个活动需要占据一定的教室空间，我们需要根据班级人数及教室空间适当做出改变，比如，学生可以坐在自己原来的位置上，通过Stand up或Sit down对问题做出适当反应，而不必拘泥于游戏本身的方式。

2. Presentation of key words in this session

Rachel出示了这节课的目标——我们将了解记忆和听力是如何工作的。她在大屏幕上展示了一些单词，让我们猜测它们的意思，如decode（解码）、word（单词）、syntax（语法）、context（语境）、syllable（音节）、phoneme（音素）和chunk（组块）。Rachel让我们两人一组，选择任何一个词来分享它的意思，通过这种方式确保我们每个人都明白这些基本术语。

3. Game to test your memory

Rachel给我们每人发了一张纸，上面写着20个单词（表2-3）。我们需要做的是在1分钟内记住尽可能多的单词。结果显示，我们学员中记忆力最好的是在1分钟内记住了其中的18个单词。从这个游戏我们发现，大家容易记住的单词都具有一定特性，它们要么是大写的单词，要么是带有连字符这样特殊形式的单词，如CAT和chock-a-block，以及其他具有共同点的单词。这一活动的目的是让我们了解记忆的原理。Rachel引导我们思考刚才用了哪些方法去记忆这些单词。大多数人都是在脑海中创建了一个画面，并试图让这些词汇有关联、有意义；也有的人先将它们分类，然后运用想象力将它们联系起来；还有的人利用单词的位置来记忆，比如第一个和最后一个单词以及黑体的单词都是容易记住的。通过探讨，我们找到了很多平时容易忽略的细节。这对我们的教学有很大的启发：如果我们想教学生最重要的内容，我们便需要把这些内容放在课堂开始或结束的时候，因为中间的一些内容很容易被忘记。

表2-3

water	life	rabbit	line	field
sheep	pig	picture	year	chock-a-block
cloud	horse	shape	pen	hill
snow	flower	CAT	home	flour

4. Demonstration of how our brain works

为了让我们清晰理解大脑的工作原理，Rachel让我们在教室前进行演示。Shirley代表长时记忆（Long Term Memory），我代表短时记忆（Short Term Memory）。Rachel将她手中所有的东西（代表所有输入内容）放到我这边的容器，即短时记忆中，随后只挑选了几样物品放到了Shirley的容器，即长时记忆（Long Term Memory）中。通过形象展示和Rachel的讲解，我们了解到对于大部分人来说，记忆的平均长度是7±2个组块，也就是平均5～9个组块。而我们只有把旧知识和新知识联系起来，才可以阻止遗忘，提高记忆效果。

5. Working memory and Long term memory

在这里，Rachel没有对工作记忆（Working Memory）进行特别的解释和说明（短时记忆包括直接记忆和工作记忆两个成分）。通过查阅学习资料，可进一步明确：它指的是个体在执行认知任务的过程中，对信息进行暂时储存与操作的能力。长时记忆（Long Term Memory）是指永久性的信息存储，一般能保持多年甚至终身。它的信息主要来自短时记忆阶段加以复述的内容，也有由于印象深刻而一次形成的。长时记忆的信息是以有组织的状态被储存起来的，有词语和表象两种信息组织方式，即言语编码和表象编码。言语编码是通过词来加工信息，按意义、语法关系、系统分类等方法把言语材料组成组块，以帮助记忆；表象编码是利用视觉、听觉、味觉和触觉形象来组织材料以帮助记忆。

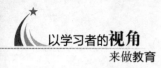

依照所储存的信息类型，还可将长时记忆分为情境记忆和语义记忆。

为什么学习记忆原理？语言学习和记忆又有着什么样的关系呢？存储和使用语言在很大程度上依赖记忆。比如，处理我们刚听到或读到的内容需要的就是工作记忆（Working Memory），它会在短时间内储存信息，或对我们听到的信息进行处理加工，也就是重新塑造信息以使其具有意义，从而把听到或读到的语言迅速转化为抽象信息，并转移到长时记忆中。而在使用语言时，我们则需要从长时记忆中提取信息，比如，我们所认识的所有单词、我们所讲语言的语法系统以及如何读、写、听、说。经常长期实践，提取信息、处理信息的过程会变得自动化，并转移到长时记忆中。长时记忆对于语言学习有两个作用：一是提供了关于语法、词汇等内容的语言知识数据库，二是提供了语言学习情境。

6. 记忆与听力

我们知道倾听和记忆是紧密联系在一起的。但为什么提高听力水平对我们大多数人来说会如此困难呢？为了弄明白其中的原因，Rachel带领我们做了一个Jumble练习，让我们把杂乱无章的一组单词按正确顺序排列，以组成通顺的句子，我们得到了以下原因：

（1）You can't control the speed of the speaker.你不能控制说话人的语速。

（2）The words join together，and you have to separate them.词汇连读在一起，你必须把它们拆分开。

（3）You don't know all the vocabulary.你并不认识所有词汇。

（4）You have to think about what you heard before，so you can work out what you're hearing now.你需要思考之前听到了什么，这样你才能清楚现在听到的是什么。

（5）While you're thinking back，the person is still speaking! 当你在回顾时，讲话者一直在不停地说。

鉴于以上原因，对于第二语言或外语学习者来说，提高听力水平的确是一个很大的挑战。这意味着我们需要给予学生更多的支持。那我们能做些什么来提高学生的听力水平呢？

学生面临的挑战是将信息从他们的工作记忆转移到长期记忆中。如果他们在20分钟内做不到这一点，那么信息就会丢失。我们需要关注听力的技巧来提高他们的听力水平：

Use decoding skills-phonemes.

Use knowledge of vocabulary-lexis.

Use grammatical knowledge-syntax.

Use knowledge of features of connected speech.

Use background knowledge to predict and infer and predict meaning-context.

在我们的日常教学中，大多数英语教师可能认为发音不是很重要。但是在雷丁大学，我们发现教学生正确地发音非常重要。Rachel为我们提供了一些策略，还找了雷丁大学的语言学家专门为我们录制了以下音频内容：

（1）解码（Decoding）-Minimal pairs

听录音，并选择正确的单词。

We lick / like ice-cream.　　　　　He had a fit/fight yesterday.

Can I have a bit / bite，please?　　Can you file/fill this，please?

记得在读中学时，我们的英语教师经常带我们做这样的语音练习，但现在因为强调大任务、真实情境，似乎缺少了对学生这方面的语音专项训练。当我们越来越强调英语与学生的实际生活发生联系时，依然不能忽略英语学科是一门功夫学科这一事实，同样需要扎实的基本功。明确这一点，避免我们的日常教学失去根基，顾此失彼。

（2）意群（Sense groups）

Rachel给我们提供了一篇短文（一个具有讽刺意味的笑话），让我们找出每个句子中应该停顿和重读的地方。这个练习提醒我们在倾听的时候没有必要听清楚所有词汇，而是应将注意力集中在重读的词汇上，抓住关键信息。因为在一般情况下实词是重读的，而虚词多弱读。我们需要告诉学生在听的时候注意重读的地方，这样能缓解学生听力过程中的焦虑情绪，有利于他们抓住关键信息。

A 'man 'went 'into the 'hospital / to 'have an ope 'ration/ on his 'brain/. While the 'surgeon was 'busy, the 'lights 'went 'out and the 'brain 'fell on the 'floor. The 'surgeon 'didn't 'notice, so when the 'lights 'came 'on, he 'sewed 'up the 'patient's 'head. The 'man 'thanked the 'doctor and 'went home.

'Later that 'day, the 'cleaner 'found the 'brain on the 'floor. The em 'barrassed

'surgeon 'rang the 'man and 'told 'him that they had 'found his 'brain.

The 'man 'replied， "'Never 'mind. I 'don't 'need a 'brain. I'm an 'English 'teacher."

（3）语法（Grammar）

语境是非常重要的。Rachel给我们播放了几个单句录音，第一遍在没有上下文语境的情况下让我们判断所听句子的时态，结果我们都没有得到正确答案，而且听完感到非常困惑，尤其是对于一般过去时和一般现在时。在第二遍播放录音时，Rachel给我们提供了两人对话的语境，这一次我们都得到了正确答案。对比之下，Rachel再次告诉我们：语境是非常重要的，即使对英语为母语的英国人来说也是如此。

I live near the University.

I walked up the mountain.

I argue very often.

I cross the road.

They dressed very beautifully.

技能熟练的听众和读者会利用上下文来帮助自己理解信息。缺乏技巧的听众和读者更关注细节，而有技巧的听众和读者会更多地利用上下文和文本来弥补自己不理解的部分信息。在第二语言或外语学习中，听力失败的原因可能是：

解码声音的问题（problems of decoding sounds）

词汇知识问题（problems of word knowledge）

语法知识问题（problems of grammar knowledge）

无法识别观点之间的关系（problems recognizing the relationships that link ideas）

接下来，我们进行了听写练习。Rachel告诉过我们怎么进行听写（dictate），这和我们国内的做法可能不一样，我们平时听写通常是教师说中文，要求学生把它们用英语写出来，考查学生拼写、记忆单词的能力。但是Rachel说在英国听写（dictate）意味着说英语、写英语，是英语听说的练习，更加注重学生听力能力的训练。关于这一点，我们可以在今后的教学中不断尝试用多种方法带给学生的不同效果。

（4）连读发音（Connected speech）

在交流中，像河流一样自然流畅地说话还是像机器人一样说话是非常关键的。作为一名教师，我们需要自己掌握连读的基本规则，然后展示给学生，并帮助他们理解当单词放在一起时如何做好连读。

首先，Rachel让我们做了一个听音练习，神奇的是，每行的A、B两组句子根本听不出什么区别来，因为在连读时，它们听起来是一样的。

表2-4

A	B
Did he see mould?	Did he seem old?
It's stuff	It's tough
Can I have some more ice?	Can I have some more rice?
This is broken, it keeps ticking	This is broken, it keeps sticking
Pea stalks are on the agenda	Peace talks are on the agenda

在大家的困惑与期待中，Rachel向我们展示了六组常见的连读规则：连读（linking）、省略缺失（elision missing letters）、同化变音（assimilation changing phonemes）、合并辅音（merging consonants）、intrusive/j/ /r/ /w/、简化形式（reduced form）。

表2-5

	Feature	Examples
A	linking	Eight o'clock Put it here please
B	elision missing letters	I must go I'll tell him
C	assimilation changing phonemes	Green park There are ten boys
D	merging consonants	With the best intentions Sorry, I can't talk now
E	intrusive/j/ /r/ /w/	Free entrance Soda and ice Two of them

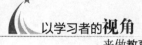
	Feature	Examples
F	reduced form	It's for you. A bag of beans

（5）预测（Prediction）

预测是用我们已知的信息来猜测内容。例如，当我们听到"wait"时，我们会立刻想到"for sb."。这有助于我们抓住关键信息。

I was waiting...

He stood on the corner...

I love fish...

在了解了连读发音中的变音现象后，很明显，我们并不是用音素来解码意义，而是使用了更大的语音单位（音节、单词、同块）。由于连读导致难以区分单词，这是造成听力困难的一个主要原因。因此，在教学中我们需要教给学生听的技巧和策略，帮助学生解码声音和音节，扩大口语单词的词汇量，尽可能达到自动识别的程度以减少解码转换信息的时间。此外，我们应该让学生学习连读发音规则，并鼓励学生运用多种策略，如猜测和联系上下文等，综合提升学生的听力水平。

2019年3月26日

S.O.A.R.ing

今天的热身活动是关于习惯的调查问卷，Sharon给我们每人发了一张调查问卷，两人一组轮流提问有关对方习惯的问题，并记下对方的答案，然后针对对方的答案提出自己感兴趣的问题。Sharon设置的热身活动多数是为了增强我们的问题意识，如果教师的问题意识增强了，那么学生的问题意识也会相应地增强。目前，学生难以提出问题的根源或许就在于教师还没有给学生提供足够多的机会。相反，学生把大量时间用在了记忆和背诵方面，而不是思考。如果我们在每节课热身环节都能给学生留出思考和提出个性化问题的时间，相信课堂学习会变得更加有意义。

这节课，Sharon带领我们思考教材的利与弊，并且学会在教学中使用S.O.A.R.ing。作为一个独立的单词，SOAR指的是高飞、翱翔。但在这里，它却有着不同的意思，这是因为它是由四个不同的单词缩写而成的：S代表Supplement，意为"补充"；O代表Omit，意为"删除"；A代表Adapt，意为"改编"；R代表Replace，意为"替换"。

说到教材，相信没有人质疑它的系统性、权威性和有效性，这也是一直以来我们在教学中仅仅围绕着教材来开展教学的原因。但是用教材和教教材，却是两件完全不同的事情。在教学中我们会发现有的材料很难调动学生的学习兴趣，有的活动设置不符合学生的实际情况，这就需要我们教师积极主动地做出调整，国家课程标准也明确提出鼓励和支持学校开发英语校本课程。Rachel让我们意识到教材本身是一个主体框架，教师应该结合学情加以调整以适应学生的发展需求。

S.O.A.R.ing可以作为校本课程研发的一种方式。对于教师来说，S.O.A.R.ing会让教师拥有更多的选择权和更大的自由度，从而进行更有效的教学；而对于学生来说，由于教师最了解自己的学生，因此教学内容会能满足学生的需求，更能激发学生的兴趣，从而提高学生的学习效果。

关于补充（Supplement），从课时内容来看，对于教材已确定的文本内容，教师可以根据学生不同的认知特点、不同的学习水平给予一定补充，以便辅助后进生理解、强化中等生练习、拓展优等生视野，满足学生的个性化学习需求。比如，补充额外的图片、视频，根据主题选择合适的影片资源或拍摄图片视频，借鉴网络资源、时事材料，引用专家成果或已有资源，提供课前预习支架，辅助词汇的理解运用，补充完成任务的技巧，提供更多的语言例句，设置有挑战性的任务等。

对于一线教师来说，删除（Omit）比补充更难做，因为教师会认为教材上的内容是必须讲，也是学生必须全部掌握的，所以不敢轻易删除教材上的内容。但是我们必须考虑学生的实际情况，只要是对实现教学目标没有帮助且耗费时间的内容就要舍弃，因为不合适的内容或活动容易让学生失去学习的兴趣和动力。我们需要认真谨慎且大胆地做出这一决定。

改编（Adapt）相对来说是我们在备课时做得最多的一项工作。教师在备

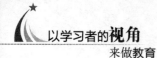
课时遵循一定逻辑进程针对教学内容设计的各种任务和活动，以及提供的脚手架都是对教材已有内容的改编，然而改编的实际效果取决于教师的教育教学理念。教师只有不断读书学习、更新自己的知识体系，才能在教材和学生之间搭建起对话的桥梁，促进学习的真正发生。

替换（Replace）是为了达成教学目标，将教材中原有的图片、语境、例句、练习形式等重新做出选择和替换。这也是教师基于对学生最近发展区的了解以及对学情的充分把握做出的调整。当我们发现教材的语篇无法承载教学内容，难以达成我们的预期目标时，我们也可以替换文本。目前多版本的教材、多元化的资源为我们提供了更多选择的机会。

虽然S.O.A.R.ing的执行者是教师，但它的直接对象是学生，它的基础前提是以学习者为中心，在不了解学生的情况下难以看到S.O.A.R.ing的效果。当教学中遇到问题时，我们需要多站在学生的角度考虑问题。例如，学生需要学习的是什么？我设置每一个环节的原理是什么？对学生来说有挑战性的是什么？我需要设置哪些脚手架？备课时教师要做好S.O.A.R.ing，但更要在上课时关注学生在学习过程中的具体反应和表现，及时对教学做出调整。因为再多的预设都无法取代课堂的生成。

2019年3月27日

Learning Through Projects

今天，Rachel带领我们做的热身活动是Bingo game。首先，她以语速的快慢、声音的高低等不同的变化方式阐释我们所学的内容，然后让我们猜测关键词，如ZPD、Behaviourism、GCSE等。以这种方式，Rachel引导我们复习了18个学过的关键词。接下来，我们需要在纸上画一个九宫格，然后从这18个关键词中任意选择9个，填写在每个空格内。等我们写完后，Rachel开始说某个关键词的定义，只要这个关键词在我们的九宫格中出现了，就可以把这个关键词划掉，所划掉的部分第一个连成直线的人获胜。

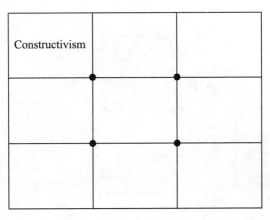

图2-10

做完游戏后，Rachel依然带着我们回顾热身活动背后的理念，让我们通过亲身体验加深对所学核心概念的理解，在游戏的过程中厘清抽象模糊的概念，重新建构知识体系。这不失为一种轻松快乐的复习方式。

在轻松快乐的学习氛围中，Rachel出示今天的学习目标：掌握有关项目式学习（Project-based Learning）的相关内容。首先，她向我们展示了"21世纪技能"（21st Century skills），也被称为"21世纪核心素养（21st Century Competencies）4C模型"，即创造与创新（Creativity and Innovation）、批判性思维和问题解决能力（Critical-thinking and Problem-solving）、沟通（Communication）和合作（Collaboration），以及后来加入的"文化理解与传承素养"（Cultural Understanding and Inheritance Competence），构成了"21世纪核心素养5C模型"。基于核心素养的教育要求变革教与学的方式。以学生为中心、围绕真实情境中的问题展开探索能够激发学生的原有经验，促进学生主动学习，有助于满足不同学生的需求，促进相关素养的培养，如通过设计并开展基于问题或基于项目的学习，实现以学生为中心、主动学习和解决现实情境中的问题。21世纪核心素养5C模型如图2-11所示。

创造与创新
Creativity and Innovation

沟通
Communication

文化理解与传承素养
Cultural Understanding
and Inheritance
Competence

合作
Collaboration

批判思维和问题解决能力
Critical-thinking and
problem-solving

图2-11

　　那么项目式学习（Project-based Learning，PBL）是什么呢？Rachel没有立刻给我们提供答案，而是尝试以一种新的方式让我们分享自己的想法。她给我们提供了网站www.padlet.com，让我们在小组讨论的基础上完成该网站上的在线填写。由于是第一次使用这一网站，从注册到登录，大家遇到了不少问题。虽然Rachel也不太擅长使用电子设备，但她尽了最大的努力，没有因为麻烦而放弃。她的认真负责一直是令我们敬佩和感动的，从她身上，我们时刻感受到学习永远都不晚，要尽最大努力做最好的自己。

　　在我们发表个人观点的基础上，Rachel给出了项目式学习的基本定义——它是一种动态的学习方法，可以让学生们主动应对现实世界的问题和挑战，并在这个过程中学习到更多的知识和技能。正如巴克教育研究所（Buck Institute for Education，BIE）所解释的那样，学生通过项目式学习以深度和持续的注意力"调查和回应真实的、吸引人的、复杂的问题或挑战"。

　　学生们在一段较长的时间内（从一周到一个学期）完成一个项目，其间他们参与解决一个现实世界的问题或回答复杂的问题。在基于项目的学习过程中，学生会加深对知识的理解，提高批判性思维能力、协作能力、创造力和沟通技能，这与21世纪核心素养提出的成功学生所需素养高度吻合。

目前，项目式学习已在学校和其他教育环境中得到了广泛的应用，也有不同的方式。然而，"做项目"（doing a project）与严格的基于项目的学习是有区别的。

我们发现，区分"甜点项目"（dessert project）和"主菜项目"（main course）是很有必要的。"甜点项目"是指教师以常规方式讲完一个单元内容后，提供给学生的一个简短的、思维含量较少的项目，而"主菜项目"则是整个单元。在基于项目的学习中，项目是学生学习知识和技能的重要载体，它包含了课程的所有内容，并构建了教学的整个过程。

项目式学习是否是一种完美无缺的教学方法呢？任何教学方法都有它自身的利与弊。Rachel设置了一个关于项目式学习优缺点对比的表格（表2-6），促进我们批判性地看待这一教学方法。

表2-6

Advantages and disadvantages	
Advantages for the teacher ☺	Disadvantages for the teacher ☻
Advantages for the student ☺	Disadvantages for the student ☻

无论是从教师的视角，还是从学生的视角，项目式学习都有着显著优势。项目式学习将学生与现实世界联系起来，训练学生接受和迎接现实世界中的挑战，模拟专业人士每天所做的事情。与短期记忆策略不同，基于项目的学习为学生提供了深入学习目标内容的机会，从而专注长期记忆。同时，项目式学习能够改善学生对学习的态度，这是因为它能调动学生参与的积极性。项目式学习围绕一个或几个基本的中心问题而展开，且强调有意义的输出结果，这样更有助于提升学生的内驱力。丹尼尔·平克（Daniel Pink）在他的Ted演讲和有影响力的书《驱动力》中说，人在本质上被三件事所激励：自主性（autonomy）、掌控力（mastery）和目的性（purpose）。当学习者全身心地投入有意义的事情中时，像"毅力"和"严谨"这样的流行词汇就会成为他们性格中的一部分。由密歇根大学（University of Michigan）和密歇根州立大学（Michigan State University）进行的一项合作研究表明，实施基于项目的学习

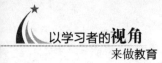

与学生成绩呈正相关，尤其在服务高度贫困社区的学校。詹妮弗·冈萨雷斯（Jennifer Gonzalez）指出，基于项目的学习有助于培养学生的团队合作、解决问题以及与他人有效沟通的能力（Robert Schuetz，Technology Coordinator for Palatine High School，IL）。

但是与传统的学习相比，PBL也有着诸多弊端。PBL对教师专业能力和综合素养的要求更高，项目实施的过程有很多不可控的因素，使管理变得更加困难。如果项目持续太久，学生会感到无聊。对于基础薄弱的学生来说，他们未必能认真投入项目学习的过程中，如果他们使用"剪切和粘贴"的方式，那他们的收获就很小。项目实施需要花费更多时间，占用本可以用于更深入学习的课程时间，这也是令教师感到非常焦虑的一点，毕竟平时的教学内容已经足够多。此外，或许项目实施过程会过多涉及父母的帮助，从而难以准确评估学生的实际水平。

但我们不能因为有一定的挑战性就放弃尝试使用PBL。Rachel说的两句话坚定了我们进行PBL教学尝试的信心：

If you just do exercises，you're not doing deep learning. 如果你只是做练习，你就不是在做深度学习。

When you start thinking and talking，you can learn more. 当你开始思考和说话时，你可以学到更多。

Rachel给我们提供了设计PBL的一个基本流程：

这个项目的目的是什么？

我想要的最终产品是什么？

要做到这一点需要什么语言？

实现这一目标需要哪些技能？

课程之间可以建立哪些联系？

需要哪些资源？这要花多长时间？

接下来，Rachel让我们通过练习的方式来熟悉项目设计的主要环节，练习内容是关于"英语学科项目式作业的实施"，我们通过匹配段落和标题的方式来确定项目的每个阶段。这个项目经历了以下七个阶段：Opening、Proposing、Timing、Space、Materials and resources、Presentation、Assessment and feedback。随后，我们又讨论了PBL常见的输出成果形式。PBL常以表现性任务作为主要的输出成果，常见的形式主要包括PPT展示、书面作品集、视频展示、海报展示、演讲等口语类活动，也可以是与实际生活相关的任意形式，如Maps、Questionnaire and presentation of results、Live exhibition / Open day、Invite the class next door to view、A model，A booklet、CD、Plays / role plays、Table displays、Posters、Information charts、Bulletin boards、A report-publication-web、An event（a party）等。Rachel让我们以小组的形式讨论了各类型成果的优缺点。

表2–7

Presentation	Strengths	Weaknesses
PPT presentation		
Written portfolio		
Video presentation		
Poster presentation		
Oral presentation		

　　Rachel采用各种形式的优劣势对比，目的不是让我们简单地区分各种方式的好与坏，而是为了促进我们对教育教学的深度思考。因为一旦教师停止了思考，那么学生的学习一定是枯燥乏味的。而当教师开始思考自己的教育教学时，每一次互动都将成为促进师生生命成长的催化剂。

　　此外，巴克教育研究所为帮助更多教师和学生参与高质量的项目式学习，提出了"黄金标准PBL"（Gold Standard PBL）的研究模型，该模型包括项目设计的七个基本要素（Seven Essential Project Design Elements）和七项基于项目的教学实践（Seven Project Based Teaching Practices），如图2-12所示。

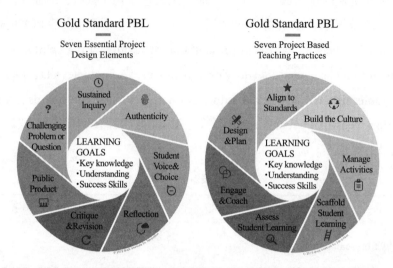

图2-12

【感悟】

Project Based Learning（项目式学习）的可行性：

在第四周的学习中，很多人顿悟了记忆与听力的关联性，但在S.O.A.R.ing的讲解中又有些迷惑，感觉脱离了教师的教学实际，直到最后质疑PBL的可行性。在这一周里，大量的课程概念给大家带来了一定的冲击。教学任务、学生能力、时间精力等不容忽视的问题摆在大家面前，成为理想与现实之间一道不可逾越的阻碍。但当Rachel和Carrie拿着自己女儿的一个个PBL成果时，每一个热爱教育的教师又无法掩饰内心那份羡慕与期盼之情。我们都希望教育回归原点，渴望美好教育的发生，但很多时候却急功近利，使教育走得太快，以至于使孩子的灵魂无法跟上，也让我们忘记了自己为什么而出发。

2002年，美国全国教育协会（NEA）、美国教育部、美国在线时代华纳基金会、苹果电脑公司、微软公司等倡导成立的21世纪技能合作组织即P21（United States-based Partnership for 21st Century Skills），确定了21世纪学生应具备的四项技能：Critical thinking（批判性思维）、Communication skills（沟通能力）、Collaboration（团队协作）、Creativity and innovation（创造与创新）。传统的以教师为中心的课堂能否适应21世纪学生发展的需求？是静下来思考的时候了，我们从事的教育究竟是为了完成教学任务，还是为了帮助孩子更好地成长？美国教育学家Lilian Katz教授认为："任何一项学习活动都在三个层面进行：知识、能力与气质，而气质是最重要的目标，也是教育的终极目标。" 我想借用更简洁的一种表达方式：教育就是让学生成为最好的自己。如果能使每一个受教育者都能在原有基础上有所提升，那就是成功的教育，而不是用统一的标准去衡量教育的成功与否。根据美国心理学教授霍华德·加德纳（Howard Gardner）的多元智能理论可知："每个人都同时拥有相对独立的九种智力，而这九种智力在每个人身上以不同方式、不同程度的组合，使得每个人的智力各具特点……但不同环境和教育条件下个体的智力发展方向和程度有着明显的差异性。"我们不仅要以多维度的、全面的、发展的眼光来评价学生，而且要创建多元、开放、合作的机会，为学生的可持续成长和发展打造平台。

PBL是一种以学生为中心的教学方式。在PBL过程中，学生会积极地收集信息、获取知识、探讨方案，以此来解决具有现实意义的问题。PBL不仅要求学生应用所学的学科知识，还要求学生懂得如何在现实生活中将这些知识学以致用。从布鲁姆的目标分类法中我们可以看到，处于上端三层的高级认知是以处于下端三层的低级认知为基础的。如果我们的教学仅仅停留在让学生回忆理解知识的层面，便无法提升学生的分析能力，无法使学生形成自己的批判性思维和自我评价体系。爱因斯坦（Einstein）曾说："想象力比知识更重要。因为知识是有限的，而想象力是无限的，它包含了一切，推动着进步，是人类进化的源泉。"如果我们的教学无法激发学生的想象力，不能上升到创新和生成的高度，那深度学习也就不会发生。而从学习的效果来看，如果教学缺少了学生在真实情境中的体验和参与，学生仅仅处于被动地看和听的状态，那学习的效果也会大打折扣。

当我们将PBL与布鲁姆分类目标结合在一起的时候，我们便清晰地看到其优势，它是包含阶段性学习成果的一个综合性、系统性的体系。首先教师在设计PBL方案前，要考虑好主题以及相关联的学科，按照布鲁姆分类目标中的知道、理解、应用、分析、评价、创造六大维度分层设置阶段性的活动内容及展示方式或成果。这个过程是教师对该项目进行可行性分析和完善的过程，也是学生实施过程中很好的脚手架。学生完成教师设计的一个个小活动，就像攀登一个个阶梯，逐步实现最终目标。同时，分类目标又为不同层次的学生提供了

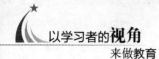
个性化的自我诊断依据，使学生可以很清晰地看到自己在不同阶段的任务完成情况，也为学生实现下一个目标提供了可视化的方案。对于实施的效果如何，大家可以通过自己的亲身实践来检验，毕竟"纸上得来终觉浅，绝知此事要躬行"。

教师的教学观念决定了教师的教学行为。因为我们坚信什么，我们的教学会成为心目中的样子。PBL需要教师观念的转变，从相信学生的自主性开始，教师要转变自己的角色，成为学生的指导者、帮助者，只在必要的时候出现，绝不包办代替；创造性地整合语言知识和技能，基于学生生活实际创设真实可行的实践机会，让学习从课堂延伸到课外，从被动变为主动；变枯燥的重复为生动的创新，让教学真正焕发出生命的活力。

在课程结束时，Rachel提出两个问题："Have you got the answers? Have you begun thinking?"是的，没有答案，但我们已经开始思考。当教师停下匆忙的脚步，开始思考教学的时候，教育的奇迹也会发生。这个课堂最大的优点就是带给我们更多思考。也许质疑的声音不会很快消失，但至少我们都开始站在学生的角度看待教学，即便带着质疑，也比盲目前进更加安全，因为我们在不断接近事实的真相。当我们不再以自我为中心，将焦点放在需要支持和帮助的学生身上时，PBL也不再是神话，而只是促进学生深度学习的一种工具和方法而已。

值得庆幸的是，在出发前，我参加了学部里推行PBL的首次培训，为这次海外培训打下了一定基础。但鱼和熊掌不可兼得，我错过了后期学校里的PBL实践指导。在雷丁大学我再次听到既熟悉又陌生的PBL，感觉它俨然不再是一个简单的名称，而是需要真正落实、实现深度学习的有效方式。我更加清晰地看到PBL落地实施的美好前景。

2019年3月29日

Developing Teaching：

今天，Rachel带我们进行的热身活动是另一种形式的听写（Dictation），说到听写，大家肯定感觉再熟悉不过了，听写单词，听写短语，听写句子，我们有很多种形式的听写。而且一说听写，学生便唉声叹气。但是，今天我们所经历的这个听写却和我们平时所做的很不一样，不仅形式有差异——教师说的是英语，学生写的也是英语，内容也更吸引人，因为这个听写是以故事的形式进行的。

Dictation Warmer goes like this：

Last night I had an amazing adventure. I decided to go home by （1） _____.
On my way I saw a （2） _____ （3） _____. I watched it （4） _____ into
the （5） _____ and come out with a （6） _____. I was so （7） _____. I
had an accident and they called the （8） _____. I felt really （9） _____. I
got home late and （10） _____. In the morning I woke up （11） _____.

1.transport 2.colour 3.animal 4.movement 5.building 6.food
7.emotion 8.emergency vehicle 9.feeling 10.verb 11.adverb

首先，Rachel以故事的形式开始，就在大家听得津津有味时，她突然摇了摇手中的铃铛（这个铃铛是Rachel的神秘法器，在很多课堂活动中发挥着功不可没的作用），同时告诉我们此处是一个空格，问我们需要什么词性的词。每个人都会在听的同时写下所听到的内容，尤其注意漏掉的单词。

Rachel读完之后，我们可能会有这样一个版本的故事：

Last night I had an amazing adventure.I decided to go home by taxi（transport）.
On my way I saw a yellow（color）dog（animal）. I watched it run（movement）
into the house（building）and come out with a bread（food）. I was so afraid

（emotion）. I had an accident and they called the ambulance（emergency vehicle）. I felt really sad（feeling）. I got home late and lay down（verb）. In the morning I woke up at 9pm（adverb）.

完成听写后，我们再与搭档交换欣赏彼此的故事版本，并选出其中最好的一个。然后，我们每排同学再交流，选出其中最好的一个。在同一模板下竟然出现了完全不同版本的故事，这是一件非常有趣和令人兴奋的事情。每次，我们在与不同伙伴的分享交流中都能学到很多。和往常一样，Rachel带领我们讨论了这个热身活动背后的理念。在语言方面，它依然能对我们的听、说、写、读能力有一定的锻炼和提高，虽然有很多限制性的内容，但依然给我们提供了展开丰富想象的机会，使每个人都有了属于自己个性化的生成，使同伴之间有了信息差，又为同伴之间的互相学习提供了机会。这个活动也丰富了我们的词汇量。从课堂管理层面来说，叙述性的故事能有效激发学生的参与积极性，使课堂更加生动有趣。在每次热身活动结束时，Rachel总是不忘提醒我们一声，"Use what you learned，influence your teaching in China"（运用你所学的去影响你在中国的教学）。而今天我们学习的主题正是Developing Teaching。

本杰明·富兰克林（Benjamin Franklin）曾说，If you fail to plan，you plan to fail（如果你不能计划好，那你就计划着失败了）。而对于教师来说，教学设计就是为教学所做的重要计划。提升我们的教学能力，自然应该从教学设计开始。Rachel还是以问题引发我们的思考：

What is a lesson plan?

Why do we need to write lesson plans?

What is the key to lesson planning?

What are the main stages of a lesson?

What are some questions to ask myself when planning?

How can we anticipate problems and solutions?

有效的教学设计（lesson plan），其关键在于制定明确的教学目标，针对学生不同的学习能力采用有效的教学方法，依靠学生的知识来实现目标。

为了帮助我们理解一节课的教学步骤，Rachel给我们分发了几张小纸片，让我们按顺时针方向将它们排列起来，同时思考学习是如何进行的。

图2-13

　　对于这几个词的排列，估计不同的人会有不同的方案。比如，我们可以从复习（review）开始，也可以从分享（share）开始。然而Rachel告诉我们的是从连接（connect）开始，这是联系学生真实生活和已有知识经验的环节；然后是分享（share），即教师分享这节课的学习目标；下一步是展示（present），可以是教师展示，也可以是学生展示，这与传统教学中教师展示新知识是完全不一样的概念；接下来是在一定情境中的应用（apply）；最后一个环节是复习（review），是对一堂课所学内容的总结。

　　知道自己在学什么以及为什么而学是非常重要的。好的教师会告诉学生要学的内容。学生了解学习内容后，会降低课堂焦虑程度，从而感到放松舒服，并积极参与到课堂学习中。Rachel总会引导我们反思每个活动背后的理念，比如，她在课堂上总会用到一些小纸片，而其背后所隐含的教学理念是，在思考的同时，配合手部运动更能让学生集中注意力，一起参与学习或小组讨论。

　　How to write objectives?

　　Rachel首先给我们区分了aim、objective和outcome三个词，当然这种区分并不像我们看过的同义词辨析那样详细，而更像是站在使用者的角度给我们提供了一个区分的视角。结合我们日常的使用习惯，可以将这三个词理解为：

　　aim，多指教师的目标，一般回答what、why、how等问题。

　　objective，多指学生的目标，一般比较小而具体详细，如清晰而简洁地描述你希望学生在课程结束时学到的东西。

　　outcome，多指学习成果，一种当前或观察到的状态，如学生实际学习到的

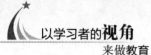

东西。

对于课堂教学来说，应该使用objective来表示一节课的学习目标，而且遵循SMART原则，即以一种精确且易于传达的方式来设置目标。SMART由George T. Doran（乔治·T.多兰）于1981年在其出版作品中首次提出，随后Robert S. Ruben（罗伯特·S.鲁本）教授对 SMART 进行了扩展。SMART 是代表以下内容的缩略词：

S——Specific，目标表述要具体明确，不能有任何含糊不清的地方，且是重点、明确定义的。

M——Measurable，目标是可以量化的。

A——Achievable，目标是可实现的，有所需的支持、资源和设施。

R——Realistic and Relevant，目标需要切合实际且具有相关性。

T——Time-bound，目标是有时限的。

SMART原则中的五个要点是相辅相成的：学习目标可衡量的前提是必须明确而具体；而明确具体的目标一定是有时间限制的；某一时间段内的总目标可被分解为相关联的一个个分目标，从而更易于实现。可以说，SMART原则为我们制定真正有效的目标提供了重要依据。此外，目标表述应该使用行为动词，可参考以下网站提供的行为动词表（Table of Research Verbs to Use in Aims and Objectives），见表2-8。

表2-8

Understanding (Understanding and organising information)	Applying (Solving problems using information)	Analyzing (reaching conclusion from evidence)	Synthesizing (Breaking down into components)	Evaluating (Judging merit)
Review	Interpret	Analyse	Propose	Appraise
Identify	Apply	Compare	Design	Evaluate
Explore	Demonstrate	Inspect	Formulate	Compare
Discover	Establish	Examine	Collect	Assess
Discuss	Determine	Verify	Construct	Recommend
Summarise	Estimate	Select	Prepare	Conclude
Describe	Calculate	Test	Undertake	Select
	Relate	Arrange	Assemble	

在目标中尽量避免使用understand、master、know、learn等词汇，因为它们难以量化。

The evidence of learning lies in the actions learners now perform that they could not perform before learning took place.

Lesson Plan中需要包括哪些内容呢？Rachel给我们提供了一个参考框架：考虑学情（Learners）、明确目标（Aims and objectives）、设置教学流程及时间（Procedure and timing）、准备教学资源及辅助设备（Materials, aids and equipment）、聚焦语言及能力（Language or skills focus）、预设问题（Anticipated problems）、学生/课堂管理（Student / classroom management）、评价（Assessment）等。

在本节课的最后，为了让我们顺利完成5月6日的Lesson Plan汇报，Rachel为我们制作了具有SMART特点的目标样例：

（1）Choose a book unit or material，it's all about learning to teach.

制订教学计划，可以改变教材内容，可以添加更多教学环节。

（2）Make the PPT-May. 2nd.

适用于学生的一节示范课，要讲清楚这节课的教学理念或将之呈现在PPT上，要体现S.O.A.R.ing，每个组限时10分钟，每人平均2.5分钟，不能超时。

（3）do the presentation Monday May.6.

（4）20 mark together.

（5）Reflect on your own.

汇报结束后，每人写800词的反思，内容包括回国后打算怎么做、所在学校会有什么不同、会遇到什么问题、作为团队的一员在本次Lesson Plan中有什么感受。

2019年4月9日

听力教学

1. Free talk

课前，Rachel让我们谈论在雷丁大学现阶段的生活情况。度过了前两周的

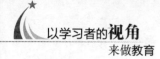

新鲜期，随着学习内容的逐渐增多，取而代之的是对家乡和亲人的思念，尤其对于一些孩子年龄尚小的妈妈们来说，每个寂寞孤独的夜晚都是一种煎熬。Rachel鼓励我们不仅要分享彼此的快乐，更要在遇到困难和麻烦时互相帮助，共同渡过每一个难关。她非常理解我们所处的每一个阶段，白板上折线最低点所代表的正是此刻大家所处的低谷期。

图2-14

2. Warmer——What do you know about your teacher?

今天的热身活动是了解授课教师，虽然Rachel已经教过我们一段时间，但我们对她的个人信息并不太了解。而今天这个活动恰好是为了增进师生之间的深入了解。Rachel在PPT上呈现了两列信息：一列是与她生活经历相关的数字，另一列是与她生活经历相关的词汇。她让我们猜猜每个数字或词汇的意思。这个过程非常有趣，尤其是当大家猜不出数字1时，Rachel出乎意料地宣布，1指的是one husband。这种幽默的方式不仅活跃了课堂气氛，也体现了中西方文化的差异。Rachel分享完自己的生活经历之后，让我们写下自己生命中的数字和词汇，然后与同伴分享，大家又一次在轻松愉快的氛围中开始了一天的学习。虽然，以前上课我也用过这种热身方式，但我从来没有让学生分享自己的信息，只是让他们猜测教师的信息。如果时间允许的话，让学生参与进来，激活学生的思维不失为一个好主意。

My life in numbers	My life in words
3	Kenya
1	Oxford
1997	Hiking in a storm
2019	A penny whistle

接下来是明确学习目标，我们应该在一堂听力课中识别哪些练习是有效的、哪些练习是无效甚至干扰听力训练的，了解听力训练的各个阶段以及利用音频文件的多种方式。Rachel告诉我们，英语语言教学可以分为两类：语言知识教学和语言技能教学。教师需要时刻提醒自己要教给学生的是什么，是语言知识还是语言技能。语言知识包括语言词汇、语法、语篇和语用知识，语言技能包括听力、阅读（输入）、说、写作（输出）。

接下来，Rachel没有任何过渡语，也没有提示，而是直接播放音频让我们听。但是在我们听的过程中，她又开始说话，然后给我们发听力材料，她不停地来回走动，时不时地和几个学员说悄悄话，这让我无法专注音频里的内容。但是别担心，这只是Rachel上演的另一部Drama。她让我们完全置身学生的视角去感受在做听力训练的过程中所发生的一切。这种方式真的很有效，作为学习者，我们不仅了解到学生的内在需求，更深刻体会到了学生的情绪感受。她要求我们找出在这个过程中她做错的地方。在大家的共同协作下，我们找到她至少20个错误。从这个活动中我们意识到，教师需要在播放录音时保持安静，给予学生明确的指令，让他们第一次听主旨大意或要点，而不是单词。其中最重要的原则是PBP（Private Before Public）。也就是说，在让学生公开发言或发表观点前，要留给学生个人思考的时间，而且听力完成后，一定要给学生提供答案，以便帮助他们纠正错误，改进自己。听力训练最为关键的不是检查学生的记忆，而是检查他们对文本的理解。接下来，Rachel和我们分享了听力课的一般流程：Lead in（导入）、Pre-teach essential lexis（提前教基础词汇）、Set gist task（设置主旨大意任务）、Read / listen（读 / 听）、Compare in pairs（成对比较）、Feedback（反馈）、Detailed listening task（细节性听力任务）、Compare in pairs（成对比较）、Feedback（反馈）、Follow up（跟进）、Productive task（产出任务）。当然这些环节并不是必需的，可以根据具体的听力文本进行取舍和改进。目前，我们教学中用得最多的还是PWP模式（表2-9）。

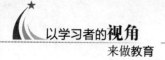
表2-9

Pre-listening	Activate interest Set context; personalise if appropriate Pre-teach necessary vocabulary Students draw on own knowledge; share knowledge with each other Predict content Teacher provides reason to listen Teacher clearly explains task Concept check the instructions using questions to ensure that students understand the task
While-listening	Students carry out task Teacher check students are coping Play recording again in response to students' needs Teacher provides help where necessary
Post-listening	Share answers with partners first for reassurance and confidence building Teacher checks students' response to the task Teacher checks answers with students, giving a written version of the answers Feedback about the main points Productive task

考虑到我们坐了很长时间，接下来，Rachel让我们做了一个观点讨论活动，当然不是仅仅坐在座位上讨论，而是围绕着教室边走动边讨论。她充分利用教室空间，在课前把需要讨论的8个句子都贴在墙上。原本听讲到感觉疲劳的同学利用这个机会放松了身心，大脑也重新恢复了活跃状态。我不得不佩服Rachel总是为学员考虑得那么充分、贴心。她甚至告诉我们，她曾在教室里设置了一个专门的灯，当灯亮时意味着学生需要站起来走动，因为这有利于学生体内血液循环，促进大脑思考。

3. Discussion Points

（1）Listening is more difficult than reading.

（2）Listening to recordings is more difficult than listening to real people.

（3）If students don't understand, play the recording as many times as necessary.

（4）To understand a listening passage, you need to understand every word.

（5）It's a good idea to give students the audio script before they listen.

（6）It's a good idea to give students a task before they listen.

（7）Listening to the teacher talking is good listening practice.

（8）Most teachers test listening，they don't teach listening skills.

在教室里走来走去时，我们依照内外圈，沿着逆时针和顺时针方向移动并和不同的伙伴谈论着每个句子，发表着自己的观点和看法。我们不用特意去记忆和背诵，但关于听力教学的理念却活跃在我们的大脑中，并给我们留下了深刻印象。特别是最后一个句子："大多数教师只是检测听力，却不教听力技巧。"这一点的确值得我们反思。

Rachel让我们谈论一下学习者在听力方面可能遇到的困难。在听力教学中，我们确实遇到了很多问题。比如，文本对学生来说太难了；音频可能太长；学生能听懂教师的话，但是他们听不懂其他说话的人，以及其他口音……在彼此分享之后，我们知道了如何处理这些棘手的问题。首先，教师需要在了解学情的基础上对文本材料或任务做一定修改，如降低任务难度，提供更多脚手架，适当增加听前活动，或者更换更合适的文本。因为只有教师最了解自己的学生。没有完美的教学资源，只有最贴切的教学设计。

对于最后一个问题，Rachel给了我们一些建议。因为学生可能不熟悉讲话者的声音或口音，而且以英语为母语的人通常会使用很多填充词（well、you know、you see等）和口语，所以教师应该提供大量真实讲话的例子，以提高学生的语音意识，并定期让学生接触各种各样的声音，以便于他们熟悉各种带有方言或口音的英语。

在Rachel的帮助下，我们逐渐意识到，在目前的教学实践中，我们过多地关注倾听的结果，而太少关注倾听的过程。Rachel的课总是很有趣，因为你永远不知道接下来会发生什么，她的课堂总是充满了挑战和乐趣。就拿讨论听力教学的困难和解决方案来说，Rachel使用了她课堂上最常用的教具——小纸条，让我们通过搭配小纸条上的内容找到听力问题和对应的解决办法。这不是一个比赛练习，而是一个任务，我们需要和同伴合作，手和大脑并用。这让我想起了每天坐在教室里听课的学生，每节课他们都需要坐在固定座位上，作为教师，我们该如何通过课堂活动来吸引他们，而不是强迫他们呢？我想这些教具是可以在我们的课堂上采用的，相信同样能调动起学生们的学习兴趣。

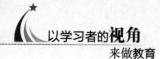
然后Rachel让我们带着以下两个问题看一段视频：

（1）What makes listening easier?

（2）What is the difference between top down and bottom up strategies?

这个视频除了提到我们在阅读教学中了解到的"自上而下"和"自下而上"两种知觉加工方式外，还提到了一些听力的次级技能（subskills）。

解码阶段（A decoding phase）：输入的内容被"翻译"成语言的发音。

词汇搜索阶段（A lexical search phase）：在大脑（长期记忆）中搜索与所听到的声音相匹配或相近的词汇。

语法分析阶段（A parsing phase）：在一串单词中识别出一个语法模式，并将一个单词与它周围的语境相匹配。

意义建构阶段（A meaning-building phase）：在这个过程中，"打破"语流，识别所听到的单词，以及学习它们在不同语境中的语法，并正确理解包含该单词的句子。

语篇结构阶段（A discourse-construction phase）：对每个意义单位（如句子）的理解都与语境相联系。

在教学中，尽管我们很难关注到这些次级技能，但对听力过程的了解让我们更加明确听力技能是需要教的，我们不能抱怨学生听不懂，而应该多去考虑作为教师，我们能帮助学生做哪些方面的准备。在这节课结束时，Rachel给了我们一些关于听力课的建议：

（1）Pre-teach the vocabulary that is essential for understanding.

（2）Give a clear task.

（3）Take care with staging.

（4）Develop top-down / bottom -up skills.

（5）For feedback consider "private before public".

（6）Give a written record / answer.

（7）Say "it's challenging" never "it's difficult".

（8）Develop an awareness of purpose and audience.

（9）When working with audio clips, think about accent, number of speakers, speed, difficulty of the task / lexis.

（10）Don't make a listening task a memory task.

在接下来的课程中，Rachel给我们上了一堂听力示范课。这次，我们30个人被分成两部分。其中一部分是学生，他们将参与Rachel的课程学习；另一部分是观察员，他们将借助观察量表，分析课程的教学环节和背后的基本原理。为了节约用纸，Rachel特别提醒我们不能在纸上写字。教师的观念也会深深影响学员，Rachel的环保意识为我们树立了榜样。

我和其他14名同学被分配在了学生组，现在我们都是16岁的高一学生。一开始，Rachel给我们看了一张照片，让我们猜人物的工作和爱好。我们都没有猜到正确答案。原来，她是Rachel的朋友，还是个医生。这节课，Rachel给我们讲的就是一节关于朋友的课。像往常一样，她给我们展示了学习目标，然后让我们谈一谈图片上发生了什么。接下来，我们做描述内容与图片的匹配练习。这些教学环节和我们平时的教学相似。

之后，Rachel让我们做了一个关于友谊的调查问卷，做完测试题把自己的得分加起来，然后和标准数值对应，数值越大，说明一个人越重视友情。调查结果显示，我们每一个人毫无例外地认为友谊是重要的。但作为一个学习者，这个活动带给我的思考是，面对一个问题，我们是选择语言讲解，还是为每个学生提供参与的平台和机会？在平时的课堂上，我们可能不会花时间做问卷调查，这就难以激发学生内在的学习动机，使学生逐渐感觉学习英语很无聊和困难。但是在Rachel的课上，我们总能感觉到所学到的东西与我们的日常生活息息相关。

接下来，Rachel教授基本词汇，让我们讨论核心词汇的意思（脱离上下文），并找出自己不认识的词。在处理这些单词的时候，Rachel都采用了Yes / No的问题来帮我们了解这些单词的意思，并完全不会出现中文提示，这就是CCQ（Concept-Checking Questions）。例如，为了检查学生是否理解gossip的意思，Rachel造了一个句子：Teenagers like to gossip。然后她问了以下几个问题：

Are they talking about other people？他们谈论的是其他人吗？

Do we know the information is true？我们知道这些信息（他们说的）是真的吗？

Is it sometimes unkind？有时候这种方式是不是很不友好？

Rachel通过一系列这样的问题来检测我们是否理解了生词gossip。

在接下来的教学中，Rachel向我们展示了基本的听力流程，即听前、听中

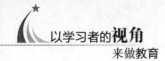

和听后。在听之前，先猜测图片中两个人之间的关系，并通过表情推测她们是否快乐。在听的时候，第一遍要听主旨大意。接下来，听文中主人公Miss Wang的观点。在细听过程中，Rachel给了我们五个句子，让我们再听并进行排序。

在听完之后，作为输出任务，Rachel设计了一个board game，内容是关于友谊的一些问题和谚语，让我们通过小组合作来玩这个游戏。最初她把所有卡片倒过来放在标着"Draw"的盒子里，然后每个人将有30秒的时间谈论抽到的主题，除非骰子落在四个角的空白方格上。我们按照骰子数值及棋盘提示向前或向后走，最先到达终点的人就是获胜者。

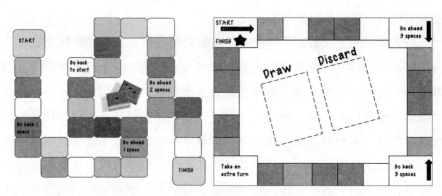

图2-15

作为一名学生，我觉得这节听力课很放松，因为我参与了很多不同的活动。尤其最后这个游戏环节，既能让大家放松下来，又深化了本课主题friendship，每个学员都可以从不同视角、不同维度发表自己对于友谊的观点和看法。最后，Rachel让我们分享作为不同的角色对本堂课的感受和评价。一个"学生"与一个"观察员"作为一个组合，"观察员"需要向"学生"解释他们认为的每个阶段的基本原理是什么，也可以提出改进意见，以及基于他们的视角所看到的问题。

给我印象最深的是反馈环节。每次Rachel要求我们提供反馈意见时，总是遵循PBP（Private Before Public）原则，先让个人思考，然后两人一组交流答案，最后在全班同学面前分享。这是一种非常安全的方式，确保了不同性格、认知水平和能力的学生都能学到知识。

理解和记忆事实材料远不如知道如何将新材料与已经知道的内容联系起来重要。

2019年3月21日

阅读教学——SQ3R

今天这节课，Sharon在课堂上给我们发了15张任务单，你可以想象她上课的速度有多快。昨天晚上，她给我们布置了Quizlet的小测验。今天早上，课堂是从提问游戏开始的。这和上周一样，但Sharon说，这次我们需要在一定的时间内问尽可能多的人。这是一个让大家积极参与的好方法。我们需要再次关注这些问题是如何提出的，因为我们需要让学生学会提出问题，而不仅仅是回答教师的问题。因为通过提问，学生可以更认真地思考，并对他们所学习的东西产生兴趣。学会提出问题是目前学生有待提高的一项能力。

Sharon很幽默，在教学的时候，她不断地和我们开玩笑，在她的课堂上，每个人都很投入。但到了展示目标时，她显然是非常严肃、认真的，这是对待科学的严谨态度。

这节课，我们将学习SQ3R阅读学习系统（SQ3R reading and study system）。首先，Sharon问了我们两个问题：你的学生在读英语时有哪些问题？你在课堂上使用哪些阅读技巧？这是促使我们反思日常教学最有用的方法。对于第一个问题，大家都有共同语言，如不认识单词、读不懂、不阅读等，可以说，学生在阅读方面存在的问题多得难以计数。但第二个问题却将矛头指向了我们自己，教师所教授的阅读技能是否有效帮助学生克服了阅读困难呢？在Sharon的带领下，我们从目前阅读教学存在的问题到常见的阅读技巧，仔细搜寻着能有效提高学生阅读能力的教学技能。Sharon用一个图表很清晰地呈现了一些阅读技巧。作为一名学习者，让我印象最深刻的是教师时刻在让我们做事情，进行思考—分享—反思（Think—Share—Reflect）。

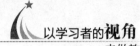

Re-read the Text **more information = more understanding**	Activate Prior Knowledge what do I already know about this?	Use Context Clues
Infer Meaning read between the lines	Think Aloud talk through it	Summarize the Story Characters → Setting → Problem → Solution
Locate Key Words	Make Predictions think → pair → share	Use Word Attack Strategies **rereading** re · **read** · ing prefix root suffix
Visualize	Use Graphic Organizers	Evaluate Understanding what did I learn?

图2-16

接下来是我们要学习的主要内容——SQ3R阅读学习系统。SQ3R是美国著名教育心理学家弗朗西斯·P.罗宾逊（Francis.P.Robinson）在其著作《有效研究》中提出的。Sharon先让我们自己浏览讲义，了解SQ3R分别代表什么。S代表的是浏览（Survey），指略读全文，看标题、图片、图表等，看粗体或斜体的文字。Q代表的是提问（Question），问一些关于文本的问题，比如，关于这个主题我已经知道什么，我需要知道什么，我能否把标题变成问题。3R分别代表的是Read、Recite和Review。Read（阅读）指的是带着问题深入地阅读，在详细阅读的同时识别主要观点，并做标记、画线或做笔记。Recite（复述）指的是回忆，把书合上或把文章收起来，试着回忆其中的要点，进行学习和记忆效果的自我检查。这种主动的、及时的回忆有助于集中注意力，如果发现尚未掌握的难点可以再次回看原文，这样有助于提高记忆效率。Review（复习）指的是在复述的基础上，根据问题解答的满意程度和记忆程度，进行全面而有重点的复习。课堂上可以检查笔记记得是否准确、文本中是否有自己想要的所有东西，有没有遗漏，如果有，该怎么补救。课下的复习应在学习后的一两天内进行，隔一定时间还要重复进行，以巩固学习和记忆效果。

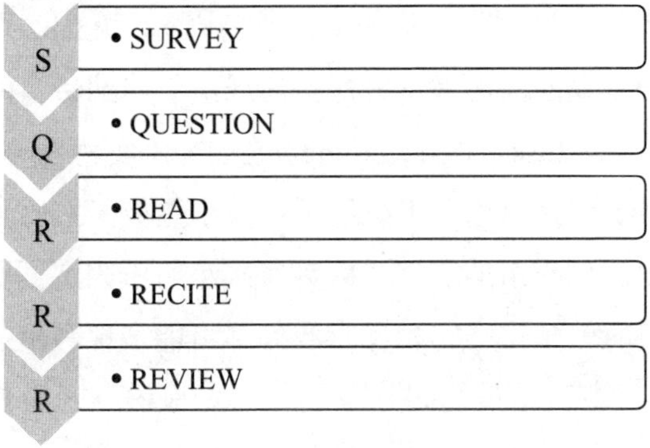

图2-17

　　利用思维导图，Sharon检验了我们对SQ3R这种阅读法的自学效果。接下来，她为我们提供了一篇题目为*Chemical or Organic Farming*的阅读文本，系统地带领我们经历SQ3R的全部过程。从浏览（Survey）到提问（Question），甚至接下来的三个步骤，她带领我们逐一体验。特别是在提问环节，她给了我们足够的时间来思考自己的问题，然后小组分享。当我们进入阅读（Read）环节时，刚才提到的一些问题不仅在文中找到了答案，而且这些问题能帮助我们更好地理解文本内容，尤其是那些真正与文章主题相关的问题。至于复述（Recite）环节，我们只需要写下自己所记住的任何东西，当进行小组分享时，我们发现从彼此身上能学到更多的东西。最后一个复习（Review）环节，我们应该梳理出文本的思维导图，但由于时间限制，我们未能在课堂上完成，而SQ3R阅读教学法却深深留在了大家的脑海中。这种阅读教学法能把学生的阅读积极性调动起来，尤其能够提高学生提出问题的能力，培养学生敢于质疑的精神，值得应用于我们自己的教学实践中。

2019年3月20日

语法教学

　　语法教学是否重要？应该如何教授语法？在语言学习领域，语法教学一

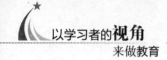

直是备受争议的话题。依据我的教学实践，语法不能不教，但要考虑学生的理解水平和接受能力，在合适的时间以合适的方式循序渐进地渗透，让学生把语法当作学习语言的工具，而不是死记硬背的内容。Rachel在语法教学过程中让我们体验了几种常见的语法教学方法：演绎法、归纳法、PPP（Presentation-Practice-Production）、Task-based learning和Realia（实物教学）。

这节课，Rachel给我们每个小组发了一块小黑板。按照她的要求，我们需要在小黑板上写出我们小组的名字（因为每次小组不固定，所以组名均为临时起的）。接下来将有一个比赛，她要求我们尽可能多地写出关于英语语法的词汇，时间为3分钟。所有学员以组为单位开始了探讨。因为有竞争，怕其他小组听到自己的观点，所以大家压低了声音，仅限组内成员讨论。一群成年人还是如此热爱学习，虽然都做过十多年的教师，但此时处在学习者的位置上，大家的学习力和学习态度真的是可圈可点。很快，时间到了，Rachel让我们放下笔，马上数出小组所写词汇的个数。有的组21个，最多的竟然36个。面对如此大的差距，Rachel让我们交换小黑板互相补充学习。在这次的交流中，我们彼此都学到了很多，在整个过程中，教师似乎没有做什么特别的事情，但学员彼此之间的信息差却让每个学员都受益匪浅。

随后，我们拿到了这节课的讲义，然后进行了另一项活动——"找到谁？"（Find someone who...？）在做这个活动之前，Rachel给我们每人一张卡片，上面写有不同的内容。我们需要做的是按照问题要求，从我们自己的卡片上找到相匹配的词或句子，然后写上我们的名字。比如，我的卡片上有"pick up"这个短语，就可以和"Who is a phrasal verb？"这个问题匹配起来，然后我需要把这个卡片交给对方，同时，对方需要把我的名字写在这个问题所在表格对应的一栏里。我们已经做了很多这样的练习，但是每次活动内容和方式都不会重复。在这个热身环节，教师帮助我们了解语法术语的含义。原本枯燥的语法知识学习，却变成了大家积极参与的交际活动。这也是所有学员一直保持高涨学习热情的原因。有效的教学设计能够激发学习者的学习热情，从而提升其学习内驱力，收到事半功倍的效果。

Rachel像往常一样，在活动结束时让我们反思并找出活动背后的理念。从我们个人的感受出发，这个活动可以帮助学生找到自己在语法学习方面的已有基础，给予他们每个人发言的机会，并且可以帮助他们互相学习。最重要的是，学生对他人的信息非常感兴趣，从而激发学习积极性。

Rachel说这种教学方式就是前面我们学习过的TTT。当我们采用这种方式时，可以将其内容改编成我们所需的内容或话题，还可以根据学生的实际年龄和认知特点进行创新设计，就像这节课，一块小黑板就让学习变得有趣了很多。

热身活动结束后，Rachel告诉我们今天要学习的是利用归纳（inductive）和演绎（deductive）的方式来进行语法教学。

Rachel先在黑板上写了三句话：

I used to live in Nepal. 过去我住在尼泊尔。

I didn't use to have electricity. 过去我没有电

Did you use to eat chocolate? 过去你常吃巧克力吗？

然后，她引导我们通过观察比较得出used to的基本用法、肯定句形式（used to+do），以及否定句形式和一般疑问句形式（助动词didn't / did+原形）。这种方式属于演绎法（deductive），它多以教师为中心，对于注意力不能长时间保持的学生来说，未免过于枯燥乏味，而且学生一旦不想听，那就没有学习效果可言了。

在归纳法（inductive）中，Rachel给我们呈现了一个文本，然后通过问题引领我们理解used to do的意义和用法。例文如下：

I used to live in Nepal from 1991—1997. I used to eat rice and lentils for lunch every day. I lived with my family in a flat near the Indian border. It was very hot and we didn't use to have electricity all the time.

后面设计的问题是：

Are we talking about the past or the present?

Did the events happen once or for some time?

Are they true now?

Which structure gives this meaning?

Can you make a sentence about your life at the same time，using the same structure?

上面每个问题都明确指向used to的具体含义和用法。比如，"过去（the past）还是现在（the present）"讨论的是对used to表示"发生在过去"这一意义的理解；而"一次（once）还是一段时间（for some time）"则是对它表示

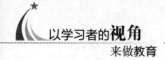
"经常性"这一意义的理解；"是否符合当下的情况（true now）"则表示"与现在无关"。这个过程没有演绎法那么直接，教师不会直接告诉学生关于这个语法的相关知识，而是在师生对话的过程中，引导学生根据上下文语境去理解，然后，教师通过问题的方式来检验学生对该语法项目的理解及掌握情况，充分体现了以学生为中心。这种方式可能耗时较长，但因为是在情境中学习语法，所以学生会感觉更有意义，更易于实现深度学习。

显然，这两种方法有很大不同，演绎法（deductive）是以教师为中心，教师除了准备好语法知识讲解的内容外，不必做其他活动设计方面的准备；由于学生对语法规则比较熟悉，教师可以使用汉语讲解，非常节约时间，学生有充足的时间去做书面练习，但缺少了交互过程，学生的主动参与较少，这种方式比较适合高级学习者。两种方法没有绝对的好与坏，Rachel想让我们明白，面对不同年龄段的学生，我们需要合理地选择教学方法，因为只有教师深度地教，学生的记忆才会深刻。

你有没有想过利用现实生活中的图片展开一个故事来教授语法呢？在演绎法和归纳法之后，Rachel给我们讲的第三种方法就是一种非常有趣的PPP语法教学，即Presentation-Practice-Production。Rachel先给我们呈现了一张年轻男士的图片，让我们根据图片猜测他的相关信息，如年龄、职业、爱好、生活等。随着我们不断猜测，Rachel提供了更多关于他的图片，这个人的形象逐渐在我们面前变得鲜活起来。当她告诉我们他的真实故事时，我们都很震惊，因为他原本是一位明星，但后来却遭遇了不幸，生活发生了从天堂到地狱般的转变。Rachel用时间线来展示故事发生的时间，并总结used to的用法。可以说，这个故事与语法教学完美地结合起来，给我们留下了深刻印象。

Rachel留给我们的任务是观察另外一个人的图片，以小组为单位创编一个故事，可以选择悲剧或喜剧。在小组激烈的讨论中，大家完成了一个个精彩的故事。各小组完成后，大家需要投票选出组内最好的故事版本。被推荐上来的同学在全班做分享，听同一个人物不同版本的故事是很有趣的。对于教师来说，这也是一个非常有用的方法，可以引导学生利用所学知识创造新的东西。

整个教学环节完成后，Rachel和我们一起总结了PPP的教学流程。这是一种传统英语教学所采用的方法，是以教师介绍新的语言教学项目为开始的，之后通过有目的的练习（如发音练习、重复、读对话等），使学生掌握所学知识，然后学生通过更有意义的方式将知识扩展，如排演话剧或做模拟采访。这种教学法类似"五步教学法"。

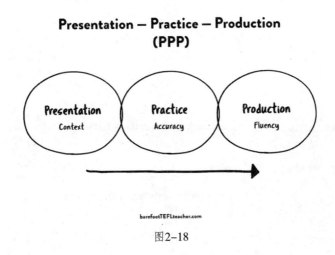

图2-18

　　呈现（Presentation）阶段是教师将语言介绍或呈现给学生，通常通过介绍上下文或情境的方式。例如，讲述或表演一个小故事或轶事，播放简短的音频、一段电影或电视节目，展示物品（如剪报、机票、爱好材料），等等，目的是确保学生理解上下文，并让他们思考。教师可以从学生那里引出想法或建议，让他们互相谈谈自己所知道的或对情况的看法等。这也有助于他们记忆有关主题的语言和词汇，即激活图式。

　　练习（Practice）阶段是指学生以一种可控的方式使用语言。有时这个阶段分为两部分：受控练习（Controlled practice）和自由练习（freer practice）。比如，练习句子或发音、合唱或单独练习、成对替换练习、句子匹配的活动、填空练习、结对练习提问和回答问题等。这个阶段的目标是提高准确性，纠正错误是这个阶段的重点所在，教师要密切监控学生，做到及时纠正错误。但由于目标语言错误是比较常见的，延迟纠错活动也是有必要的。

　　生成（Production）阶段是以一种更开放的方式使用语言的阶段，如角色扮演、交流任务、协作任务、讨论活动等。这一阶段的重点是让学生尽可能流利和自然地使用语言，就像学生在课堂之外做的那样。

　　关于什么是好的练习活动，Rachel和我们重点区分了常见的受控练习和自由练习，增加了STT（Student Talking Time，学生的谈话时间），减少了TTT

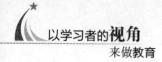
（Teacher Talking Time，教师的谈话时间）。这一点尤其值得教师注意，我们需要学会把时间还给学生，学会放手。

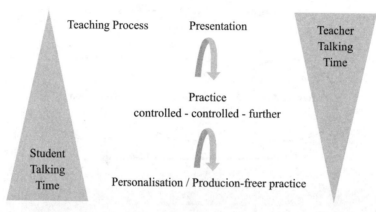

图2-19

Rachel展示的第四种语法教学方式是Task-based Learning（任务型教学）。她首先用新旧照片的对比呈现了雷丁城镇从过去到现在的变化——过去这里是乡村（rural area）、修道院（abbey）。而我们需要做的是小组合作，通过网络了解更多关于这个城市的历史，并向其他小组展示，同时，Rachel提出了八个问题，要求我们的汇报围绕它们展开。因为我们刚刚参观过雷丁城中心，所以这个任务对我们来说很简单。因为前面Rachel已经专门给我们介绍了任务型教学，所以完成任务后，我们简单总结了该方法的教学流程：

（1）Starts with a warmer or lead-in.

（2）Teacher introduces the situation.

（3）Teacher provides some useful language.

（4）Students work with little teacher input.

（5）Teacher notes down errors that need addressing.

（6）Teacher feeds back on the content of the activity.

（7）Focus on form and accuracy.

第五种语法教学的方法是Realia，即用实物进行教学。Rachel依然在屏幕上为我们呈现了一张照片。这是一位老人，在Rachel的介绍下，我们得知他是Rachel的父亲，一位商人，喜欢航海和潜水。他在81岁的时候失去了记忆，85

岁时常常整天抱着一只小狗坐在椅子上。Rachel在讲述其父亲的故事时，手里拿着一个毛绒玩具狗，同时，坐在椅子上一边讲，一边抚摸着这只玩具狗，俨然把父亲的举止神情清晰地呈现在我们面前，而我们也和她一样沉浸在故事中，被深深打动。整个过程，Rachel用了很多"used to"，她借助实物设置了相对真实的情境，这对教学很有帮助，也很有创意。

接下来，Rachel提出了很多问题，让我们思考这种教学方法背后的理念和意图。

Reflection：

Why use a situation？ Why is context important？

Why elicit the language？ Why not just explain it？

Why use visual aids？

Why drill？ Why do it chorally， in groups and then individually？

Why do we need to get more than one example of the language form the situation？

How was the concept / meaning checked？ Why check the concept？

Why involve students at the written record stage？

Were the presentations more student-centred or more teacher-centred？

下课的时候，Rachel让我们按所教学段坐在一起，找出教学中学生所面临的问题，如时态、比较级、被动语态、条件句、虚拟语气、动名词和不定式、副词和形容词、关系（定语）从句、单数和复数等，几乎每种语法现象都有学生的困难所在，哪怕第三人称单数形式也是学生常犯的错误。在交流的过程中，我们彼此支持，因为作为教师，我们需要让学生对学习产生信心。Rachel说语法教学是她最喜欢的内容，因为她可以想出很多教学创意。她建议我们明确教学中哪些是值得做的、哪些是浪费时间的，让深度学习在课堂上发生。如果学生不理解我们所教的内容，那他们就什么也做不了，学习也不可能发生。联系我们的语法教学，怎样让学生爱上语法学习？让我们学以致用，从体验这些方法入手吧！

【感悟】

学习是一种过程性的体验。这一周的学习生活异常丰富多彩，可以说，学习是来源于生活所需，渗透在我们的日常生活之中的。无论你觉察与否，学

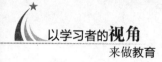

习都是无时无刻、无所不在地发生着的。用一句话来总结这周的收获：树立目标，抓好语音、语法两个容易被忽略的基础要点，身临其境地体验文化差异。

丰富而又充实的一周课程结束了，我们也领到了近期要完成的各项任务：完成两个action plan，同时，每个人准备5分钟的Interview，完成第一个lesson plan，每个小组12分钟，每人3、4分钟。下周三即将开启为期5天的苏格兰文化探索，这就意味着大多数作业要在这几天内完成。时间过得好匆忙，我们来到英国已经一个半月，一半的时光已经在不经意间悄然流逝，还有很多知识未来得及消化吸收，而新的知识已经蜂拥而至。真想留住这段时光，慢慢品味、静静思考，但时间永远不会等人，我们只能与时间一起奔跑。

Rachel特别指出，目前在很多教师的课堂中目标只是教师知道，学生是不明确的。在雷丁大学一个半月的学习过程中，每节课，教师都会把Learning Objectives（学习目标）清晰地呈现在大屏幕上和我们一起分享。通过了解目标，我的确能够更加明确这节课自己要做事情，做好相应的心理准备，也对新内容有更多期待。然而，在我们自己课堂教学的实施过程中，目标似乎没有被赋予足够重要的时间和地位，或者说学生的目标意识还远远不够。

有效的教学设计需要有清晰的教学目标，通过有效的教学方法，提高学生的学习能力。哪些词适合放在学生目标中呢？Rachel老师通过一个图片活动，让我们小组讨论选择出可以用在目标中的词汇。通过动手排列，一方面促进教师思考自己的教学理念，另一方面让教师在交流过程中互相学习探讨。这次，Rachel老师用了另一种方式来反馈小组讨论的结果，即选出两个小组成员分别检查其他小组的答案是否正确。通过交流我们得出共同的结论：目标中的词汇应该具体、可度量、可实现、具有相关性、有时限。

用精准语言来描述学习目标是对教师的一项考验。从知识目标、能力目标过渡到三维目标，再到现在的核心素养目标，我们走过了一段相当长的路。而目标的撰写不单纯是词语表达方式的改变，更重要的是我们教育教学理念的改变，即从关注教师的教转变到关注学生的学，从以教师为中心转变到以学生为中心，运用具体可见的行为动词，制定出更切实有效的SMART目标。

2019年4月11日

写作教学

今天一上课，Rachel就给我们呈现了一张照片，依然让我们猜上面的人物是谁。原来，周末天气特别好，她的三个女儿带着孩子去Harris Gardens野餐了，Rachel结合图片给我们分享了他们周末的快乐生活。

接下来，Rachel让我们拿出手机，在相册中挑选出1～3张照片，然后与同伴交流这些照片。

上个月，我们在文化之旅中一起走进了威尔士的卡迪夫城堡，它坐落在首都市中心美丽的公园里，是威尔士的主要遗产景点之一，也是一个具有国际意义的地方，其罗马式的城墙和童话般的塔楼有着两千多年的历史。同学们的交流也都围绕着这次旅行。在交流完后，Rachel给我们3分钟时间，把刚才交流的照片内容尽可能多地写出来。有了前面的讨论做铺垫，大家写起来轻松了很多。在时间截止时，每个人看着自己在3分钟内完成的成果，脸上都露出了欣慰的笑容。

简短的写作练习后，Rachel带领我们梳理这个活动的流程以及反思背后的理念，然后我们交换批改，这又一次用到了TTT的教学方法。以前周一的热身活动都是以说为主，但今天因为要教写作，所以Rachel自然把说的活动与写作结合起来，而在这个过程中，大家也都在轻松愉悦的氛围中接受并完成了任务，完全没有产生任何心理压力。Rachel不停地鼓励我们：不要停下，不要害怕出错，只管往下写即可。这些话无疑给了我们一定的激励。

"Writing is often perceived to be the most complex of all the skills to teach. This view is not without reason, as not only does writing itself encompass so many different processes and skills, but the effective teaching of it demands an understanding of these, as well as an engaging methodological delivery that enables students to assimilate the skills and develop as writers."

——Pallant, A. English for Academic Study: Writing Reading: Garnet

写作很重要，教写作却非常难。学生需要写的东西很多，包括作业、邮件、评论、文章/论点、作文、笔记、信件、通知、总结、故事、日记等多

种形式。这些形式中有的是控制性的，有的是半控制性的，也有的是非控制性的。

Rachel把我们分成五人一组，每个小组讨论一个问题，这些问题反映了目前学生在写作方面的现状。

第一个小组讨论的问题是：How do you help students have ideas？

学生经常感觉没什么东西可写，这就需要教师有激发他们产生想法的策略和方法，或者提供样例。

应对策略：在课堂上提供大量有规律的练习，不要总是让学生把写作任务当作家庭作业。

第二个小组讨论的问题是：How do you help students organize their ideas？

当学生写较长的文章时，可能无法让读者理解他们的语言组织方式或逻辑。

应对策略：培养学生组织结构方面的意识，并把良好组织的价值教给学生，如分段（paragraphing）。

第三个小组讨论的问题是：How do you help students connect their ideas.

学生可能只写短句子，对连接词和标志词（signposts）的使用及段落写作缺乏信心，即使使用了连接词，也有可能是不正确的。

应对策略：提高学生对衔接手段的认识，如连接词但是（but）、所以（so）、和（and）、然后（then）等，让学生对比看有连接词和没有连接词的文章，以便了解连接词的作用。

第四个小组讨论的问题是：Correct word order，syntactic，word.

学生经常按照汉语的思维方式直译英语句子或文章，而忽视英语最常见的句子结构和主谓宾（SVO）模式，代词、复数、介词和冠词也经常被误用。

应对策略：鼓励学生独立编辑，在评分方案中使用修正符号。这也有助于他们更好地意识到自己的语言错误，如拼写错误，用s代表spelling error。

第五个小组讨论的问题是：How to plan and draft？

对于成功的作家来说，Planning、Drafting、Editing都是必备技能；对于学生来说，重要的是要意识到写作是一个过程，也是一个成果。

应对策略：要在课堂上营造一种创造性、分享性的氛围，让学生明白，写作不是一种孤独的体验。例如，让学生们一起讨论自己的想法，阅读彼此的作品。

　　写作应该有明确的背景，并且是为特定读者而写的（也就是说，应该教授学生特定的写作体裁），风格应该始终是正式或非正式的。

　　应对策略：通过分析示范文本，如童话故事或信件中的分块表达（chunked expressions），培养学生的语言意识。

　　有效解决以上问题的方式自然是教师用过程性写作（Process Approach）去教学生写作，这种写作方法将所有写作视为一种创造性行为，需要时间和积极反馈才能做好。在写作过程中，教师不再是只给学生设定写作主题，接收学生作品进行批改，而是在学生写作的过程中给予必要的指导和干预。Raimes提出："我们在开始让学生准备写作时，要先问自己几个问题：如何通过写作帮助学生更好地学习语言？如何找到足够的写作题材？如何使主题更有意义？读者是谁？学生在课堂中将如何合作？我应该给学生多少时间写作？如何对待学生的错误？"教师在开始上写作课前，必须思考这些问题。在这样的写作教学思想的影响下，过程性写作教学应运而生，它强调教师对学生写作策略的培养和对学生写作过程的全程指导。

　　传统的写作属于结果性写作（Product Approach），教师只需要做三件事情：设置任务（Set a task）、收集作品（Collect it）、批阅打分（Mark it）。如果教师不参与学生写作的过程，对学生写作能力的培养便无从谈起。怀特（White）和阿恩德（Arntd）曾提到"It has tended to be a much neglected part of the language programme"，并强调关注语言错误"既不能提高语法的准确性，也不能提高写作的流畅性"。研究还表明，反馈（feedback）在草稿之间更有用，而不应在学生交完作文打分后才完成。学生写作完成后，再收到作文批改似乎对提高写作能力没有什么帮助。

　　而在过程性写作（Process Approach）中，教师不再是一个记分员（marker），而是成为学生作品的忠实读者，积极回应学生所写的内容（不局限于形式）。在这个过程中，教师应该鼓励学生为读者考虑：这篇文章是为谁写的？读者需要知道什么？学生们还需要意识到，他们写在纸上的东西是可以改变的，可以删除、添加、重构、重组等。

　　过程性写作可以划分为不同的阶段，Rachel给我们提供了11个步骤，但是无论怎么分，过程性写作有几个大的步骤是我们必须了解的。在此借鉴Tricia Hedge在她的《写作》一书中提到的三种主要写作活动：写作前（Pre-writing）、

起草和再起草（Drafting and Redrafting）以及编辑（Editing）。

1. 写作前（Pre-writing）

教师需要激发学生的创造力，让他们思考如何处理写作主题。在这一阶段，最重要的是思想的流动，而不是学生实际完成书面工作的量，如果他们此阶段有所生成的话，教师就可以提供改进建议。此阶段，教师可以引导学生通过头脑风暴在组内说出或写出关于写作主题的单词和想法，然后在小组讨论、质疑或辩论的基础上对写作做出自己的规划。

2. 起草和再起草（Drafting and Redrafting）

在这个阶段，学生开始起草写作，但不必太注意作品或组织的准确性，最重要的是关注意义。同时，教师（或其他学生）在批改时也应该专注写作的内容，分析作品前后是一致的吗？丢了什么东西没有？还有额外的吗？为了保持写作的连贯性，学生们可就主题快速写5～10分钟，而不必担心语言或标点的正确性。即使遇到想不起来的单词，也可以用空格或汉语代替。重要的是要坚持写下去。然后学生在互评的基础上，根据别人的建议，对作品进行多次修改。

此时，学生有机会回顾文本，重新组织思想，添加、修改或删除句子，并调整他们选择的词汇，以确保思想被清楚地表达出来。反馈在这一阶段起着至关重要的作用，它可以由教师或同伴提供，学生可以交换草稿并对彼此的作业进行评论。修改后，学生要写另一份草稿，这意味着他们要回到"写作"阶段。这是过程写作的一个重要部分：允许学习者根据过程写不同的草稿，而不是最终的结果。

3. 编辑（Editing）

在写了几次草稿之后，就到了校对，检查语法、拼写和标点符号的时候。同样，鼓励同伴互相帮助和阅读彼此的作品是非常有用的。此阶段，学生对于作品在教师、同伴多元评价的基础上，进一步改正形式及内容上的错误，编辑校对。然而，当计划使用过程写作方法时，重要的是考虑学生将要写的是什么类型的文本或体裁。如果学生需要写一篇记叙文、一篇文章或一篇短文，首先集中思想写作可能是一个不错的选择。然而，如果体裁是固定的，如电子邮件、正式信函或报告，那么结果性写作方法可能更合适。所以，我们需要根据具体的写作要求来选择合适的写作方式，但无论怎样，在教学中，教师采用过程性写作教学是能够有效帮助学生提高写作能力的。

　　今天的热身活动是English dictation。Rachel先让我们听一个故事，然后写出其中所缺少的内容。这是关于王子与公主的经典故事，但是大家所填的形容词则是基于个人的想象。填写完成后，我们先在小组内分享，然后选出最好的在全班分享。这个活动有效指向某一特定词性，学员在分享时，基于一定情境进行头脑风暴，这样能有效拓展词汇量。在我们的日常教学中，这种活动可以根据活动目的变换主题，如各类词性、城市、河流、环境问题、动物等。

　　简单的热身活动后，Rachel告诉我们今天继续学习另一种写作教学法——Genre-Based Writing（体裁教学法）。"体裁"是将文本组合在一起的术语，代表作家通常使用语言来应对反复出现的情况。判断体裁可以从Text type（文本类型）、Audience（受众）、Purpose（写作目的）三个方面进行。

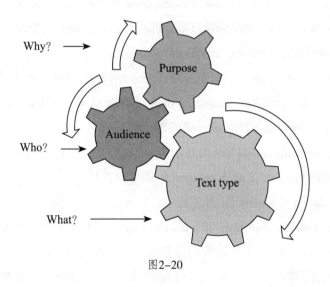

图2-20

　　我们还是从English dictation的体验活动开始。两人一组，按照任务单要求，每个人分别为对方口述A、B、C、D中的一段文字，让对方写下来，并根据对方口述的内容做好记录。甲、乙双方的任务单有所差异，都只能显示自己任务单上的内容，比如，甲同学这边显示第一段文字，那乙同学的任务单相应位置是需要记录的。双方全部听写完之后，我们看到了四个段落全部的内容。

　　（1）I give learners in groups several examples of a genre such as an essay（or it could be a letter of complaint，application for a job，apology），and they use a

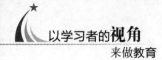

genre analysis form to identify the features and language they have in common. This raises their awareness of the features of the genre and gives them some language "chunks" they can use in their own writing.

（2）Learners identify the function of different paragraphs in a piece of writing. For example，in a job application letter，the functions of the paragraphs might be something like：

① reason for writing.

② how I found out about the job.

③ relevant experience，skills and abilities.

④ closing paragraph asking for an interview.

（3）Learners are given another example with the topic sentences taken out，and put them back in the right place. This raises their awareness of the organization of the piece of writing and the importance of topic sentences.

（4）Once learners have seen how the ideas are organized in typical examples of the genre，they can go about organizing their own ideas in a similar way.

以上内容恰好构成了体裁教学法的四个阶段：

Analyse the features and language of a genre. 分析体裁特点和语言。

Identify the features of each paragraph. 确定段落特点。

Look at the topic sentences. 看主题句。

Students organize their ideas in a similar way. 以类似方式组织写作。

但是Rachel没有直接告诉我们体裁教学法的四个教学阶段，而是让我们两人一组完成拼图听写（Jigsaw dictation）后，共同分析得出结果。但是因为时间有限，本次听写内容又特别多，所以我们没有按时完成，这导致我们对体裁写作仍然感到困惑，必须通过课下复习，查阅更多资料才能弥补这一不足。接下来，Rachel通过不同的文章体裁让我们进行练习，如投诉信（a letter of complaint）、学术写作（Academic writing）等，从四个方面Audience（受众）、Purpose（目的）、Text type（文本类型）、Structure（结构）引领我们对文体进行分析，并在这个过程中不断使用师生对话的形式，这也是Rachel提到的写作谈话（Talk for Writing）。这种方法旨在通过写作课堂开发学生的写作谈话能力来发挥其潜能。它通过引导学生熟悉文本类型的语言和结构促进学生写作意识的提高（Consciousness Raising），采用头脑风暴（brainstorming）、写作（writing）、编辑（editing）、反馈（feedback）、润色（polishing）等途径实现学生协作写作（Collaborative writing），以关注结果完成独立应用任务。接下来，Rachel又通过一个完整的教学案例让我们体验了这种写作方式。

这篇文章的题目是Visit Britain's only herd of free-ranging reindeer，Rachel首先用一幅英国地图向我们展示了英国的全貌，以及the Cairngorm Reindeer Centre的具体位置，然后引导我们通过文章标题和图片的观察思考三个问题：

（1）Why has the text been written?

（2）Who is the intended audience?

（3）What type of text is it?

为了帮助我们更好地理解文本，Rachel挑出了文章中的部分生词，让我们每个人自己任意挑选一个来讲解，这也是为了实现同学之间互相分享、共同学习的目的。在大家的努力下，所有生词都被顺利突破。然后是小组讨论八个问题，其中有三个问题是the Cairngorm Reindeer Centre的介绍、地理位置等基于文本的细节性信息，在文章中很容易找到答案。另有三个问题要求分别描述冬天、夏天的图片及分析形容词用法深入语篇的赏析运用，最后两个是联系自身想象作为驯鹿及牧民一天的活动或工作，这是超越语篇的迁移创新。可以说，八个问题难度层次分明，有一定梯度，有助于我们对文章内容有比较全面的了解。

接下来，Rachel带领我们将焦点转移到语言方面，通过下面的表格引导我们关注语篇中的副词（adverbs）、形容词（adjectives）、感叹号（exclamation mark）、情态动词（modal verb）以及指令语（instructions），这一阶段让我们从语言的角度看到了作者对CRC的态度。

表2-10

Stance - How do linguistic devices reveal writer's "attitude" towards the Cairngorm Reindeer Centre（CRC）? Is the writer authoritative or tentative?	
"Booster" adverbs——you can trust the writer's knowledge of the CRC	
"Booster" adjectives——you can trust the writer	

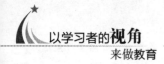
续 表

Exclamation mark shows writer's excitement about the CRC	
Strong predictive modal verb shows certainty	
Instructions - reveal authoritative tone	

这篇文章具有很强的说服力，那么它的说服力体现在哪些方面呢？这一次，我们体验了一把作为侦探的感觉，火眼金睛地找到文章中让读者融入文本的有效表达。Rachel同样设置了表格，让我们从反问句（Rhetorical questions）、直接称呼（Direct address）、细节（Detail）、非正式方式（Informal way）、分享（Sharing）、身体动作（Physical verbs）几个维度继续深入阅读文章，体会最有说服力的表达方式。

表2-11

Engagement - How does the writer involve the reader as an active participant in the text?	
Rhetorical questions involve the readers	
Direct address to involve the reader	
Detail helps the reader to share in the scene known to the writer	
Informal way of asking questions - reader as a friend	
Sharing an understanding of the holiday needs of the reader	
Physical verbs enable reader to imagine performing the action for real	

最后我们分析了文本结构，提供的支架是Rachel给出的各个段落的标题，我们只需要将各段落与之匹配即可。在对文章内容和语言进行了深入赏析后，掌握文章结构自然是非常简单的事情。Looking at text structure见表2-12。

表2-12

Title	Visit Britain's only herd of free-ranging reindeer!
Introduction + background information	

续 表

Introductory details developed from the background information	
More specialised information building on previous paragraphs	
More specialised information building on previous paragraphs	

在整个教学过程中，教师的作用是什么呢？很显然，教师在全程辅助学生的学。在一个个脚手架（问题、表格等）的支持下，学生逐步实现了对文本的多层次、多维度理解。作为本节课的拓展延伸环节，Rachel让我们在小组里体验了协作写作，概括起来，有四个步骤：

Choose your own destination.

Work together to discuss what you want to say and how you want to say it.

Work together to write your text to persuade visitors to go there.

Proof read what you have written.

今天，Rachel带领我们学习了体裁写作法，我们通过查阅资料也看到了一部分相关论述，但与我们所学的内容有一定差异，可以用来做对比学习研究。梭罗（Thoreau）指出，体裁写作是一种写作类型，其具有典型的风格、特定的读者目标和特定的目的。根据梭罗的说法，体裁包括三个主要方面，即写作风格、读者和目标（goal oriented）。梭罗认为写作风格是指写东西的方式，以及使用的词语和信息组织的方式。Scott和Avery支持梭罗的观点，指出写作风格是用来写作的词语或表达的方式。

许多专家认为体裁写作作为一种教学和学习写作的方法，显示了其典型的过程、程序和步骤。Martin认为体裁写作作为一种教学和学习的过程，可以通过若干阶段加以发展和实施。他提出了体裁写作过程的三个主要阶段：建模阶段、解构阶段和语言理解阶段。Cope和Kalantzis认为在建模阶段，教师应给学生一定的体裁。然后，教师和学生对其进行分析，从语言学特征、语篇结构和交际目的等方面了解其特点。了解这一点很重要，因为每一种体裁都有自己的语言特点、结构模式和交际目的。在解构阶段，学生根据相关的语言用法对课文进行操作和修改。在语言理解阶段，学生尝试用他们以前的理解和知识来创作某种体裁类型。

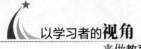

【感悟】

写作对于大多数人来说是一项具有挑战性的任务，对于学习者来说更是难以提高的一项技能。相信很多教师在不断的观摩和实践中，对于听力和阅读教学都有了自己成功的教学课例，但写作教学却一直少有人问津。这周，Rachel老师给我们讲解的写作课如雪中送炭，为我们的写作教学厘清了原理，提供了实践性的指导。

你对"布置写作任务—收集任务—批改或打分"这个过程是否熟悉？如果熟悉，说明平时教学中你使用的是结果性写作方法。这个教学方法对学生写作能力的提高贡献有多大？学生的写作兴趣和能力是否得到了应有的提高？如果结果未达到我们预期的目标，该如何改进？

在写作课中，Rachel带我们感受了快速写作的过程。她选择了上周末的一张家庭照片，在轻松愉快的互动中向我们分享了上周末的家庭活动。接下来，她给我们1分钟时间选择自己最喜欢的照片，然后简单地交流，接下来是3分钟的快速写作，写作时无须考虑拼写、措辞。完成后分享并选择字数最多的文章。通过这个活动，Rachel带领我们思考这个写作任务与我们平时要求学生进行的写作之间的区别，也让我们看到平时的写作教学多是为考试而写，具有很强的控制性，导致学生的兴致不高，师生之间难以有真实的交流，对学生的写作能力也没有显著的提高和改进。或者说，我们平时过多关注学生写作的成果，对学生个体的写作成果进行评价，而缺少最为关键的过程性指导。

真正有意义的写作是教师给学生搭建足够的支架，激发学生的写作欲望，并进行过程性指导以帮助学生最终独立完成写作，这也正是过程性写作的核心所在，其基本步骤如下：

（1）Brainstorm ideas for content.

（2）Look at ideas for language for the task.

（3）Organize ideas and plan.

（4）Write first draft.

（5）Evaluate（self and peer）.

（6）Teacher gives feedback.

（7）Revise and edit.

（8）Write second draft.

（9）Evaluate（self and peer）.

（10）Write third draft.

（11）Teacher evaluation and grading.

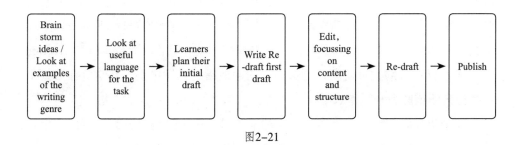

图2-21

如图2-21所示，过程性写作以学生为中心（Student-centered），注重内容，而不是仅仅停留在语言形式上，学生需要根据教师或同伴的反馈对草稿进行多次修改和校对，直到形成终稿。在此过程中，教师的主要作用是对学生的初稿做出反馈，引导学生从体裁、内容、形式及语法结构上多维度提高自我纠错能力。

"Knowing is a process，not a product."

——Jerome Bruner

写作教学最大的难点在于激发学生的写作欲望，让学生真正有写作的冲动，而不是被动地完成任务。教师需要做好写作前的Brainstorming环节。例如，在写作课上，Rachel除了分享自己周末的照片外，还让我们抽图片进行Jigsaw reading。从提出问题、解答别人的关键词到最终写出句子，完全开放式的写作要求我们在交流互动中互相借鉴学习，从而让写作更有意义。这也需要我们在平时的写作教学中避免过多地使用控制性练习（如Copying—Gap Fill—Exercises），而要采用开放性练习（如Guided writing—Free writing），从而让学生的思维更加开阔，提高学生的创新意识与思维能力。

"The essence of creativity is figuring out how to use what you already know in order to go beyond what you already think."

——Jerome Bruner

创造力的本质是利用已经知道的东西去超越之前想过的东西，而写作恰恰是一个具有创造性的过程。

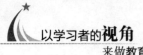
无论哪种教学方式，都没有绝对的好与坏，关键是关注到学生学习动力和兴趣的激发以及学习能力的提升。只有学生的充分参与，才能有学生学科核心素养的形成与提升。在教学实践中，我习惯让学生通过记录周记的方式来锻炼写作。学生基于自己一周的真实经历和感悟，且在内容和形式上有充分的自由，每次也会有及时的反馈和总结，长期坚持下来，学生的写作水平得以不断提高。当然最为重要的一点是写作工具的使用，统一的作文批改码（Correction Code）不仅会节约大量时间，还会更加明确地指向具体错误，让学生在分析中不断提升纠错能力和写作水平。

我希望我们的写作教学能为学生的成长搭建更大的舞台，为他们的人生翻开新的篇章。我手写我心，让真情流露在指间，期待学生们爱上写作。

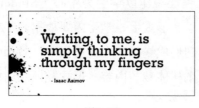

图2-22

2019年4月15日

词汇教学

词汇教学是一个令教师既熟悉又陌生的话题，说熟悉是因为所有教师都知道词汇教学的重要性，说陌生是因为绝大多数教师缺乏词汇教学的理论知识支撑，以及科学的词汇教学指导，从而以机械简单的抄写或听写方式取代了科学的词汇教学。这周的学习内容围绕词汇教学，联系之前学过的脑科学记忆，我们应该如何进行词汇教学？

今天，我们的热身活动是Vocabulary game，Rachel让我们站着围成一个大圈，每个人想出一个水果名称，不能与他人重复。这个不难，但问题在于我们有30个人，这非常考验大家的词汇量，我幸运地因榴莲（durian）躲过了一劫。

接下来是类似的词汇游戏，比如My grandmother is...，My daughter is...等用合适的形容词来补全句子。

1. 几组重要数据

95%，up to 20，12，3000～3500，33%，25%，25

7 times，1500～2000，171476，10000～20000，40000

在学习词汇教学之前，Rachel给我们呈现了一组数据。她让我们任意选择一个我们自己想要解释的数据，如果我们没有理解这些数据的意思，她会在巡视时及时给予我们一些帮助。面对我们五花八门的猜测，Rachel用了不同的词汇来评价每个人，比如close、good try、interesting、almost、lovely等。除了对与错，教师给予学生最好的评价是激发他们的思考和进一步探索。

面对这组数据，我们由开始的莫名其妙到热火朝天地讨论分享。这正是Rachel采取的教学策略，她打破传统的教学方式，充分调动了我们的参与意识，去激发我们的思维，让我们在互帮互助中共同提升。在Rachel的引导下，我们随着讨论的不断深入，了解到这些数据背后都与词汇有着一定联系，而且对我们的词汇教学有一定指导意义。

Up to 20—you can work with 20 words in a reading lesson.（一节课所能处理的词汇最多20个。）

7 times—You meet a new word at least 7 times before it can be remembered，or listen to it more than 20 times（生词需要复现至少七次才能被记住，或者听20次以上。）

1500～2000—for junior students to Zhongkao.（中考所需词汇量为1500～3000。）

3000～3500—for students to Gaokao.（高考所需词汇量为3000～3500。）

With 12—sight words you can read 25% of English article.（掌握12个视觉词汇能读懂英语文章的25%。）

With 25—sight words you can read 33% of English article.（掌握25个视觉词汇能读懂英语文章的33%。）

10000~20000—native people use active words.（英语为母语的当地人积极词汇量是1万～2万。）

40000—native people can understand passive words.（英语为母语的当地人被动词汇量大约是4万。）

95%——Reading a text，you need to understand the 95% of the text.（读懂一篇文章需要理解文本95%的词汇。）

171476——According to Oxford English Dictionary's content，there are 171476 words in use in today's world.（根据牛津英语词典记载，当今使用的英语词汇有171476个。）

2. 正确看待英语教学

两个观点给了我很大触动。一个是Rachel讲课时引用的一句话，"没有语法，能表达的内容很少；没有词汇，则什么都表达不了"。

"Without grammar little can be conveyed. Without vocabulary，nothing can be conveyed."

——Wilkins，D.

另一个是Rachel老师告诉我们的，12岁之后想要达到和英语为母语的人一样的表达水平是不可能的。一个告诉我们词汇在交际中的重要性，另一个则告诉我们把握学习语言的最佳年龄阶段。通过一个图表，我们可以更加清楚地看到，孩子语言发展的关键期大概在7岁以后就呈明显的下降趋势。但即使我们不能像母语国家的人讲得那么标准，这并不影响我们学好一门外语，毕竟语言是一种交际的工具，我们的目的不是达到native speaker的标准，而是更好地沟通交流。

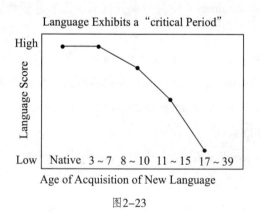

图2-23

3. 怎样进行词汇教学

学习词汇的方式有很多，而且不拘一格，但基本原则需要把握好，比如我们平时强调的词汇学习方法：词不离句，句不离篇，创设相对真实的语境，让学生在语境中感知运用词汇。

教词汇要回到本质问题——学生怎样才能记住一个单词。首先，我们不仅要识别单词的书面形式，还要认识它的口语形式，这也对应着单词的音与形，不仅要会读，还要会说，会拼写。其次，学习单词的目的是运用，在需要它的时候能够回忆起来。但是单词的记忆不可能孤立存在，应该将词汇与合适的对象或概念联系起来，能够用正确的语法形式，尤其是在一些固定搭配中。总之，要注意单词的隐含意义，从音、形、义、用四个方面综合掌握单词。达到以上目的，单词的识记和运用将不再是问题。

但在日常教学中，我们可能会存在以下疑问：怎么能在短时间内教更多的单词？怎样才能以一种令人难忘的方式高效地介绍新词汇？如何检查学生是否能理解、正确使用新词汇？怎样帮助学生记忆新词汇？一句话说一次就够了吗？演示和预习有什么区别？允许错误是好的吗？或许我们很难找到这些问题的标准答案，但是，当我们静下心来开始思考这些问题的时候，就意味着我们已经开始尝试有效的词汇教学了。

Presenting new vocabulary

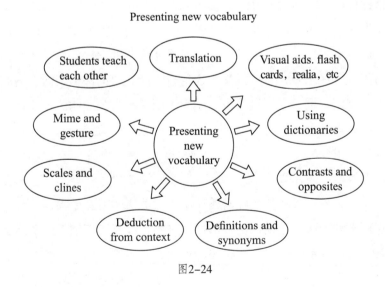

图2-24

Words should be taught in a clear context to develop guessing strategies. （在上下文语境中发展学生的猜测策略。）

Don't always define the words. Try to elicit the word from the students. （不要

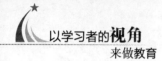
总是解释词汇，而是尽可能地从学生那里引出词汇。）

It is useful to teach and record words connected with the same topic or "lexical set". （教授学生记录词汇时使用相同主题的词汇集。）

4. Tips for dealing with large amounts of new vocabulary

在主题单元的学习中，我们经常遇到每单元生词有20个以上的情况，面对这么大的生词量，我们可以运用哪些方法来处理单词呢？从形式上看，我们可以采用不同的新词呈现方式，如图片、对比、思维导图或其他分组活动；未必所有词汇对学习者来说都是新的，这时可以尝试TTT的方法；帮助学生区分被动词汇和主动词汇，选择高频词汇来教授；确保所学词汇能在学生个性化的口语或书面任务中使用，达到学以致用的目的；阅读文本前可先教部分关键词汇，其余词汇可让学生借助上下文语境或词缀进行猜测；鼓励学生进行同伴学习；允许学生借助词典等工具书进行个性化学习。

比如，常见的方式有以下几种：mind map、word tree是平时我们经常用的，而对于A cline渐变群（群体中相邻两个成员相差无几，但第一个和最后一个之间的差异极明显）则较为陌生。此外，可以考虑利用颜色、形状造成视觉差异，这样也可以帮助学生记忆。

维果斯基（Vygotsky）的最近发展区理论认为学生的发展有两种水平：一种是学生的现有水平，指学生独立活动时所能达到的解决问题的水平；另一种是学生可能的发展水平，也就是学生通过教学所获得的潜力。两者之间的差异就是最近发展区。词汇学习过程也是学生不断完成自我建构的过程。教师需要找到学生的最近发展区，将语言学习同学生的生活经验结合起来，让学习变得同他们的生活相关。

在词汇教学中，教师需要做什么？

在教学中，最重要的是教师需要让学生对英语学习产生兴趣，教学生使用工具，运用多种方法来记录词汇，然后促进学生在真实情境中的实践运用，就像学习游泳离不开水一样，词汇学习和运用也脱离不了语境。激发学生学习的内驱力有助于学生把所学内容从短期记忆转换到长期记忆。教师要鼓励学生在课堂内外独立学习，学习词汇的方方面面。教师应该教学生使用工具书，并联系上下文，在例句中查看单词，而不是孤立地查看。

教师角色的转变有利于激发学生的学习主动性，调动学生的词汇学习策略。同时，词汇绝不是孤立的个体，它与听、说、读、写各种技能密不可分。把握好词汇教学的基本原则有利于我们游刃有余地开展词汇教学，并更好地培养学生的综合素养。

2019年4月22日

口语教学

在日常教学中，我们有听力课，也有阅读课、语法课，而专门以"说"的形式来进行的课很少，我们似乎不舍得拿出那么多时间让学生去说，因为我们有太多事情要做，有太多知识要去讲解。即使在中考和高考改革的情况下，"说"已经占据了一定分值，我们传统观念上依然更重视笔试教学，而忽视了"说"这种能力的具体培养。那为什么英国教授还要为我们进行"说"的专门教学呢？通过课堂学习，我们再次认识到语言是一种交际的工具，我们学习的最终目的是有效交流。而在"说"的过程中，我们必须综合使用各种技能，包括发音、词汇和语法，在语境中，只有通过"说"，我们才能使用这门语言。我们需要把时间投入专门"说"的技能训练中。

今天的热身活动是Board game，Rachel为我们每个小组分配了一个不同的游戏，如谈论reported speech（间接引语）、家庭（family）、外貌（guess who）、一般现在时（present simple tense）等。这个活动主要是锻炼大家的口语表达能力，每个人都有30秒不间断的发言时间。玩游戏能让学习者忘记学习的紧张和压力，从而放松下来，更好地投入学习中。活动结束后，Rachel让我们思考在自己的课堂上什么时候可以玩这个游戏，又需要准备什么，玩这个游戏的目的是什么，练习什么语言技能，并通过问题让我们进一步思考这个活动的可行性，加深了活动给我们留下的印象，让我们不仅玩游戏，而且理解背后的原理，使其能真正应用于我们的日常教学中。

为什么要进行"说"的活动？这样做有什么意义？因为语言是用来沟通的，当你说话时，你必须使用所有的技能。只有在说话的时候，在语境中使用，我们所学的语言知识和技能才具有真实的意义。要记住一个单词，就必须在不断练习的过程中使用、强化，从而实现长久记忆。口语练习是值得花时间的一件事情，这是因为它能促进学习者对语言的内化和吸收。

"A discussion that works is primarily one in which as many students as possible say as much as possible." （Penny Ur）

在口语训练中，我们需要学习哪些内容？——词汇、语音、语篇、互动、澄清、实时响应和处理语言等。对于如此复杂而综合的一项技能，需要教师在教学中做好精心的准备工作。通过不断输出可以强化记忆。每节课，Rachel老师都会带领我们体验不同的热身方式，我们时常会忘记自己是在学习而像孩子一样开心地玩游戏。这次，她带领我们玩的是Toss the coin。她拿出来一个硬币，介绍带有女王头像的为正面（head），另一面为反面（tail），让我们通过抛硬币的方式来做一个口语练习。如果是正面（head），我们需要用and来连接句子的两部分；反之，我们就用but连接。比起平时单纯的口语练习，这个活动加入了抛硬币的乐趣，使大家不会觉得内容枯燥，更不会觉得活动无聊，反而参与积极性非常高。类似学生们熟悉的石头剪刀布（rock-paper-scissors）的游戏也可以和口语练习活动融合在一起。

图2-25

在对学生进行教学时，我们必然会遇到很多困难，那我们有哪些解决办法？Rachel用心地把问题和策略剪成一张张小纸条，让我们在动脑动手的过程中学会了如何面对实际教学中的问题。

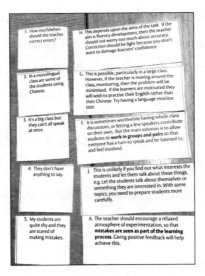

图2-26

1. What does a successful speaking activity look like?

如何判断一个口语活动是否成功有效呢？Rachel老师给了我们几张小纸片，上面写有各种活动特征，我们需要在小组合作的情况下按其重要程度将这些内容排列出来，只需要说出原因，便可以任意调整顺序。在活动的最后，她引领我们自我反思：If you don't speak，how can you learn a foreign language? If you can't speak，how can you learn to speak?

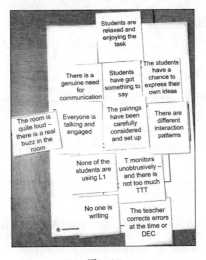

图2-27

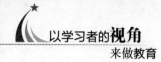
常见的口语活动类型有哪些？Rachel把常见的活动类型从控制型到开放型依次为我们做了呈现：Very controlled（Drilling，Intonation and stress practice，Target language practice，Reading dialogues），Fairly controlled（Role play with Target Language），Freer practice（Discussion，Debate，Games，Sharing opinions）。在平时的口语练习活动中，我们过多注重准确性，但我们更需要在准确性和流利性中保持平衡，因为这样有助于激励学生。即使没有经过验证，这也是必要的。教师要尽可能让学生在有趣的语言活动中感受到语言学习的乐趣，仅强调准确性的活动难以达到提升学生语言能力的目的。

Students need a mixture of controlled（accuracy）and fluency practice to develop their English.

Let them play with the language. Accuracy work is not enough. Think about how a child learns their mother tongue.

VERY CONTROLLED CONTROLLED   LESS CONTROLLED FREE / FLUENCY

图2-28

2. How can we respond to students' mistakes?

首先，要明确错误的几种类型：

可以自行改正的错误——slip差错，疏漏（a small mistake, usually made by being careless or not paying attention）；

Errors错误（a mistake, especially one that causes problems or affects the result of sth）；

Mistakes误会（an action or an opinion that is not correct, or that produces a result that you did not want）介于slip和error之间。

犯错是学习的重要组成部分，是语言学习者的interlanguage（a language system produced by sb. who is learning a language, which has features of the language which they are learning and also of their first language 中介语言）。我们需要根据学生的年龄段和认知特点，采取DEC（Delayed Error Correction）的

原则。

"…teachers should use assessments（e.g. as simple as effective verbal questioning, observation of student behaviour）and provide immediate feedback to enhance students' learning in everyday classroom lessons. The focus is on why they do not learn well and how to help them to improve rather than just use assessments to find out what knowledge students have learned."

——Liz Hamp-Lyons（University of Hong Kong）

好的反馈可以促进学生的学习。纠正（Correction）的意思是告诉学生他犯了什么样的错误以及为什么是错误的。反馈（Feedback）在方式恰当的情况下能反映学生已经做了什么、他们需要取得什么进步。我们可以使用反馈三明治（Feedback Sandwich）来提高学生的学习。"纠正不足"（UNDER-correct）比"纠正过度"（OVER-correct）要好，因为后者可能会严重损害学生的信心、乐趣和动机，毕竟犯错是学习的重要部分，是学生中介语言（interlanguage）的一部分。

3. So what does a speaking class look like?

表2-13

The room is quite loud - there is a real buzz in the room	No one is writing	None of the students are using their first language
Everyone is talking and engaged	All the students are participating; they have a reason to speak and something to speak about	Teacher monitors unobtrusively and there is not too much Teacher-talking time
Students are relaxed and enjoying the task	Students have got something to say	The pairings have been carefully considered and set up

未必好的口语活动都具有以上特点，但要想为学生创造最优的学习体验，我们可以问自己一个问题："顺利完成这个口语活动，学生需要得到什么样的帮助呢？"

Do they need help with IDEAS?

Do they need help with LANGUAGE? e.g. grammar, vocab, functional language?

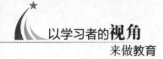

Do they need help with the TASK？e.g. if it is unfamiliar.

Do they need "think time" before they start?

Do they need an example or a model，perhaps from the T / others?

Do I need to repeat or check the instructions?

Do they know why they are doing the task?

当教师围绕以上问题不断地向内探索时，就能够找到最适合学生的口语活动，并为之搭建恰当的支架。而在这个过程中，教师需要把握的一个改错原则是帮助学生提高自我纠错能力，而不是直接告诉学生答案，从而逐渐培养学生的学习能力。

4. 存储和记录词汇Storing and recording vocabulary

明确了口语的重要性，我们再来看如何帮助学生处理词汇。今天，Rachel带给我们的游戏是Dominoes（used for games，language learning），让我们按照图片和短语首尾相连的方式排列所有小纸片。这个练习是专门针对get的固定短语。

我们可以根据教学的实际情况改为其他目标词汇。平时可以采用更多有效的方式辅助学生记忆词汇，如cards with pictures and words on it（flashcards，English cards），apps，write words on the card，put in the pockets，left or right pockets。

在处理词汇时，教师可关注这样几个问题：你如何记录、回忆和复习这些单词？你学习单词的技巧是什么？

Rachel带领我们复习了学习词汇的常见方法：Realia、flashcards、enjoy English more、learn better、in the context、clarify、long-term memory，并且指出单纯地要求学生造句并不能有效帮助其学习记忆词汇，尤其套用很多词汇的单一句型无法实现理解掌握该词汇的目的。我们需要做的是让学生深度学习，真正处理词汇，使得词汇之间因某种意义而连接起来。无论学生做什么，只要采用的方式有助于他们的记忆，就是好的词汇记忆方式。由此看来，教师要让学生用词汇写故事，在语境中使用词汇，做学生学习积极性和主动性的促进者、激发者。而最为关键的一点是，教师不要只是用讲述的方式告诉学生，因为讲述是一个懒惰的教师惯用的方式，而学生不需要教师告诉他，因为他们可以自己去探索和发现。教师要合理有效地使用演绎法和归纳法，带领学生掌握更多词汇。

教词汇的常见流程如图2-29所示。

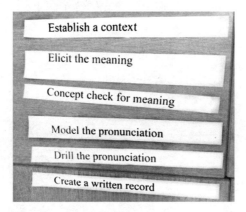

図2-29

意义永远是第一位的，因为不理解词汇的意义，就无法记住它的发音。短时记忆一般只有30秒，而要想保留住，需要至少7次以上的重复使用，当然还有我们无法避免的线索性遗忘和艾宾浩斯（Ebbinghaus）的遗忘曲线。（Cue-Dependent Forgetting、Ebbinghaus' Forgetting Curve）

How do your students record vocabulary?

常见的词汇学习方式有单词树（Word tree）/单词轮（Word wheel）/单词叉（Word fork），思维导图（Mind map），温度渐变群（Temperature cline），如利用词族表（Word family table）来记忆家庭成员，利用温度渐变群（Temperature cline）来记忆频度副词，利用固定搭配表（Collocation table）记忆do / make等。

5. Pronunciation

要想提高"说"的能力，基本功还是要打好的，而打好基本功的关键是练好单词发音、重读以及句子的重读。在教学中，我们时常忽略的是句子的重读，而连教师们也未曾学过的则是连读connected speech。这也是很多教师来到英国后，原本感觉自己发音听力不错，但就是听不懂对方在说什么的直接原因——本地人说每句话都使用连读。所以，语音课的重点是明确重音和连读规则，然后持之以恒地加以训练。Little and often, every single lesson, we teach pronunciation。而不容忽视的一点是，我们错过了最佳的语音训练期，（Rachel老师告诉我们，12岁之后，我们的发音已无法达到像当地人那样的水平），但

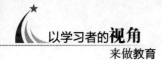

我们可以在原有的基础上有所提高。

　　无论是在汉语学习中，还是在英语学习中，Tongue twister均发挥着举足轻重的作用。瞧，教授们正不厌其烦地领着我们练了起来。

2019年4月29日

第三章

激发学习者内在动力

学习策略和自主性

——在支持与信任中培养学习策略和自主性

I never teach my pupils. I only attempt to provide the conditions in which they can learn.

——Albert Einstein

练习的效果或程度取决于个体的学习自主性，这也是学生学习动力的源泉所在。本周还有一个至关重要的主题——Learner strategies and autonomy。

Rachel给我们介绍了Learner strategies的两种定义：

"...specific actions taken by the learner to make learning easier, faster, more enjoyable, more self-directed, more effective, and more transferrable to new situations." （Oxford，R.L. 1990）Language Learning Strategies：what every teacher should know. New York：Newbury House，p. 8，emphasis added.)

"...special ways of processing information that enhance comprehension, learning，or retention of the information." （O'Malley，J. M. and A. U. Chamot 1990. Learning Strategies in Second Language Acquisition. Cambridge：CUP，p. 1，emphasis added.)

学习策略即如何学习，相当于 Learning how to learn。

为什么我们要使用策略（Strategies）？首先是为了帮助学生在他们所知道的内容和正在学习的内容之间建立联系（Make connections），帮助学生记住新学的信息（remember newly learned），提高学生解决问题的能力，教会学生从记忆中提取信息（retrieve information from the memory）。

我们需要考虑要教给学生什么，而不能被高考和中考所局限；我们需要考虑自己坚信的是什么。学生需要为自己的成长负责，而教师需要做的是锻炼学生所需要的能力，拒绝不适用的假设和规则（Reject hypotheses and rules that do not apply），在自己的能力范围之内大胆创新，给学生创造平台和机会，培养21世纪的批判性思考者、创造者、合作者、交流者。

常见的学习策略有以下几种：元认知策略Meta-cognitive strategies（Reflecting on own thinking and learning）、认知策略Cognitive strategies（Repetition，organization，elaboration and inference）、社会/情感策略Social/affective strategies（Cooperation and clarification，positive environment）、补偿策略Compensation strategies（Using different strategies to cope with lack of language）、记忆策略Memory strategies（Practical strategies for storing and retrieving new language）。

关于记忆术，Rachel老师给我们分享了because这个单词的记忆方式，Mnemonic-because: big elephants can always understand small elephants。这也让我想起了常用的Family——father and mother I love you。在教学中，我们可以鼓励学生找到自己记忆单词的巧妙方式，然后通过分享让更多同学受益。

Memory strategies，是我们在想记住某些内容时采取的一种直接策略。可以提升我们记忆力的方式有Creating mental linkages（don't call Mr Field Mr Green! ）、Applying images and sounds（maybe repeating a sound in your head）、Reviewing well（going over to see if you remember）、Employing action（e.g. writing down）。

Social / affective strategies间接策略：社会/情感策略。

社会 / 情感策略是用来帮助我们与他人学习的策略，可实现的方式有：提出问题（与他人合作）、与他人合作（谈判）、同情别人（我理解你的感受）、自言自语、减少焦虑（Reduce anxiety）、呼吸、肯定（affirmation）、自我强化（Self - reinforcement）、激励的话语与行动等。

META-COGNITIVE STRATEGIES间接策略：元认知策略。

学习者用元认知策略来思考他们自己的学习。例如，他们会设法提高技能；寻找机会尽可能多地听说英语；经常回顾他们是如何做到不断进步的，并为自己设定目标；有他们自己的记忆或学习新东西的方法；等等。

"Thinking about thinking" has to be a principal ingredient of any empowering

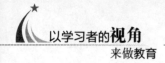

practice of education.

——Jerome Bruner.

COGNITIVE STRATEGIES直接策略：认知策略。

认知策略是一种最受欢迎的策略，因为它包括重复、总结和分析，还可能包括组织新的活动语言和/或根据上下文猜测意思。例如，翻译就是一种认知策略。常见的认知策略有可视化和概念图、建立关联、自动检查和监视、质疑、扫描、画线、读出新单词和使用记忆术。

COMPENSATION STRATEGIES直接策略：补偿策略。

补偿策略是学习者为弥补他们语言上的缺陷而使用的交际策略。学习者可能会说出或写出单词很多遍，或从上下文或之前说过的话中猜测其意思；或把一个新单词和一个熟悉的单词联系起来。

自主学习

　　我们需要明确的一个概念是自主学习，它和自我教育/指导是否一样。Rachel给我们提供了一个解释——the ability to take charge of one's learning。并列举了自主学习者具备的几个特征：对手头的学习任务采取积极的态度；愿意承担风险，即不惜一切代价使用目标语言进行交流；既注意内容，又注意形式，既注意准确性，又注意恰当性；将目标语言发展成一个独立的参考系统，并愿意修改和拒绝不适用的假设和规则；对自己的学习负责。

　　自主学习完全不同于自我教育，它是指学生有能力设定适当的学习目标，并为自己的学习负责。然而，自主学习者依赖教师来创造和维护支持自主学习发展的学习环境。

　　研究表明，自身具有较好反思实践习惯的教师更容易创造出一个培养学习者自主性的学习环境。这种环境是积极的、激励的，鼓励合作和社会互动。它将反思实践嵌入日常学习活动。学习者对自己的学习负责，他们会回顾自己的学习，并评估其有效性。学习者对学习的思考越多，对他们来说，学习就越透明。

　　那么教师的真正作用是什么？Rachel引用Jeremy Harmer的English Teaching Professional，100，September 2015.

　　Creating the need（激发需求）

　　Giving feedback（给出反馈）

　　Creating the right atmosphere（创建合适氛围）

　　Passing on knowledge（传授知识）

　　这正如我们常说的授之以鱼，不如授之以渔。如何构建自主的学习环境？在Rachel提供给我们的阅读材料中，我查找到这样一些策略：帮助创建自主的学习环境；实行成对或小组合作学习；开展基于问题的情境学习，要求学生使

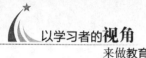
用他们的知识为特定的情况制订解决方案；让学生通过记日记的方式反思学到了什么内容、为什么这样学以及是如何学习的；把记有一段时间内学习过程的档案文件汇编成册；使用评估准则或量规，包括学习者的个人期望和自我评估部分；采用同伴评估，允许学生通过标准和明确的目标互相评估。

或许很多教师还存在困惑和无奈，如学生太小了，让他们进行自主学习不现实，或者教学任务繁重，没有时间带学生开展自主学习活动，抑或是担心自己的威信是否会受到影响……如果教师还停留在师道尊严的时代，那可能真的很难适应当今教育形势的发展需求了。教师应该构建新型的师生关系，成为学生学习的设计者，与学生一起学习成长，以平等的心态积极参与到学生生命成长的过程中来。回顾二十多年的教学经历以及课堂教学实践，很庆幸我早就关注到学生自主性培养的重要性，并且能在教学实践中一步步落地实施。

促进自主学习的活动示例：

（1）Sample admit slips.

① Write one or more things that you already know about...

② Write one question that you still have about the activity that we did yesterday.

③ Write an explanation of the process you used to solve one problem you did for homework last night.

（2）Sample exit slips.

① One thing I learned today is...

② One thing I am not sure about today's lesson is...

③ I can use this knowledge or process again when I...

2019年4月30日

检测学生的理解情况

教师在课堂上如何辨别学生是否理解了所学内容？常见的问题是：大家听懂了吗？明白了吗？而学生是否给出了真实的反馈呢？

在这个主题的学习中，Rachel告诫我们，一个永远不该问的问题是：Do you understand？因为这样不便于我们了解学生的理解掌握情况，而且没有给学生留出提问的机会。学生只需回答Yes或No，几乎不需要思维，更不需要分析解释，甚至只需要随声附和即可。

Rachel给我们详细介绍了一种简单有效的方式——Concept Checking Questions（CCQ）。如何提出高质量的问题来检查学生的理解情况呢？先一起来看一句话，下面句中画线部分是需要检测学生理解情况的，请大家思考：哪些句子能够检测出学生的理解情况。

I wish I had an umbrella!

（1）Where is he?

（2）Has he got an umbrella?

（3）What is the problem?

（4）What does he think of the rain at this moment?

（5）Does he have anything to protect himself?

（6）Does he want an umbrella?

（7）Would he accept an umbrella if he was offered one?

（8）Does he wish he had an umbrella?

（9）Why does he dream of having an umbrella at this moment?

（10）Does he want anything to keep him dry?

（11）Has he ever used one?

（12）What is the immediate solution to the precipitation problem?

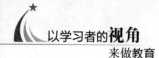
（13）What solution has he got for his problem?

（14）Where is his umbrella?

首先，可以把概念转换成问题，但以上有些问题暴露了更多问题，如问题（12）比原句更难理解，不便于检测学生对目标语言的理解。—Keep it simple；问题（8）出现了目标语言wish，起不到应有的作用；问题（1）（4）（9）（11）（13）与检测的目标语言没有任何相关之处；问题（10）检查的是非重点词汇。检测问题的设计至关重要，一般需要把握以下原则：

检查的意义（Check meaning）；避免使用目标语言（Avoid the Target Language）；使用比目标语言更简单的语言（Use simpler language than the Target Language）；检查理解，而不是形式。

使用CCQ需要注意的地方是，需要遵循意义第一的原则，即Meaning comes first，尽可能使用封闭式问题Close question—Yes，no，再把概念转换成问题。

如：I have been a teacher for five years.

—Did you start teaching six years ago? No.

—Are you a teacher now? Yes.

—Was I a teacher all the time for the five years? Yes.

Rachel老师强烈推荐我们使用CCQ，因为它们简便易操作，能及时捕捉学生信息，从而对教学做出有效调整。除了CCQ，Rachel又补充了几种方式，同样可以用于检测学生的理解情况，如要求学生向其他人解释（Ask students to explain to others）、使用母语（Use mother tongue）、使用图片或实物（Use pictures and realia）、举例子（Give examples）、运用模拟表演（Use mime if possible）、与真实世界对比（Compare with real world）、监测与检查（Monitor and check）、时间线（Time lines）。

2019年5月3日

故事教学

"Tell me a fact and I'll learn. Tell me the truth and I'll believe. But tell me a story and it will live in my heart forever."

——Indian Proverb

不仅孩子们对故事有兴趣，成年人也是如此。本周我们将学习一些关于故事教学的策略。

Story 1：Using the same pictures to tell different stories

Rachel给我们看了一位男士的照片，让我们描述他的外貌，猜他的工作，这个环节和之前课堂上所采用的方式是相似的。但不同之处在于，她在给我们提供了更多图片后，要求我们以小组为单位来创编一个完整的故事。然后选择一个人来讲故事，并与其他小组成员分享这个故事。

之后Rachel告诉了我们图片背后的真相，这是多年以前《泰晤士报》刊登的一件真实的事情，我们所创编的故事都和真实事件不一样。但我们所有人都很高兴，因为故事很有创意，也很有趣。当然，我们学到了很多，不仅是语言技巧，还有讲故事的方法。

"The food we eat makes our bodies. The stories we hear make our minds."

通过小组合作创编故事，大家感受到了团队合作中的凝聚力，故事同样带给我们关于价值观的思考和追问。在整个过程中，大家全身心投入图片的讨论和故事的发展，这种人性化的学习方式让我们通过课堂感受到了真实世界的存在。

Story 2：Writing—complete a story and add a moral to the story

这次，Rachel依然给我们展示了一张图片，她带领我们预测听到的内容，然后给我们发了几张有关故事情节的小纸条，先让我们在小组中思考整个故

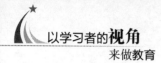

事，然后分享故事的开头。我们需要做的是完成故事的结尾部分，并思考使用
这个故事的原因是什么。她问："你觉得这个故事可能意味着什么？"可以
说，从活动的设置和问题的思维含量来看，这个故事带给了我们更多的思考。
让我印象最深刻的是Rachel最后说的一句话："Humanize learning used all of
me，not only heart."当我们用故事来教学时，我们带给学生的会远远超越知识
层面，是综合素养的体现。

Mrs Peters leant	................on a stick.
One day she	................showed me a bottle.
"One sip of this drink	................will take 20 years off your life."
Her stick was gone	................she waved to me.
She was wearing an	................elegant dress and she looked 40.
I sat down next to	................her and took her hand.
I asked her to	................come with me to the cinema.
I hammered on the	................door of her house there was no answer.

图3-1

Story 3：Retelling stories in turns

两人一组，和同伴轮流复述故事。首先，确定谁是A、谁是B，学生A面朝
屏幕而坐，学生B背对屏幕而坐。教师播放幻灯片，学生A需要把看到的幻灯片
内容及时讲述给学生B听。幻灯片播放到一半时，学生A与学生B互换角色。

这一次，我们体验了一种全新的讲故事的形式。大家互相讲述自己所看到
的内容，当然，我们看到的是没有任何文字和声音的视频，这非常考验一个人
现场翻译或将画面转换成语言的信息转换能力。作为成年人，我们始终保持着
课堂活动的参与积极性和学习热情，那是因为Rachel设计的每一个活动都具有
一定开放性，能让不同语言水平的学习者投入进来。从这些活动中，我们也感
受到具有一定挑战性的活动更能激发学习者的参与积极性。活动也会涉及不同能

力维度，如修改语言、个性化、自由度、分级语言、混合能力、强化写作（顺序）、强化听力、强化口语、检索和回忆、同伴评价、批判性和创造性思维。

Story 4：Jigsaw comprehension of a traditional story

在最后一个故事中，Rachel要求我们完成四个任务。

任务一：在阅读前，你能回答多少问题？

这类故事旨在调用学习者的已有知识背景，激发其阅读兴趣。比如，是否知道故事的名字、标题中每个单词的含义、故事的主要内容、故事发生的地点，以及作者是谁、何时写的、是否真实等，也会涉及对比联系类的问题。比如，在这个故事中，Rachel同时提出以下三个问题：哪些著名的作家和诗人复述过这个故事？这个故事对今天的英语有什么影响？中国有类似的故事吗？

任务二：拼图阅读。

这一阶段，教师提供故事内容，A、B、C、D四个组各自负责一部分故事内容。每组在掌握了基本信息后，各派出一位同学再重新组合，这样，每位同学讲述自己负责的内容，最后组成一个完整的故事。

Group A：The Pied Piper Biography.

Group B：The outline of the story.

Group C：Additional information.

Group D：Supplementary information.

任务三：听并画出魔笛手（the Pied Piper）所走的路线。

两人一组，学生A和学生B，其中一人朗读段落，另一人在图片上画出路线。

They all followed the Pied Piper. The Pied Piper led the rats：

over the bridge，up the hill，down the hill，round the castle，along the road，past the little house，through the garden of the big house，into the wood，out of the wood，and into the river.

任务四：小组讨论并完成故事结局。

在最后一个环节，我们需要在小组内一起讨论这个故事可能的结局是什么。当然，故事后续的处理方式不必拘泥于这一种，可以根据学生的实际情况改编成填空（Gap fill），让学生在故事中填上缺词的句子，使他们必须看地图来猜测缺失单词的意思；口语流利练习（Speaking-fluency practice），让学生自编路线，并互相描述，两人一组听和画；倾听（Listening），告诉学生剩余

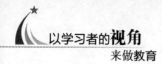

的故事，拓展他们的词汇量，有两栏用来对比词汇的方框，比如rich与poor、honest与dishonest等。

Story 5：Fairy Tales

在第五个故事中，Rachel给我们讲述了一个关于狗的传说，题目是Why do dogs sniff each other's tails?

童话故事（Fairy Tales）对学生们来说既有趣，又有激励作用，尤其《安徒生童话》《伊索寓言》等对学生们来说更是耳熟能详，这种英文版的童话故事能吸引学生的阅读兴趣。

无论是普通的故事，还是童话故事，都是源于生活而又超越生活的艺术。无论是显性的，还是隐性的，它们都包含一定寓意（moral），让我们透过故事更加了解生活、自己、他人以及周围的世界。学习者具有丰富的想象力，喜欢进入故事的世界，这为学习新的词汇或重新激活已经学过的词汇提供了机会。通过故事，学习者可以发展他们的口语和书面语，提高他们的语言技能，可以在享受乐趣的同时深入理解其他文化。故事提供了一条共同的线索，可以帮助学习者架起一座跨越文化鸿沟的桥梁。

2019年5月6日

Assessment is a way of finding out if learning has taken place.

——Ann Gravells

在这节课的开始，Rachel让我们做一个测试，玩一个名叫Hot seat的游戏。我们被分成A、B两组，每组选择一个学生背对着白板坐在椅子上，其他学生描述Rachel在白板上写的单词，但不能说出这个单词。答对的小组得1分。我坐在教室前排，很幸运地被选为我们组第二个坐在Hot Seat上的答题者。多亏了组员的解释和平时的努力，在团队的共同努力下，我们全部答对。

图3-2

游戏结束后，Rachel让我们从积极和消极两方面来谈论自己对这个游戏的看法。经历了这样一次激动人心的测验，大家都认为这是一种复习的有效方式。因为在激烈的竞争中，大家的学习积极性高涨。在这一过程中，我们复习了所学内容，Rachel还不停地引导我们进行反馈评价，这也与我们今天的主题

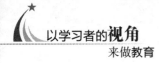

相呼应。和往常一样，Rachel不直接告诉我们什么是评价，而是发了五个小黑板，让我们在上面写下自己的观点。

图3-3

接下来，我们每个小组拿到一张纸，上面有许多关键词。我们需要找出Rachel所提到的单词，如果完成了，可以说bingo。这张小纸片是非常有用的，它可以让我们专注教师正在讲的内容，因为当我们调用我们的眼睛、耳朵、手等多个身体部位时，我们的听讲专注度会更高。

表3-1

Testing bingo	
☐ Assessment	☐ Fair assessment
☐ Formative assessment	☐ Backwash
☐ Summative assessment	☐ Practicality
☐ Valid assessment	☐ Reliable assessment
☐ Evaluation	☐ Assessment of learning
☐ Initial assessment	☐ Assessment for learning

随后，我们讨论了考试对教学和学习的影响。在日常教学中，我们有不同类型的测试，如水平测试（proficiency test），检测的是学习者能做什么，在某件事上有多擅长；成绩测试（achievement test），一般是期末进度测试，通常在课程结束时进行，并且与教学大纲和教材相关，测试的是学习者学到了什

么；诊断测试（diagnostic test），可以用来确定学习者的优势和薄弱环节，以此来决定下一步的教学内容；阶段测试（progress test），一般是单元测试。我们重点讨论的是formative and summative assessment（过程性与终结性评价）。

其中，我们区分了"评价为学"（Assessment for learning）和"学习评估"（Assessment of learning）。"学习评估"通常是由教师进行的，目的是收集有关学习者成就的信息。"评价为学"是教师利用评价信息调整教学策略，学生利用评价信息调整学习策略的过程。它通过强调进步和成就而不是失败来鼓励学生学习和提升学生的学习动力。

Professor John Hattie's Table of Effect Size.

表3-2

Influence	Effect Size	Source of Influence
Feedback	1.13	Teacher
Student's prior cognitive ability	1.04	Student
Instructional quality	1.00	Teacher
Direct instructions	0.82	Teacher
Acceleration	0.72	Student
Remediation / feedback	0.65	Teacher
Student's disposition to learn	0.61	Student
Class environment	0.56	Teacher
Challenge of goals	0.52	Teacher

在表3-2中，约翰·哈蒂（John Hattie）教授的效应值（Effect Size）显示，教师的反馈对学生学习的影响最大。我们应该考虑的三个主要反馈问题是：现在学习者在哪里？学习者要去哪里？学习者是如何做到的？我们怎样才能给出有建设性的反馈呢？有以下几个原则：

（1）Be as specific as possible.尽可能具体。

（2）The sooner the better.越快越好。

（3）Help the learners to identify and advance toward a goal.帮助学习者确定目标并朝着目标前进。

（4）Involve learners in the process.让学习者参与到这个过程中。

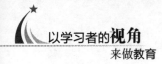
另外，Rachel给我们补充了十个步骤来获得更好的反馈：适当安排反馈时间，进行个性化反馈，关注具体事件而不是人，描述行为而不是判断，根据证据给出具体的例子，倾听学习者的观点，准备好挑战学习者，寻找其他前进的方法，透过表面看问题，对自己的表现寻求反馈。

【感悟】

作为教师，我们需要运用科学家的眼光来看待教育教学，目标是帮助学生继续前进。而评价对我们的教学具有什么样的启示呢？

首先，教师需要考虑学生之间的差异，评价需要体现个别化，应在了解学生个体需求的基础上采取个性化的过程性评价，以促进学生个体的发展。

其次，基于我们平时的观察或评估结果，调整日常教学，真正实现以评促教、以评促学。最为重要的是，在教学中与学生分享学习目标和评估标准，培养学生的目标意识，调动学生的自主学习意识。在学生明确目标和评估标准的情况下更利于发挥学生的主观能动性和提高学生的自我监控能力。

最后，使用有效的提问技巧，给予学生一定的思考时间，促进学生的深度思考和理解。采取自评、互评等多种评估方式，调动学生的主体意识，慎用分数或等级评价，而是做出标记或给出指导意见。

我们学校初中英语学科组一直致力于教学评一体化的研究，尤其在个性化诊断评价方面做出了一些尝试，采用过程性评价与终结性评价相结合的方式，其中，终结性评价侧重根据学生诊断测试情况，对其英语学科核心素养的四大方面进行细致的分析和反馈，真正做到了一人一份诊断分析报告。

2019年5月14日

激发学习动机

Teaching is the canny art of intellectual temptation

——Jerome Bruner.

动机是直接推动有机体活动以满足某种需要的内部状态，是行为的直接原因和内部动力。学习动机是直接推动人们进行学习的直接原因和内部动力。学习动机支配着学习者的学习行为，说明学习者是否想要学习、乐意学什么、学习努力的程度。或者说，学习动机是指激发、定向和维持学习行为的心理过程。学习动机一般分为外部动机（Extrinsic motivation）和内部动机（Intrinsic motivation）两大类。

外部动机（Extrinsic motivation）是由外部诱因所引起的动机，学生学习的动机是获得外在的奖励，如好成绩。它也可以指学习者在课堂环境之外产生的动机。具有外部动机的学习者一旦达到目的，学习动机便会下降。另外，为了达到目标，他们可能采取避免失败的做法，或选择没有挑战性的任务，并且一旦失败，就有可能一蹶不振。

内部动机（Intrinsic motivation）是由人们对学习本身的兴趣所引起的动机，它不需要外界的诱因、惩罚来使行动指向目标，因为行动本身就是一种动力。具有内部动机的学习者能在学习活动中得到满足，他们积极地参与学习过程，而且在评估之前能对自己的学业表现有所了解，他们具有好奇心，喜欢挑战，在解决问题时具有独立性。

人们学习外语有很多不同的原因，有的可能是出于对语言本身的兴趣，有的则是出于工作原因。语言教师自然很清楚语言能力带来的职业优势，但对许多语言学习者来说，或许学习语言只是一种强制性的要求。自从1972年加德纳（Gardner）和兰伯特（Lambert）对第二语言学习态度与动机进行研究以来，人们逐渐认识到动机在语言学习中的重要作用。加德纳和兰伯特将语言

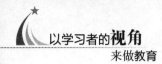
学习动机分为工具型动机（Instrumental motivation）和综合型动机（Integrative motivation）两种类型。

工具型动机（Instrumental motivation）。具有工具型动机的学习者学习一门语言是出于实际原因，比如获得工资奖金或进入大学。许多大学语言学习者对语言学习都有一个明确的工具性动机：达到大学语言要求。第二语言习得者对外语本身并无兴趣或没有与讲母语的人进行交际的条件，学习外语只是作为达到其他目的的手段或工具，比如努力工作以获得实际的经济收益。在有限的条件下，工具性动机会发挥出较大的作用。因为在此环境下，它是人们学习外语的唯一动力。

综合型动机（Integrative motivation）。有综合型动机的学习语言的人想要了解这门语言，以便与使用该语言的人或文化建立联系。另外，综合型动机学习者可能有其他重要的人，如朋友或家庭成员说这种语言。研究发现，综合型动机的语言学习者比工具型动机的语言学习者更成功。学生有掌握语言的内在动力，这也可以是在课堂内创造的动机。

1995年，美国课程专家理查德·斯特朗（Richard Strong）、艾米·鲁宾孙（Amy Robinson）和哈维·西尔弗（Harvey F. Silver）提出了"SCORE"模式，可以说，这为我们找到了激发学生内在动机的有效路径。该模式包括能使学生在参与中体验成功（Success），能激发和满足学生的好奇心（Curiosity），能保障学生展示他们的原始想法（Originality），能让学生保持与他人的交往和交流（Relationship），能让学生持续地参与（Engagement）。这五个英文词语的首字母组成了"SCORE"。

1943年，美国心理学家亚伯拉罕·马斯洛（Abraham H.Maslow）在《人类激励理论》论文中提出的需求层次理论将人类需求像阶梯一样从低到高按层次分为五种：生理需求、安全需求、爱和归属感、尊重和自我实现。其实，学生在学习过程中也有相应的心理需求，只有当教学活动融入了这些因素，满足了学生一定的心理需求，才会激发他们的内在潜能，从而使他们积极参与到学习活动中。不过，这些需求常常是个性化的，每个学生的需求不同，而且各自的学习方法、动机和策略也不相同。教学活动设计需要从学生的特点出发，进行平衡、运用和渗透，以满足他们的不同需求。

此外，教师要打破思维的局限性，激发学生的内在潜能。德韦克

（Dweck）认为，人们要么有一种固定型思维（Fixed mindset），要么有一种成长型思维（Growth mindset），而人们采取哪种思维方式会直接影响其生活的方方面面。具有固定型思维的人认为他们的基本能力、智力和才能是固定不变的。它们有一定的容量，就那么多。这些人希望自己永远看上去很聪明，而不能愚蠢。在遇到问题时，他们容易出现抱怨、推卸责任等现象，而不会从根本上寻求自我突破，也无意于个人成长。具有成长型思维的人明白他们的才能和能力是可以发展的。他们认为每个人没有必要是一样的，但他们相信，只要努力，每个人都能变得更聪明。成长需要努力，同样需要良好的教育和不懈的坚持。

在教育教学过程中，我们在与学生的交流过程中都曾感受过学生思维差异带来的不同影响。无论是对待学习成绩，还是对待学习过程中的事件，成长型思维的学生各方面均好于固定型思维的学生。这给我们的教学也带来了极大启发，教师以积极正向的方式来看待学生的行为同样能够带来一定改变。课堂活动是激发学生学习动机的主阵地，作为教师，我们该如何帮助学生？

A good teacher knows how to give support and when to step back, and how to help them independent and help themselves.

我们要让课堂更有趣，给学生创造一个轻松愉悦的学习氛围，包容接纳学生的错误，善于发现学生的努力过程，而不是仅凭最后的学习成绩来评价学生；在学生遇到学习困难时，激发他们坚持不懈的精神，用激励性语言教会学生面对挑战，从而使学生在不断超越自我的过程中实现自我价值。

If you aim at nothing, you will hit it every time.

——Zig Ziglar

多元智能理论

虽然Rachel老师年纪大了，我们从来看不到她用手机，但在教学中，她还是非常擅长使用电子设备的。这节课，她在网页上给我们设计了一个测试游戏，通过让我们抢答的方式来检测我们对大脑的了解，如大脑的重量、脑细胞的个数，在有趣的活动中，自然导入了本课的学习内容——Intelligence智力，获取知识与技能的能力。

Rachel先给我们看了几幅图片，图片上分别是莎士比亚、爱因斯坦、达·芬奇、郎朗，让我们判断他们当中谁是最聪明的。但他们每个人都有自己擅长的领域，我们无法从单一的某个方面去评价和比较。而在过去的20世纪，我们似乎只关注了智商，而它只是智力的一部分，并非全部。每次学习，Rachel都不会直接告诉我们答案，而是让我们先运用自己的已有知识经验去分析、判断，因为知识总会出现在我们最需要它的时候。

接下来，我们了解了三种不同的学习类型（A=Visual视觉、B=Auditory/aural听觉和C=Kinaesthetic-movement，action动觉），进一步了解了加德纳的多元智能理论，但在课堂上，Rachel带领我们看了其中的八种。

通过问卷测试，我们了解了自己的学习风格，也知道了自己的教学风格，而作为教师还要了解学生的学习风格，探索尝试不同的方式，灵活运用多种活动方式，这既能使自己的各方面能力有所提高，又能帮助不同类型的学生更好地学习。我们对学生要从纵向进行前后对比，而不是进行横向比较。

如何帮助不同类型的学生更好地学习？

Rachel通过小纸片让我们在短时间内在小组合作的情况下了解了不同类型学生的喜好及所需活动类型，简单高效。

每种学习风格的学习策略：

第一，视觉型学习风格（The Visual Learning Style）。

用符号或首字母代替单词，将概念转化为图片和图表，用不同的颜色在你的笔记本或课本上画下或标出重点，练习把你的视觉信息转化为语言，制作带有单词、符号和图表的关键信息抽认卡。

第二，听觉型学习风格（The Aural Learning Style）。

参加讲座和辅导课，与你的导师和其他学生讨论话题，把总结的要点制成音频文件听，加入一个学习小组或找一个"学习伙伴"，录制讲座，回忆信息。

第三，动觉/触觉型学习方式（The Kinaesthetic/Tactile Learning Style）。

在教室里坐在教师旁边，大声朗读课本和笔记，将要点抄写到大的书写面上（如黑板或画板）；使用文字处理软件复制关键点；练习的同时听带有要点的录音；通过实地考察、实验室、试验和错误、展览、收集和实践例子来获取信息；在你的笔记总结中加入现实生活中的例子。回忆实验和角色扮演；说明想法时借助图片和照片；每个人都是天才。

Everybody is a Genius. But if you judge a fish by its ability to climb a tree，it will live its whole life believing that it is stupid.

——Albert Einstein

2019年5月20日

打造英语学习环境

在这节课的导入活动中，Rachel采用了简笔画的形式，她强调简笔画需要突出简单快捷，stick figures不失为一种好的方式。这节课我们学习的重点则是创建语言学习环境。我们依然从问题和思考入手，先回顾我们school placement时参观的学科教室与自己的教室有哪些不同，然后结合两位教师关于自己学科教室的观点，找出自己赞同的地方。

创建一个英语语言环境是有益的，我们鼓励教师将课本内容与学生实际生活相融合，扩展学生学习英语的思维，从而使学生对英语学习感兴趣，积极参与到英语学习中，从而使课堂变得活跃。在这样的英语学习环境中可以提高英语教学的效率。好的教室呈现能够吸引学生注意力，不仅是在展示的过程中，而且在展示之后，它们都会吸引学生的注意力，如果主题合适，学生将会有动力去看、读和思考。学生对他们所处的环境非常敏感，他们通过感官来学习，所结合他们讨论的一些观点来提供各种刺激是练习英语的合适方式。学生参与创造一个英语语言环境，能帮助他们认同和学习这门语言。

可展示的内容：Posters with useful phrases，Students'work、Labeled objects、Timelines and wall charts、Language taught、Work done、Words and spelling、Questions、Interesting facts等。

目前在中国，由于学生都是在固定教室上课，创造英语学习的教室氛围对大多数教师来说是一件不可能的事情。Rachel老师面对很多同学的无奈，想用实际例子来说明情况。在前两周，她就提前告诉我想让我分享一下自己的学科教室，为其他教师举一个例子，促进他们打造良好的学习空间。而在今天的课堂上，Rachel给我留出了一段时间，原本感觉我个人的做法不会对大家产生很大影响，但令我感到意外是，几乎所有同学都对此感兴趣，他们提出了很多问题，更对我们学校产生了浓厚的兴趣，如果不是Rachel老师打住的话，大家的疑问和好奇会持续升温，这从课下大家继续追着我询问就能看出来。在周五的Action Plan采访活动中，Carrie老师对此也表现出了极大的兴趣，同时，Rachel想在接下来的培训课程中使用我的一些照片作为课程资源，让更多学习者看到在中国也已经有这样成功的案例。

You can do what you wish as long as you know（why）you are doing it.只要你知道你为什么要做，你就可以做你想做的事。

Stay away from negative people. They have a problem for every solution.远离消极的人。他们的每一个解决方案都有问题。

It is then good to be aware of your actions and see them as carrying a specific purpose——students' holistic learning.意识到自己的行为，并将其视为一个特定的目标——学生的全面学习，这是件好事。

2019年5月21日

第四章

亲历异域教育

语音工作坊

Language Development

今天下午，我们在B126教室（Edith Morley Building）上了第一节口语课。Paul和Ted是两位非常幽默风趣的教师，他们的课堂也是令人轻松愉悦的。尤其Paul具有喜剧演员的天赋，总能把大家逗得合不拢嘴。这节课我们做的是破冰活动——通过三个不同的口语活动来增进师生之间的相互了解。

第一个活动是Find someone who。Ted告诉我们规则：我们只能问用Yes/No回答的问题，总共有20个问题，但每个人一次只能问一个。我们需要不断找人询问，直到有人回答Yes，然后可以写下他/她的名字。此外，我们必须四处走动。一开始似乎很容易，但很快我们发现一些问题很难找到答案，比如，你是在1月/8月出生的吗？（Were you born in January/August？）恰好没有学员是在这两个月份出生的。最让我们困惑的是找一个不喜欢西兰花的人。（Find someone who does not like broccoli.）当同学问我是否喜欢西兰花时，我的回答是Yes，于是她立即把我的名字写上了。但这是不符合要求的，因为我们需要找的是不喜欢西兰花的人，并且他的答案还要是Yes。最后，大家的问题集中在了这两个有疑问的地方。揭晓答案时，大家才发现，我们只关注学员，却忽略了询问教师，因为Ted出生在1月。而对于找到不喜欢西兰花的人，则需要我们在问题的艺术上下功夫。You don't like broccoli, do you？（你不喜欢西兰花，是吗？）

You like broccoli, don't you？（你喜欢西兰花，不是吗？）

I think you don't like broccoli, am I right？（我觉得你不喜欢西兰花，对吗？）Ted说这算差不多正确，唯独Stella已经得到了正确答案。大家向她求助。原来她的问题是：Do you dislike broccoli？（你不喜欢西兰花吗？）通过这种方式，给出肯定答案的人就是我们想要的那个。

在整个过程中，所有学员都带着任务积极投入交流问答中，Ted和Paul也没有一刻放松，而是四处走动，看着我们，听我们对话交流。有时，他们会回答问题，在我们遇到疑惑时，会引导我们去思考怎样提出问题以及使用的时态。通过这次活动，我们不仅加深了对彼此的了解，更学会了关注解决问题的方法以及提问的艺术。

然后，Paul按照数字1~7把我们分成七个不同的组。通过一个热身活动，我们以小组合作的方式共同了解更多关于雷丁的信息，比如，与雷丁有关的名人，雷丁两条街道的名字，校园三个建筑的名字，雷丁四个商店的名字，吃过的五种新食物。这使得我们在很短的时间内就在新分配的小组里找到了有共同语言的人。之后，我们玩了另一个游戏Reading or London。我们每个组被分配了带有12个问题的小纸条。小组成员将选择其中的一个，并逐个问问题。正当我们小组在激烈讨论clean the kitchen or do the laundry时，Paul过来重复了一遍"Clean the chicken？"就在那一刻，我意识到我犯了一个基本的错误。我把厨房（kitchen）读成了鸡（chicken）。作为教师，我纠正过学生同样的错误无数次了，但现在我却无意识地犯了同样的错误。这似乎很奇怪，为什么会出现这种情况呢？是因为来到英国后吃鸡肉比以前多了吗？唯一的解释是，越经常强调错误，对错误的印象就越深。Paul没再说什么，他只是转身走到黑板前，用他擅长的简笔画画了一幅图，并在图片的下方配上文字"Clean the chicken"。当大家抬起头，看到这幅图和配上的文字时，教室里响起了此起彼伏的大笑声，我们既佩服Paul将问题如此形象幽默地呈现了出来，又不禁对于自己的学生有了更多的感同身受。作为这个笑话的主要贡献者之一，我也陷入思考，语言学习到底是一个怎样的过程？是教师多次强调就能让学生学会吗？当然不是，它需要不断地实践，需要在用中学（learning by doing），而不是仅仅通过教。整堂课，作为学习者，我们一直在各种活动中交流观点、发表意见。第三个调查问卷还没完成，就已经到了下课时间，但大家都感觉意犹未尽，因为所有活动设计的问题都很有创意，且没有脱离我们的日常生活。基于真实问题的探讨和交流激发了大家用英语表达的热情。

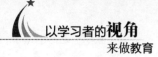

图4-1

2019年3月14日

Pronunciation Workshop

今天，Ted去看牙医了，这堂课由Paul来主持我们的Pronunciation Workshop。这节课，Paul带领我们练习英语发音的节奏，这有点像音乐。不懂音乐节奏的我很难把英语和音乐联系起来，能做的就是多练习。

Word boundaries exercises

Me	you	him	her
Me	and you	and him	and her
Me	and then you	and then him	and then her

Paul带领我们通过Word boundaries exercises的训练感受句子的节奏。虽然这三个句子越来越长，但节奏是一样的，我们用重音、升降调确保它们保持不变。Paul非常擅长模仿各种发音，给我们讲了关于英语发音的一些笑话。Paul来自苏格兰，他向我们展示了苏格兰英语与标准英语的差异，毫不夸张地说，苏格兰英语听起来似乎是另一种外语。

在课程的最后，我们通过改变重音和语调来练习讲英语，比如Why don't we go to the cinema tonight? 当我们想表达下面两种不同的意义时，如何选择句子的重读及相应的语调？

I don't want to go to the theater. I can't wait until tomorrow.

通过类似这样的练习，我们体验了重读与语调对句子意义的影响。每次在口语训练课上，我们都不必为犯错而担心，因为我们坚信每个人都是从错误中成长起来的。

【感悟】

要改进自己的语音语调，教授们给的建议是录制自己的音频，经过一段时间的练习后进行比较。不断地关注、持续地跟进，进行自我反思才是最好的提升方式。外因只是条件，内因才是决定性因素。每次课堂活动结束时，教授们都会抛出一个问题，让我们反思自己学到了什么，或提出自己的问题。作为学习者，这是我们现在上课的主要形式。正如教授所说，我们的学习更多的是来自同伴的分享交流和自己的反思总结。每节课也正是这个反思分享环节最能调动大家的积极性，这也是我们互相取长补短、深入内化的机会。成年人的学习尚且如此，何况我们所面对的中学生呢？学生如何能保证一天坐在教室里全程独立学习思考？学生获取知识与能力的对象除了教师还有谁？学生是否有良好的思维和反思习惯，学生是否有好的学习共同体来支持个体的学习，这都需要教师的引领。如果我们从未有意识地从这些方面去培养学生，那我们就没有权利去评价学生是否具备这样的能力。因为能力是经过不断地训练而得以提高的。课堂应该是个性化的，它体现在教师的教学组织形式应该是多样的，应尽可能满足不同学生的学习需求。课堂是动态生成的，而不是一成不变的，成功与否取决于师生或生生的每次互动与反馈。

1. Shopping in Reading雷丁购物

下午，又到了大家期待的口语课，因为我们有一位非常幽默可爱的教师Paul，他经常一句话就能把我们逗得开怀大笑。今天开始上课时，Paul特意给我们讲了一个笑话，刚讲完，他就哈哈大笑起来。但尴尬的是，学员没有一个笑的，大家你看看我，我看看你，眼神里充满了疑惑。Paul不得不重新讲了一遍。这一次，他笑得更开心了。可是，台下还是没有一个人笑。Paul也很无奈，没想到精心设计的笑话竟换来了Tumbleweed moment（死气沉沉的

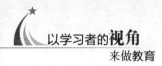
时刻）。

Paul笑话原文如下：

A：Why is an elephant big，gray，and wrinkly?

B：Because，if it was small，white and smooth it would be an Aspirin.

2. Dice Game

接下来，Paul第一次带我们玩起了掷骰子（dice）的游戏，主题是关于Shopping。这是大家都喜欢谈论的话题。通过小小的骰子，两个人轮流问答的确比单纯的对话多了很多乐趣，这个活动至少打破了刚才那个笑话带来的沉默。

3. Practice about shopping

这个购物的练习是选择正确的短语完成句子。所有短语都是关于shop这个单词的，但大部分是我们没有见过的用法，在上下文的情境中，我们逐渐理解了这些短语的含义。

to shop around = to look for the best price

to shop until you drop = to go shopping until you are so tired you can't carry on

to talk shop = to discuss work issues in your free time

to go window shopping = to look around the shops but buy nothing

to shoplift = to steal something from a shop

to shop someone = to tell the police that someone has committed a crime

to be all over the shop = to be disorganized and confused

to be like a bull in a china shop = to rush around and knock things over

to go on a shopping spree = to buy many things（often without thinking too much about the cost）

4. Using idioms

与购物有关的表达中还有一些习惯用法，比如用pop表示go quickly，用end up 表示arrive at。在书面用语中，我们很难接触到这些表达方式，而适当学习一些习惯用语能提高我们和当地人的沟通质量。

I used to pop into town on a Saturday afternoon.（Pop=go quickly）

I usually ended up just looking.（End up=arrive at=finish at）

说到习惯用语，我想起了最近困扰我的一件事情。来回穿梭在英国的大街小巷，我发现表示道路的名称特别多，平时收集了一部分，正好趁课间时间让Paul来做一下解答，但是，我发现其实很多名称都是约定俗成的，并没有特别明显的区别。所以，即使写出了部分含义，也未必准确地表达清楚它们之间的区别，仅供参考：Avenue（大街），Way（路），Road（公路），Street（街道），Path（小路，小径），Drive（蜿蜒的道路），Driveway（车道），Close（短路），Court（短街），Lane（小巷），Ridgeway（山路），Boulevard（林荫大道），Alley（通道）。

这节课的容量非常大，Paul还为我们整理了部分购物句型，这些与我们所学教材中的对话差不多，包括询问价格、试穿、如何礼貌地进行问答等。最后，Paul补充了很多专有名称，将情境设置在商场，带领我们熟悉了商场各楼层及所卖商品的类型。大家学得很开心，但对于不喜欢购物的Pual来说，今天的话题内容是不是令他感觉很无聊呢？

Explore More about Reading

在今天的课程中，Paul以问题的形式分享了很多关于雷丁的信息。

What do you know about Reading? A big town.

How old is Reading? More than 1，400 years old.

The spelling of Reading

Redding-Reding-Reddinge-Readinge-Reding-Redingum-Redinga

The people of Red　　　Ing means the people of a group

Birmingham，ham 指的是村庄（village），像wokingham，意思是 village of a group of people.

What's it famous for? Two statues.

Paul没有用讲述的方式告诉我们关于雷丁的一切，而是在问题探讨的基础上，带领我们体验了两篇关于雷丁的文章，它们有着相同的主题和问题，但文本内容不同。所以，我们采用Jigsaw Reading（拼图阅读）的方式，两人合作，在读完各自的文章后，互相分享，并从彼此的分享中学到了很多。最重要的是，我们可以更清楚地记住我们讨论过的内容。

第二节课，Paul带领我们做了Running Dictation。我们有2～4个基于相同主题的文本，如雕像。我们按照通常的程序进行跑步听写，并被分成两组。每次，我们中的一个人跑到黑板前去看文章，然后回来告诉小组的其他成员，并确保他们把自己说的话全部记了下来。完成整篇文章速度最快、记录最准确全面的小组是获胜者。

今天，Jigsaw Reading和Running Dictation两个活动的开展使课堂变得非常有趣高效。今天所学的内容不仅有助于我们更好地融入雷丁的日常生活，更促进了我们对英国文化的深入理解。

2019年3月28日

Word and Sentence Stress

在完成了今天上午Rachel组织的市中心（Town Centre）实地参观后，我们匆忙赶回学校继续下午的口语课（Pronunciation workshop）。这节课是由Fran带来的单词和句子的重读。关于单词重读，Fran带领我们通过游戏的方式感受单词中的重读音节。游戏规则是，大家都站起来，每个小组选出个子最高的一个同学作为重音（stress），然后我们根据Fran提供的单词重音位置来确定高个子同学在组内的站位。比如，information这个单词有四个音节，我们小组需要出四个人来代表这四个音节，而个子最高的同学需要站在第三的位置，即与单词中重读音节ma的位置保持一致。这样的活动即使是安排在下午，大家也不会有困意。在不停地思考与移动中，我们感受着单词重读音节的改变。练习结束时，Fran带我们一起总结单词重读的一般规律：所有单音节词都是重读的。双音节词的重音主要受词性的影响，其次是前缀。如果是动词、形容词、介词，重音往往在第二个音节上，如defend、irate、above等。如果是名词，重音往往在第一个音节上，如window、cable等。三音节和更多音节词的重音位置主要取决于后缀，如-ial、-ous、-ity、-ian、-ance、-ancy、-ence、-ency, -ant、-ent、-logy、-nomy等常在倒数第三个音节重读（antepenult）。

在日常教学中，大家对单词重读的把握比较准确，但我们容易忽略的是句子的重读。那么为什么帮助学习者掌握句子重音是很重要的呢？这就要提到英语的节奏。学习者重在把握句子的节奏，如果在倾听时能够抓住句中重读的单词，便能够理解句子的大体含义，如果想要明确更具体的含义，则需要掌握单词在句中发音的改变。而如果没有教师专门讲解这些，学习者是难以自己获得的，这也正是有人学了十几年的英语，出国之后依然无法听懂外国人讲话的原因所在。因为在句子中，以英语为母语的说话者都用connected speech（连贯发音）、linking、elision等，所以教师和学生都需要提高语音意识，尤其是重音意识。

单词的重音（音节的重音）是一个单词中一个或多个音节的"节拍"（beat），而句子的重音是一个句子中某些单词的"节拍"。换句话说，句子的重音可以被描述为口语的"节奏"（rhythm）。单词或音节的重音可以帮助你理解一门语言，尤其在讲话比较快的时候。英语的节奏是指重读音节要有规律地出现，各重读音节间的时长大体相等。每个重读音节与后面的若干非重读音节构成节奏群。这一点一定要和中文相区别，说中文时，每个字时长基本一致，没有时长的差别。而在英语中，每个单词时长并不固定，有重读和非重读之分。要想读出英语的节奏，就要确保重读音节间的时长大体一致，而不是每个单词的时长一致。为了更好地理解这一点，Fran利用表4-1中的内容，让我们通过练习来感受英语句子的节奏和重音。显然，从第一行到第四行，句子的长度在不断增加，但是读这四个句子的时长是一样的，因为它们都具有四个重音。

表4-1

Rhythm and stress			
you	me	him	her
you and	me and	him and	her and
you and then	me and then	him and then	her and then
you and then it's	me and then it's	him and then it's	her and then it's

英语常被称为重音节拍语言（Stress-timed language），在这种语言中，重音音节的间隔相当有规律。轻音节被压扁以适应有规律的节奏。因为单词必须被压缩，这导致了英语中的弱读和连读现象。而汉语被看作音节节拍语言（Syllable-timed language）。在音节节拍语言中，每个音节的突出程度大致相同。

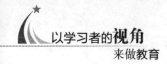

从单词重音（Word stress）到练习句子重读（Sentence stress），Fran不厌其烦地带我们用各种方式练习句子的节奏。她拿出硬币让我们在组内练习，大硬币代表句子重读部分，小硬币则代表非重读部分，在形象化的训练中让我们感受句子的节奏。此外，她还让我们用不同的方式、不同的语气读句子，Mingle、Loudly、angrily、gentle、Choral-together，以及练习屏住呼吸说完整个意群，用Ghost drill（drill with the teacher）的方式训练。除了单个句子的练习，Fran还让我们在语篇中找到句子的重音。她借用小红帽的故事，用Back-chaining（work from the end to the front）的方式让我们反复训练了英语中最常见的音Schwa，让我们借助不同形式的训练，掌握基本的语音技巧。

通过练习可以发现句子中需要重读的单词一般是content words（实词），而在一般情况下，function words（功能词、虚词）则需要弱读。本课的内容旨在帮助我们提高句子重音的意识，更重要的是，在回国后，我们能够将重音意识渗透在日常教学中，教会学生掌握句子的重音。比如，可以通过单独的短语或句子让学生练习重音，也可以使用我们学习的听力、阅读文本的某一部分，无论长与短进行练习指导，还可以在阅读、听力或口语活动中不时提醒学生注意句子的重音。总之，只要教师有了句子重音的意识，相信学生在这方面一定会受益。课堂时间总是有限的，英语发音是一门功夫，教师需要付出时间和精力，千锤百炼，才能让自己的发音不断精进，从而让更多学生受益。

【感悟】

语音是不容忽视的教学内容。

众所周知，英语教学重点关注语篇意义，而中考的考试方向和教师日常教学的评价引导都使语音教学成为最容易被忽略的环节。对于大多数教师来说，语音教学可能只存在于学生初入学的前几周，学音标意味着学语音，音标学完，语音教学也就戛然而止了。因为教师普遍认为音标学完了，学生应该会利用拼读规则来练习单词发音了。但是没有教师的进一步语音教学指导，学生会渐渐对语音置之不理。

Fran在Developing language中为我们分析了单词、句子的重音，从讲解单词的重音排序到让我们跟着节拍练习发音。小到每个单词之间的连读、省略，大到句子的重读、弱读，对于我们这些教师来说都是新鲜的内容，更何况我们的学生？如果教师不懂语音或拼读规则，就无法教会学生运用这些规则，在真实的交际情境中学生就会出现每个单词都认识，但就是听不懂对方说什么的情况。尤其在英国，当地人说话的方式完全不是我们平时所读单个单词的圆满发音。当语音不再作为考试考查的重点时，当我们将焦点放在意义的理解上时，最容易忽略的可能就是语法或语音这些基础性的知识。

我们总以第二语言习得理论来看待学生的外语学习，我们可能需要反思，这些英国本土的教师，他们拥有多国语言学习经历。正如我们置身纯正的英语环境三个月，我们的英语水平能否靠"习得"提高？当环境超出了个人的认知水平时，并非是一件好事情，只有在可理解、可接受的范围之内，输入才是有效的，才会对语言学习有所帮助，这也正符合克拉申的"i+1"理论。这也是我们所接受的课程既包括听力、阅读、语法教学的原理策略，又包括语言提升课程的原因。系统的知识体系能提供更多支架帮助学习者将已有知识经验与新接受内容衔接起来。对于绝大多数学生来说，我们不能忽略他们个体之间的差异，他们的学习时间是有限的。在有限的时间和精力下，我们不能期望学生自己悟出发音规则，只有将发音规则教给学生，有意识地引导学生不断练习，才能真正提高他们的听说水平。一味地追求意义的理解而忽略学生的个体接受能力，只能是曲高和寡。从中国学生的实际出发，从当前学生的需求出发，让我们的英语教学更地道、更实用，那就从重视语音教学开始吧。

2019年4月10日

在问题中探寻语音教学

每周，我们都有Paul、Ted和Fran的口语课，主讲教师Rachel还专门给我们讲了语音教学。在我们国内日常教学中，语音教育一直备受关注，但对于是否教音标有不少争议。而这次访学让我对语音教学有了明确的观点，那就是无论考试方向如何定位，语音教学一定是语言学习的重难点。好的发音不仅在日后能给学生带来工作的自信，更能让学生在英语学习阶段提升学习信心，降低记忆单词的难度。

我们的语音学习是从绕口令开始的。

How much wood would a woodchuck chuck, if a woodchuck could chuck wood.

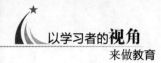
She sells sea shells on the sea shore.

A tutor who tooted the flute, Tried to tutor two tooters to toot. Said the two to their tutor：

"Is it harder to toot，Or to tutor two tooters to toot？"

Six sick sheep.

Red lorry，yellow lorry.

Sixth sick sheik's sixth sheep's sick.

One One was a race horse，Two Two was one too.

One One won one race，Two Two won one too.

每一句绕口令Rachel都以娴熟快速的方式为我们呈现出来，让我们好生羡慕。以这样的方式带学生进入语音学习也很有趣呢？

每一次上课，我都注意到教授所用的吸引我们注意力和激发我们学习兴趣的方式除了游戏之外，最重要的就是基本问题。他们通过一系列问题探讨，引发我们深度思考。在这种情况下，大家都有了参与积极性，而教师的讲解是我们迫切需要的。在语音教学的内容讲述前，Rachel向我们提出了以下问题：

What is involved in teaching pronunciation？

How important is it？Why？

How often do you teach it？

How do you teach it？

What do you find challenging about teaching pronunciation？

What do your students find challenging？

What have you done in the Pronunciation Workshops that you could use in China？

以上几个核心问题也正是我们在音标教学中需要解决的问题。

1. What is involved in teaching pronunciation?

elision（元音省略）、connected speech（连读）、phonetic transcription（标音标）、phoneme（音素）、tone（音调）、stress（重读）、phonics（拼读法）、syllable（音节）、vowel（元音）、consonant（辅音）、rhythm（节奏）。发音教学所包含的要素较多，同时，语调不是固定的，它会随着语境的变化而改变。在日常教学中，sound是很重要的，而在真实交际中，intonation则是最为重要的。

2. How do you teach pronunciation?

音标图是大多数教师教语音都用过的工具，Rachel也向我们展示了音标图，而且有了网络，我们可以任意点击使其发出相应的声音，便于学习使用。此外还可以使用Mouthing the word-exaggerate、Gestures、Emphasis、Fingers、Visual diagram、Mouth with hands、Phonemic chart等方式。Rachel也向我们讲了音标图的重要性：从中可以看出母语人士如何在连读中连接或改变发音，以帮助我们澄清弱读形式和缩略形式。

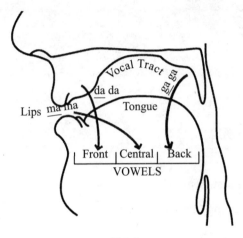

图4-2

元音是我们语音教学的难点，习惯了一个音一个音地单个教学识读音标，看到Rachel以单词来呈现12个单元音，我们感觉这种方法简单有效得多，而且当她以chant方式唱诵出来时，我们就感觉更有意思了。knee、lips、look、shoe、stretch、about、turn、floor、hat、up、heart、stop!

在语音教学中借助一定工具，让学生持续不断地操练是我们改善学生发音的基本功。从根本上说，好的发音没有捷径可走，只有付出时间和精力苦练基本功。Rachel给我们提供了很多可以用来操练语音的工具，如Feathers、Mirrors / phones、Elastic bands、Voice recognition software、Paper、Hands / fingers、Colour-coding、Self -recording、Modelling等。

图4-3

如何激励学生重视发音？

Top tips：

（1）Motivate your students.

（2）Develop listening / learning skills.

（3）Use visuals.

（4）Team work.

（5）Keep it simple and fun.

（6）Choose your battles-focus on sounds that are vital for meaning.

（7）Look beyond consonants and vowels.

（8）Little and often.

因重读单词需要更高的声音、更大的力度，故可以采取多种方式让学生去感受，在游戏活动中，找小组内高个子学生代表重读部分，利用手势肢体表达，利用符号标记。此外，还可以听英文歌曲，先从训练耳朵开始，熟悉发音。

3. How do you mark stress?

单词的重音在我们教材附录的生词表中都有标注，但是我们怎么利用好这一部分教会学生正确地辨别并读准单词重音呢？Rachel通过实例向我们展示了几种标注单词重音的方式，我觉得可以有效地运用在我们的日常教学中，以提高学生对单词重音的重视程度。

表4-2

Formation	Cassette recorder
‘window	impostor
● unhappy	de / LIGHT / ful
WATerfall	o o O magazine

4. Connected speech

单词的重音永远都不会变，因为它是词典规定好的，但是句子的重音却会因个体说话所强调的重点不同而发生很多变化。掌握连读和句子的重音是学习英语的重难点所在，而这是国内中小学教学常常忽略的主要问题之一。Rachel以一个句子向我们依次展示了句中不同单词重读所体现的句意差异。

I did not say you stole my red hat.

可见英语是强调韵律的。

5. Noticing the music of English

英文和中文有很大区别，英文是stress-timed，重音计时；中文是syllable-timed，音节计时。中国人需要经过专门的语音训练，才能真正听懂说英语的当地人的地道表达，而练习重音就是很好的开始。

常见的连读技巧见表4-3。

表4-3

Category	Example
A. linking consonant-vowel	Eight o'clock Put it ⌣ in here please
B. elision （disappearing sounds）	I must go /mʌsgəʊ/ I'll tell him /telɪm/
C. Assimilation （changing of sounds）	Green Park /griːmp a ːk/ There are ten boys /tembɔɪz/
D. consonant-consonant merging	with the best intentions Sorry，I can't talk now

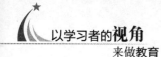
Category	Example
E. intrusion （vowel-vowel linking） /w/，/j/，/r/	Free entrance /j/ soda and ice/r/ two of them/w/
F. weak forms	It's for you/fə/ A bag of beans /ə/

连读会给我们带来哪些问题？

Difficulties with comprehension.

Problems working out when one word ends and another begins.

Native speakers do not separate words，so they are harder to understand.

作为教师，我们如何做才能帮到学生？

Help learners to see the key importance of recognizing chunks.

Use natural sounding speech.

Work with raising awareness with noticing.

6. Intonation

在日常交际中，我们都感受过不同的说话方式或者语调对表达效果的影响，在英语中也是如此。Intonation is the melody or the tune of the language. It is a change in the direction of the voice occurring on the stressed syllable and extending over the word. It is a meaningful change of pitch which occurs on the nucleus（nucleus：the stressed syllable of the last stressed word in a group）.

Intonation is a common feature of the English language and is used to establish meaning and convey the attitude of the speaker. Wrong intonation can lead to misunderstandings in meaning and attitude. A speaker may sound rude，bored or disinterested，for instance，if the wrong intonation is used.

Rachel以Really这个单词为例，向我们呈现了不同语境下语调的改变带来的意义差异。

INTONATION - TONAL PHENOMENA

"I Saw A Cross-eyed Elephant！"

Really（I'm not interested）（flat tone）

Really（I doubt it ）（raising tone）

Really（I doubt it very much）（from high to low and back up again）

Really（that's interesting）（a rise first and then a fall）

对于刚刚了解发音规则的教师来说连续有很大难度，更别说教会学生连读了。建议教师自己参加网络上的语音练习课，争取让自己的发音更接地气。

2019年5月1日

体验式学习

参观英国农村博物馆

今天上午的课程安排是Rachel带领我们参观英国乡村生活博物馆MERL（Museum of English Rural Life）和雷丁大学伦敦路校区。

因为MERL距离我们的居住地有十几分钟的路程，所以我们的集合地点就设在了MERL的入口处。借助导航，我们来到目的地，发现Rachel已经等候在大门口了。在工作人员和Rachel的带领下，我们有序地走进博物馆。虽然从外面看不出任何特殊之处，但进入博物馆内部，从具有时代感的手工物品、绘本读物到大型农耕时代的机器，让我们应接不暇。博物馆里包含了一系列具有英国历史特色的物品，这些非凡的收藏品、档案、照片和书籍被分别收藏在九个创新有趣的展区。每个展区都有一个不同的主题，如 A Year on the Farm、Town and Country、Forces for Change，让人们在互动式、沉浸式的参观展览中穿越时空进行身份、环境、技术、文化与健康的探索。可以说，无论你与乡村和乡村生活的关系如何，在这里，你都会发现一些令你着迷、深受启发的东西。同时，你会发现许多令人惊讶和感动的故事，从而能以不同的方式思考英国乡村的过去与现在。

历时两个半小时的参观体验，让我们进一步了解了英国农村的发展历史。11点半，Rachel带我们去雷丁大学的伦敦路校区，因为我们有的课程会安排在这个校区，所以需要提前熟悉校园位置。在这里，我们主要参观了一个儿童阅览室，并看到了生平所见的最大的图书。据Rachel所说，这种书是教师给学生讲绘本故事用的。当教师拿着这种大书讲解的时候，学生围坐在教师周围，既能实现互动，又能清晰地识读上面的文字。听到这些，我的脑海中立刻浮现出了一群孩子围着教师听故事的温馨画面。除此之外，我们还发现了很多适合小学生的教学材料，这些信手拈来的教具、学具可以极大提高儿童的学习兴趣。同时，这里的阅读书本更适合在教师指导下的低龄儿童阅读，很明显，这样的陪读过程以及阅读氛围对于孩子阅读能力和阅读习惯的培养是至关重要的。

最吸引我的不仅是琳琅满目的读物，还有墙上、桌子上，甚至电脑旁边的规则提示。它们只在必要的地方用图片或大写的字母呈现。这些无声的语言恰恰是儿童行为习惯、规则意识培养的重要方式。规则的树立是从小开始的，并且是伴随着孩子的认知发展的，从孩子的阅读开始，从阅读规则到执行规则，这应该是一个润物无声的过程，一直深深扎根于孩子的内心并内化为其个人素养。

Tutorial辅导课：

午饭后，我们上了Carrie博士的辅导课（Tutorial）。每周一节的辅导课能帮助我们更好地把理论应用到实践中。这一次，Carrie用一种不同寻常的方式导入课堂。她带来了我们在附近超市里的一些水果和蔬菜，大家目不转睛地看着Carrie，她一一向我们展示并介绍了这些食物的名称。这些食物有的是我们熟悉的，但名称却是陌生的，比如茄子，并不是我们想象中的eggplant，而是aubergine；有的是我们不熟悉的，她会耐心地给我们介绍。

Carrie介绍完后，给我们安排了任务，让我们用能想到的任何方式对它们进行分类。这太有趣了，我们大多数人都想试一试。除了常规的分类方法，如按照颜色、形状、味道分类，我们惊讶地发现，还可以按照它们的烹饪方法、生长环境，甚至可以按照个人喜好来分类。这真的很有创意，而且突破了我们的限制性信念。

可以说，这是一个成功的热身活动，不仅操作简单快捷、符合主题，而且能把一群成年人的学习积极性调动起来。更重要的是，它帮助我们理解了本周所学的认知（cognition）。在接下来的小组活动中，我们讨论了对认知（cognition）的理解。我喜欢Carrie用汉字的方式解释。汉字"认"意味着了解（to get to know），它是一个过程的思考和体验；而汉字"知"意味着已经知道（to have known），它是结果，是已产生和获得的。对于这两种建构主义理论，有几个关键词需要记住：知觉（perception）、注意（attention）、记忆（memory）、推理（reasoning）、解决问题（problem-solving）。

Carrie利用人类进化、动植物机体与环境相适应的例子带我们进一步理解

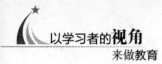
了建构主义这些枯燥的理论知识。而对我们来说更重要的是，思考我们能带走什么，以及在我们今后的教学中，哪些是可以应用的。她用清晰的思维导图呈现出，在教育教学中，我们需要考虑学习者的先验知识（prior knowledge）、主动参与（active participation）、强烈动机、社会互动（social interaction）、脚手架（scaffolding）、最近发展区（ZPD）等。关于如何找到学生ZPD的讨论也让我受益匪浅。这是每一位教师都要面对的巨大挑战，需要我们用一生去探索。

最后，Carrie和我们讨论了如何记笔记。让我印象深刻的是，我们首先应该知道为什么要记笔记（why），然后思考我们需要记什么（what）、如何记（how）。这取决于一个人的学习风格，合适的才是最好的。同时，不要忘记写下对自己来说新鲜的东西，以及自己的想法和感受。

附：How to make notes（来自Carrie博士发的学习资料）

（1）Focus on key words and concepts.

Identify the most relevant information.

Think about what you want to retain.

Prioritize any "new" information.

（2）Use the "question, answer, evidence" method.

Instead of copying down everything, listen carefully to what the speaker is saying and make an effort to understand them.Meanwhile, raise questions of your own when you are listening.

（3）Be reflective.

Whenever you are inspired by some ideas or questions, or when you question the practically or feasibility in China, make a note immediately.

（4）Use your own preferred strategies, such as visual method, mind-map, or bulletin points.

走进雷丁历史文化

这周的语言提升课程主要是深入了解我们所在的城镇——雷丁。Paul在课堂上带领我们了解了雷丁的两座雕像Queen Victoria's Statue和the Maiwand

Lion。她以Jigsaw Reading的形式让我们深刻了解了这两座雕像的传说与真相。更有趣的是，第二天，Rachel带领我们走进了Reading Museum雷丁博物馆，实地参观了这两座雕像以及Reading Abbey Ruins。这样独特的上课方式又一次带给了我们全新的体验。

图4-4

我们被分成两组，每组15人。首先是博物馆的工作人员带领我们来到二楼，她从众多收藏品中特意挑选出18世纪、19世纪和20世纪的三个具有代表性的箱子。她生动形象的讲解方式给我们留下了深刻印象。从她的讲解中我们得知，她除了是博物馆的工作人员，还要为来到博物馆的孩子们上课。这也是最令她纠结的地方，因为，一方面，作为博物馆管理人员，她希望物品得到很好的保护收藏，禁止别人触碰；但另一方面，作为教师，当看到孩子们期待的眼神时，她又希望孩子们能够真实地感受到这些物品。于是她明确了自己的工作职责，博物馆的物品不能仅仅为了收藏，还要让孩子们触摸体验，从而发挥博物馆收藏物品更大的价值。她声情并茂的讲解吸引了所有人的注意力，使参观博物馆这一活动一改以往的枯燥无味，同时她提出问题，不断引领我们思考猜测这些物品的用途。看起来不起眼的物品，在她生动的讲解和大家的大胆猜测下，凸显了价值和意义。

接下来，Rachel带领我们参观了课堂上学习的两座雕塑。坐落于雷丁福伯里公园的麦万德狮子（Maiwand Lion）雕塑为雷丁这座城市的非官方标志，得名于迈万德战役（1880年），是为了纪念在1878年至1880年阿富汗战役中牺牲

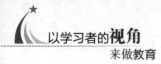

的第66伯克郡兵团的329名士兵。在参观Maiwand Lion时我们恰好遇到两位阿富汗人，他们特意来雷丁参观这座雕像。Rachel作为英国人，为过去英国所做的事情而怀有深深的歉意，而庆幸的是，现在两国人民都已忘记仇恨，友好往来。最后离开时，两位阿富汗人热情地跟我们合影留念。

图4-5

最后，Rachel带领我们来到雷丁修道院，这座曾经强大的修道院废墟位于福伯里花园的东端，可以通过地铁通道进入。修道院的内门和Hospitium的部分建筑保存了下来，Hospitium是一座12世纪的医院，现在并入圣劳伦斯教堂旁边的一所文法学校。

雷丁修道院由亨利一世于1121年建立，后来发展成为英国第三大修道院，这在很大程度上得益于亨利以圣詹姆斯之手的形式赠予修道院的一件圣物。朝圣者成群结队地去参观现在位于马洛天主教堂的圣物，也去参观约翰国王捐赠的圣菲利普的头颅。亨利一世被安葬在修道院教堂的祭坛前，他的两个妻子玛蒂尔达女王和阿黛莉莎王后也被安葬在这里。1539年，最后一位修道院院长被亨利八世处死，修道院被拆除。

曾经的辉煌变为一片废墟，但历史的车轮永远不会停止前进的脚步，我们对这个城镇的探索也在逐步深入。

半天的雷丁博物馆之行，将学习从室内延伸到了室外，我们从被动地听讲到身临其境地全方位感受，学习无处不在。在Interculutre workshop中，Carrie和Rachel结合个人经验和我们沟通交流了在中西方文化中我们所关注的不同点。

　　学习是一种过程性的体验，离不开学习者自我的主动参与，无论是在课堂上，还是在博物馆参观学习的过程中，所有教师都在极力地鼓励我们参与，而不过多关注他们所准备的内容是否讲完，这是我们教学中的差异所在。我们总想把所有准备的重点知识教给学生，从而忽略了学生主体的参与，而在英国学习期间，我最大的感受是教师即使很多内容没有讲完，也会让学习者充分地参与体验。上课从来不是教师一个人的单方面输入讲解，而是师生双方的互动、生成，学习就是这样自然发生的。

2019年3月13日

了解英国教育

The British Education System

语言和文化是相互联系的，对两者的学习绝不能孤立开来。根据《不列颠百科全书》记载，语言与人类社会生活的方方面面息息相关，理解周边文化对学习语言非常重要，语言学家帕尔默（Palmer）也曾在《现代语言学导论》一书中提到，语言的历史和文化的历史是相辅而行的，他们可以互相协助和启发。在三个月的访学活动中，雷丁大学的教授团队在课程设置方面为我们做了充分的考虑和周到的安排，比如，安排我们和host family生活在一起，固定每周五下午的时间为文化探索课，每周还会有一次当地教师或社会公益机构的分享时间。今天是雷丁大学的教授来给我们讲解英国的教育制度。

总体来说，英国的教育分为三个阶段：义务教育、继续教育和高等教育。英国的教育系统分为四个主要部分：初等教育（Primary Education）、中等教育（Secondary Education）、继续教育（Further Education）和高等教育（Higher Education）。在英国，孩子们必须合法接受小学和中学教育，从5岁到16岁不等。英国的教育体系也被分为以下几个关键阶段：

Key Stage 1：5 to 7 years old.

Key Stage 2：7 to 11 years old.

Key Stage 3：11 to 14 years old.

Key Stage 4：14 to 16 years old.

在英国，小学教育从5岁开始，一直持续到11岁，在英国的教育体系下，处于关键的第一和第二阶段。一些小学分为幼儿和初级两级，它们通常是位于同一地点的不同学校。幼儿的年龄范围（关键阶段1）是5~7岁，青少年的年龄范围（关键阶段2）是7~11岁。

小学阶段的年龄范围分组如下：

Year R（学前班）（4～5岁）

Year 1（5～6岁）

Year 2（6～7岁）参加关键阶段1的SATs（Standard Assessment Tests）考试

Year 3（7～8岁）

Year 4（8～9岁）

Year 5（9～10岁）

Year 6（10～11岁）参加关键阶段2的SATs考试

在英国，Year 7和Year 8是中学教育的前两年。学生在Year 7要参加普通入学考试（Common Entrance Exam）。在英国的教育体系中，Year 9是非常重要的一年，因为大多数学生都要从初中过渡到高中。普通中等教育证书考试（General Certificate of Secondary Education）项目在中学教育的最后两年，即从14岁开始的Year 10和Year 11。在英国的教育系统中，学生一旦达到16岁，就可以开始为期2年的A level（高级水平）考试或职业资格考试（NVQs或BTECs）准备，他们可以选择the Sixth Form或者Further Education。在年底，学生参加完考试可以获得A level证书。

在英国，公立学校（State School）为93%以上的学生提供教育，仅有7%的英国学生接受私立学校的教育。说到英国教育，难免会提到两个数字：7%和50%。7%的意思是英国私立教育机构只接收7%的学生就读，但也就是这7%的学生占据了牛津大学、剑桥大学两所顶尖学府50%的名额，所以私立学校的教育（Independent School）被称为"精英教育"。

英国的公立学校可以分为学院制学校（Academies）、社区学校（Community School）、教会学校（Faith School）、基金会学校（Foundation School）、免费学校（Free School）、文法学校（Grammar School）、公立寄宿学校（Public Boarding School）、特色学校（Specialist School）等。公立学校由政府资助管理，不收费，大多数为男女同校（co-educational），而且入学不需要考试，根据学区划分，采取就近入学制。大多数公立学校属于综合学校（comprehensive School），教各种能力水平的学生，遵循国家课程标准，由地方政府资助或直接由中央政府资助，并接受Office for Standards in Education Children's Services and Skills的定期检查。但文法学校（Grammar School）根据学生的学术能力选择学生，学生在11岁（小学六年级）时参加选拔考试，也称为"11+考试"。如果不参加考试或是落选，就直接按学区就近入读普通中学。

2019年3月28日

在实践中感受英国本土教育

　　Apr.1—Apr.5这一周我们分组走进英国本土学校，深入了解当地的教育教学。我们一行四人（我，Lily，Sally，Carol）所去的学校The Wren School是一所新建校，于2015年建校，2018年9月搬入现在新校址。周一至周四，每天我们上午8点到校，下午4：30返回，全程跟着Shadow students体验学校的学习活动。因为早被告知禁止在校园里用手机，所以周一一早上我们8点来到校园后，拍下了这张唯一的校外照片（图4-6）。现在想来，每一个当下都稍纵即逝，能够记录并保存下来的永远都是极其珍贵的。（后面几天因为活动较多以及天气原因，一张校园外景照片也没有拍到。）

　　我们听Rachel介绍过不让在校园里拍照的原因，或许有些极端，但对孩子的保护永远是第一要事。英国所有学校都禁止拍摄带有学生正面的照片，课堂上仅能拍学生的背部，未经学生和其家长允许，不能拍带有学生脸部及正面的照片。带着几分担心和不解，我们被告知最后一天会有专门的拍照时间，其间手机不能使用。所以，在学校实习的这一周，网络不能用，手机也闲置了。

图4-6

　　我和Lily一组，我们的上课时间安排在周三和周四两天，周一和周二，我们将跟随两名Shadow students一起走进课堂。令人遗憾的是，临近学期末（Easter Holiday），各个学科均进入了考试评价阶段，我们跟着学生经历了一个个学科的考试讲评课。例如，体育课两节连堂，教师组织了一场球赛；美术课，教师让学生们完成或完善这学期剩下的作品；音乐课进行笔试，考查学生的乐理知识；英语阅读课完成这学期读的一本书。不可思议的是，在Citizenship这门课上，教师下发了任务单后没说什么，而是让学生不停地看视频（共计四个）。法语课教师进行的是口语测试，他跟学生一对一地在门外进行对话，但是教室里却是一片混乱。虽然有几分失落，但除了这几个学科外，我们听到的其他几节课很好地体现了英国的教学策略。

1. 多维的分层模式

在实习周，我们去的是一所Free School，即The Wren School（政府出资，由英国教育部直接管辖，由于不受地方机构管理，因此学校在管理方面有更大的自由）。从学校的标语和愿景可以看出其致力于为每一个孩子的成长打造世界一流的学习环境。正如校长所说：我们把学生看成人，而不是一个数字。（听到这些，越发感觉极像我们学校的理念——把孩子放在心上。）在校长接待我们的短短一个半小时里，我们感受到的也是学校对孩子满满的尊重与关爱。

The Wren School的生源并不算好，33%的学生要靠教育补助，而这个数值远大于国家平均值12%，也超过了Reading的数值26%。该校的学生所讲语言种类繁多，30%在家不讲英语，20%属于SEN（Special Educational Needs，特殊教育需求或残疾），而大多数学生的父母则忙于自己的工作或根本无工作。所以，只能由所有的教师齐心协力地帮助每一个学生，发展他们的Wren Skills（学校技能）。

为了更有针对性地帮助每一个孩子，学校实行多维分层的方式。英国孩子入学前都要参加CAT测试，学校会根据测试成绩给学生确定级别（Emerging，Developing，Established，Exceeding），并将每个层级的学生分为A、B两部分（以实现小班化教学，每班不超过28人）。在此基础上，学校和教师会根据学生的级别将学生细分为1～9级，这个级别在学生进入九年级时可以公布给他们，以便学生更加明确自己的目标，为GCSE做好过程性的准备。除了在学习力水平上有层级划分，学生还以学习综合表现再被分为W、R、E、N四个层级（依次代表顶端到末端），进行学科教学上的划分。这样细致严格的划分一方面能够实现对不同学生针对性的分层教学，使更多优秀学生受益，但另一方面，末端学生的相互影响也是不容忽视的。

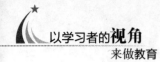
这种分层现象在英国每一所学校都存在，也一直备受争议。我们在英国学校里经常听到教师抱怨学生不爱学习，缺乏学习动力，而阶层化分也不是教育所能改变的。我很是庆幸我们生长在中国，能有机会通过教育改变命运、实现自己的梦想，也为中国的孩子感到幸运，因为他们没有被贴上标签，而是能享受真正公平的教育。

2. 丰富完整的课程体系

学校为学生的发展提供了academic curriculum（学术课程）和life skills（生活技能），综合形成了如图4-8所示的Wren skills。它围绕人的认知发展，从People（为人）、Situation（所处情境）、Citizenship（公民身份）、Information（信息处理）最终到Learning（学习成长），体现了学校基于人文化的考虑到服务于学生学习成长的课程建构过程，形成了一个闭环。

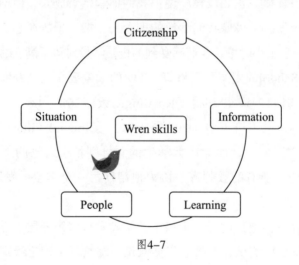

图4-7

在此基础上，学校构建了Thematic Curriculum（主题课程）。以Key Stag 3（Year 7 and Year 8）为例，Year 7六个学期的主题分别为This is Me./ This is Us./ The Genius of the Past./The Inventions of the Future./The Power of Humans./The Power of the Earth。令人惊讶的是，学校的所有学科全部围绕这六大主题而构建。

以Year 7的Modern Foreign Language课程为例，学生在这一年都学习Spanish。学校在六大主题下建构体现Wren skills的主题课程，其主要内容如图4-9所示。

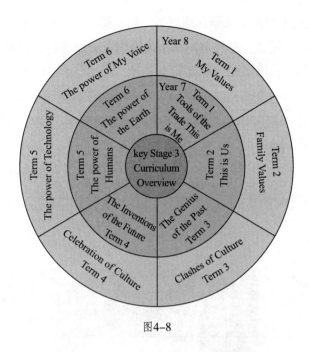

图4-8

在跟随学生体验课程的过程中，最吸引我的还有这样几节课：Wellbeing、SMSC（Spiritual，Moral ，Social and Cultural development）、Dynamic days以及每天早上（8：50—9：20）的Reflection time，这些都属于一个课程——Personal Development。这些课程鼓励学生发展他们的自尊和自信，帮助他们确定自己的个人价值和目标。这个领域学习的核心是Wren skills的发展。我们听了Mr. Hawkins的一堂关于Anger（愤怒）的课。这节课不仅让学生了解愤怒是可以接受的一种正常情绪，更重要的是让学生学会用正确的方式处理愤怒。我特别喜欢学校这样人性化的设计：早上9：20开始第一堂课，之前会有半小时的Reflection time，可以是导师与学生的交流分享，也可以是几个问题或词汇的分析处理，没有强行要求，旨在为学生接下来一天的学习思考做好铺垫。而下午3：30结束一天的课程，不仅是在小学、初中，在高中也是如此。在下午3：30到4：30之间，学生可以自己选择要参加的社团，也可以回家，灵活的时间给了学生更多自主选择、自由支配的机会。

在听课的过程中，我发现好多教师都是同时教Year 7到Year 10，跨越四个年级，这让我们很难想象教师的压力有多大。当我询问Mr.Hawkins的Wellbeing课程备课思路时，他说是Mrs.Kukkuk准备的课程，然后由他负责上课。在与

Dynamic day的技术教师交流备课问题时，我也得到了同样的答案。由此可见，学校拥有一个备课团队，而且他们从不为寻找资源而费心，因为无论是国家提供的资源，还是学校购买的资源都相当丰富，再加上学科组的集体备课，教师拿到资源后教任何一个级别的学生都不再是困难的事情。这得益于一个良好的工作氛围，它让一起工作的教师八仙过海，各显其能，更好地发挥各自的优势，为团队做出贡献。

图4-9

我们也听到许多教师抱怨，他们真的非常累，一位科学老师给我们看她的课程表，一周中，她只有周一的两节课和周三的一节课是空闲的，其他时间都和学生在课堂上度过。好在他们的作业并不是每天都布置，一般是一周布置一次，但考完试后的阅卷也是一件相当麻烦的事情，因为他们没有网上阅卷。再如，我们去听Spanish课时，恰好碰到教师在考口语。他在门口摆一张桌子和学生一对一地对话，而教室里其他候考的学生乱作一团，一节课，教师从头忙到尾，还有7个学生未测完（共26人），而被测学生所用的平均时间不过三五分钟，教室里候考的学生很多是玩了一节课。这样的效率令人难以想象。目前，我们的口语听说测试已经改为让学生利用网络进行人机对话（每人40分钟左右），再利用思维导图复述课文（50分钟小组合作完成），相比较来说，单位时间内人均练习量增加，效率翻倍。尽管这里的教师有非常丰富的课程资源，但信息技术的利用远远落后于我们。

3. 严谨的反思评价

每个学生都会有各个学科的笔记本，里面是学生整齐的课堂笔记，以及粘贴在上面的一张张小纸条（主要内容、诊断成绩）。每节课，教师都会把这个笔记本发到学生手里以更新记录、粘贴、反馈评价等。在每个笔记本的封面上我们可以看到学生所属的层级，七、八年级按照Emerging、Developing、Established、Exceeding层级初步划分，到了九年级，学生就会用更加明确的数字目标来精确反映他们的成长变化。

学校注重学生的自我反馈和评价，除了在笔记本封面上有明显的体现外，还有一件日常工作，那就是教师在课堂上拿出专门时间进行过程性的诊断反馈。以我们听的一节数学讲评课为例，教师在课堂上带领学生做的事情是剪下评价单，然后根据试卷答题情况填写W（已掌握的内容）、I（有进步的地方）、N（下一步改进措施）。这是一个很好的带领学生自我评价和反思的过程。不仅是在数学课堂上，几乎在所有学科的课堂上，我们都会看到教师拿出专门时间和学生一起做评价反馈这件事情，这足以说明学校对学生自我学习内驱力和目标挖掘的引导已达到学校aim high的目标。

4. 严格的学生管理

尽管学校有非常先进的理念、良好的硬件设施及课程资源，但我们依然看到各类学生问题的出现。比如，Reflection time学生可能迟到10分钟，还有一个男生无所事事，其间有两名教师和他耐心地交流，但他一副无所事事、满不在乎的表情，与他交流的教师很无奈，而讲课的教师几乎无视他的存在。在一节computing课堂上，教师在讲解演示时，一个男生始终趴在电脑前，教师提醒不听，反而大声说"You're so annoying"，教师只能降低声音提醒他冷静，并耐心地询问他是否需要去"Safe room"（这个房间在每个楼层都会有，是情绪有波动或违纪学生待的地方，由专门的教师负责盯着，每个学生都被隔离，根据其情节严重程度而选择待一节课、一天或协定时间，其间学生要不停地做抄写性作业，一分钟也不能停止），这个男生说他感冒了，不想去。教师只好尊重他的决定，但当他第二次违纪的时候，通过和他商量，教师派一个女同学把Safe room负责教师叫过来将该男生带走。其间，没有任何学生为此受到打扰，教师继续关注课堂。路过法语教室，我们发现门外一个小男孩孤单地坐在

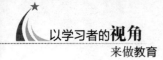

那里，但看到我们时，他热情地向我们打招呼。我们与他交流后得知，他因和同学说话而被教师安排到教室外学习。过了几分钟后，又一名男生气冲冲地从这间法语教室出来，恰好对面走来一位教师询问他原因，只听到这个男生哭了起来。虽然不知道课堂上究竟发生了什么，但平静的背后依然掺杂着学生的躁动。在去听英语课的走廊里，我们又目睹了一个女生坐在窗台上，一脸不高兴的样子，有一位男教师在她旁边劝说着什么，但这位女生没有正视教师，很显然，现在她什么也听不进去。而这边还有一位女教师也正赶来。当我们听完课后，再次看到这个女孩，她依然独自一人坐在窗台上。但我们明显发现此时她的情绪稳定下来了，还开心地和我们打招呼。

不知是临近假期的缘故，还是学生到了情绪波动的高发期，像每一所常态学校一样，这里青春期的孩子如一颗颗定时炸弹，在冲突与迷茫中探索着这个世界。问题是不能回避的，而是需要一起面对。学生的学习动力不足，不是某一个学校的现象，但在这样一个父母都不需要工作（靠社会福利谋生）的环境下，单纯要求孩子努力学习是不可行的。在这里，我们看到的是大多数孩子能在课堂的积极思考与体验中健康快乐地成长，以上罗列的只是在这一周里偶遇的特例。我想起校长和我们座谈交流时表达过的观点：在知识学习上，学校更侧重top students的培养，以推动他们树立更高的目标，不断进步成长。让不同学生树立不同的学习目标，也是基于学生的个体差异，引导他们在原来的基础上有更大提高。

对于违纪的学生，学校也有专门的惩罚政策。第一次Strike（此处指各种常规违纪）教师口头警告，学生认识到错误改过即可；第二次Strike就需要去专门的safe room待一节课；第三次Strike则需要在safe room待至少一天（根据情节严重程度、表现及认错态度而决定在这里待的时间长短）。各学科教师都要给safe room的学生布置作业，他们需要不停地写，学科教师们根据作业完成的情况决定他们何时能回到教室学习，情节严重的可能要离开学校。

我一直坚信"教育不能没有惩罚"，但我更清楚惩罚不是目的，它只是帮助学生形成自律意识、提高自我管理能力的一种途径。如果赏识教育真的能帮助学生的话，也不失为一种好的方式。但问题是哪种方式都不可能对所有学生奏效。只有发自内心地尊重并接纳每个生命个体，而不是简单地用对与错去评价和判断，被允许和被接纳的生命个体才能生长和绽放。逃避痛苦、追求快乐是孩子的天性，在孩子成长的关键时期，教育者需要具备Nurturing（培育、养育）的信念，陪伴学生慢慢地成长。在一个相对平等的校园文化里，学生的言行举止会更接近他们的本质和天性，这也正是培育的开始。陪伴每一个青春期孩子走过人生的第二个断乳期，他们会迎来华丽的蜕变。

教师在学校的责任是什么？学生的责任又是什么？我们怎样才能使学生更具有责任感？这些问题似乎很大，大到我们无法用一两句话回答，而这些问题又是如此重要，因为对这些问题的理解渗透着我们的教育教学理念，也直接影响着我们的教育教学方式。我们在小组讨论中交换了各自的观点，而这个讨论的过程，也让很多教师开始真正反思自己的教育教学。我一直感觉在这里学习最重要的不是教师传授给你多少知识，而是带给你多少思考、启发了你多少智慧，这比知识本身更加有价值。因为，如果我们的观念不转变，那么，再好的知识经验也只是一种摆设，无法带回国用于改进自己的教学行为。教师的作用是什么？是给学生创造需求，有了学习的需求，才会真正有学习的发生；是给学生提供反馈，好的反馈能促进学生进一步学习和发展；也是创建合适的气氛，一种不需要正襟危坐、教师高高在上的氛围，而是能够听到师生轻松快乐、平等对话的舒心氛围。

在The Wren School一周的时间里，没有网络，我们和学生一样忙碌地穿梭在各个学科教室，感受着英国本土教育。它虽和国内有差异，但两者的目标和追求是一致的，都是为了让学生成长为更好的自己！

跟随Shadow Students走进课堂

今天早上7点25分，我和Lily从家里出发去雷丁大学。当我们到达学校时，发现出租车司机、Carol和Sally已经在等我们了。7：40，我们乘出租车去The Wren School。8：00，我们到达了目的地。

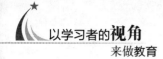

TIME		ACTIVITY	ROOM
		Timetable for Lilly & Cathy **Monday 1st April-Thursday 4th April** MONDAY 1st April-Shadowing student:Rosie Willmott Joyce（Year 8）.Wiktor Bojarski（Year 8）.	
Arrive 8：15		Meet with Luis Rodriguez.	Main reception
8：30	Meeting	Staff briefing.	Staff room
9.00	Tour	With Rosie Willmott Joyce and Wiktor Bojarski.	Staff room
9：20	Lesson 1	PE with Miss Clapham.	Sports hall
10：10	Lesson 2	PE with Miss Clapham.	Sports hall
11.00	Break	Tea and coffee provided in the staff room.	Staff room
11：20	Lesson 3	MATHS with Mrs Bover.	1：26
12：10	Lesson 4	ENGLISH with Mrs Ault.	2：24
13：00	Lunch	Lunch provided in the staff room.	Staff room
13：40	Lesson 5	HUMANITIES with Mr Hawkins.	1：07
14：00	Lesson 6	Meeting with Mrs Jo Broadhead.	Admin Office
15：30		End of the school day.	

图4-10

8：15，Luis Rodriguez来接我们，把我们领到教师办公室（the Stuff Room）。这是学校教师开集会、茶歇休息、午饭的地方，也将是我们本周办公的地方。在全体教师开会时间（the staff briefing time），召开全体教师会议。Luis把我们介绍给校长Mrs.Jo Broadhead和其他教师。他练习了很多遍才记住了我们四个人的名字。简短的欢迎仪式之后，校长主要讲了一些关于复活节假期的事情。接下来的两周，英国所有学生都将度过复活节假期。校长特别强调复活节彩蛋用完后一定要扔进垃圾箱。

最后，几位教师宣布了各学科通知。在会议期间，没有任何人使用电话，包括拿出手机看信息等，他们都在认真地听着或做着笔记。会议在8：45准时结束。然后，所有教师去往各自的学科教室。9：00，八年级的学生Rosie Willmott Joyce和Wiktor Bojarski已等候在休息室外面，他们两个是今天负责接待我们的shadow students，将带领我们参观整个教学楼。

学校不大，但是功能教室非常多，这一点和我们学校也是很相似的。参观完成后，我们跟着Rosie去上体育课。体育老师Miss Clapham告诉我们，由于今天是这个学期的最后一天，因此，学生们将被分成两组进行一场足球比赛。

课间休息时间，学生需要快速地去更衣室换好运动装，然后按照Blue House和Yellow House分成两组。我们看到有三位教师组织这个班的体育课，其中两位教师带领学生参加比赛，另外一位穿西装的教师只是在观察。我们在和他的交谈中得知他是作为补充教师参与这节体育课的。三天前，他来过这所学校，他告诉我们，因为The Wren School是一所新学校，所以它可能不代表英国整个国家的教育。他还告诉我们，在学校里存在着大多数学生不想学习的状况。

第三节课，我们跟随Mrs.Bover一起学了数学。因为即将迎来复活节假期，所以多数学科会在本周进行测试、结课或者讲评试卷。这节课就是一节数学试卷讲评课。首先，教师点名，以确定每个人都到了。虽然这一天是愚人节，但没有一个学科在课堂上庆祝。

有时，课堂上会有噪声，因为学生们无法平静下来。这时教师会数3、2、1，然后所有学生就能安静下来。这一点还是非常管用的。在幻灯片上，教师给出了一个任务单，上面写着几个问题，但做不做由学生自己决定。教师将在几分钟后给出答案。问题是关于找到平均值（mean / average）、范围（range）以及众数（mode）的。

在提问了几个简短的问题之后，教师把评价结果（每人一个评价本）发给学生。我坐在Rosie身边，看了她的成绩。那是第八学年第四学期的复习课。她的结果是：

Main Questions（主要问题）：8/34

Bonus Questions（奖励问题）：0/4

Total Mark（总分）：8/38分

Grade（等级）：（由于保密，她没有让我看到她的等级）

教师指导学生重点填写的是评价结果最下方的一段文字，这也吸引了我的注意力，上面写着：

What you did Well（你做得好的地方）：

Improvement（进步的地方）：

Questions you need to try now（现在你需要尝试的问题）：

这是引导学生做自我反思的重要环节。就像教师说的：When you get your

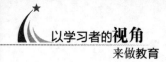
assessments back, it is important that you READ the information provided not just the final grade。当你拿到你的评估报告时，重要的是你要阅读它所提供的信息，而不仅是期末成绩。

首先，教师呈现一张幻灯片，上面写着"先不要写任何东西"，学生们都认真听教师讲解注意事项。第二张幻灯片是改错的顺序：

步骤1：沿着虚线剪切。

步骤2：把这张纸清晰地贴在练习本的空白页上——不要折叠。

步骤3：阅读留言和N个问题。

步骤4：用紫色笔在练习本上而不是在纸上完成这些问题。

学生们迅速按要求把错题粘贴在评价本上。11：38，教师开始展示学生们的练习，重点讲解出错的地方。11：58，教师讲解完毕后，检查学生的笔记本，改完答案后的学生及时让教师审核。12：05，准时下课。整节课，教师讲的内容比较多，很少让学生站起来回答问题，大多数情况下是学生自主地跟着教师说，总体来看，学生的参与积极性不是很高。其中有一个男孩很调皮，整节课都没听教师讲课，一直和同桌开玩笑，而教师也好像忽略了他的存在。

2019年4月1日

校长介绍学校的基本情况

今天下午，我们在行政办公室会见了校长Mrs.Jo Broadhead。她是一位科学家，对研究很感兴趣，也带动所有教师参与到教育教学的研究中去。学校建于2015年，一年级有73名学生和9名教师，七到九年级总共有589名学生。

2018年9月，学校搬到这个新校区，在原计划168名学生的基础上，又额外招收了196名，这足以看出这所学校的受欢迎程度。目前，仍有160多名学生在等待就读七年级。刚开始，这所学校是非常小的，但现在逐渐扩大。

人们之所以选择The Wren School，也许是因为雷丁在不断地扩建，很多人来这里做生意，而且随着新铁路线的开通，更多的人来到这里，这就要求政府建一所新学校。这里的家长最多可以按顺序选择四所学校，但是The Wren

School想做一所与众不同的学校。正如学校愿景所说的：Each child，regardless of background，will receive a world-class education and be nurtured，challenged and inspired to aim high。每个孩子，无论背景如何，都将接受世界一流的教育，得到培养、挑战和激励，立志高远。

The Wren School不是一所教会学校，而是当地社区的一所学校，学生就近入学。它致力于将学生培养成为全球公民。

虽然和校长只有一小时的交流时间，但我们已经被这位年逾花甲却依然心怀豪情壮志的科学家所深深折服。校长无时无刻不在为学校以及学校的每一位教师和学生的成长和发展着想，而我们出国访学，同样是带着学校、家长和学生的期盼，我们一定会将所学知识应用在教学实践中，不仅为了提升自己，更为了背后默默支持我们的所有热爱教育事业的追梦人。

2019年4月2日

Mandarin Lesson

今天早上，我们和Mr Rodriguez开了个简短的会，针对我们的部分疑问，他做了简要回答。我们最关心的话题是在选课班体制下，学校有什么有效的学生管理方案。他给我们介绍了学校的学生惩罚制度（Students Punishment System）：根据学生所犯错误的不同程度而采用安全室（Safe Room）、警告（Warning）、停课（Atrikes）等不同方式的帮扶管理。我们想更多地了解学校的课程实施情况，如英语、西班牙语结构、教学资源、评估指南等，但由于行程安排非常紧凑，而这些无法在短时间内完成，因此这一目标未能实现。

接下来，我们在学生的带领下开始为授课做准备。今天，我们授课的对象是七年级的学生。来到学生的外语教室，我们发现里面贴满了与西班牙语相关的教学资源、学生作品等。这种温馨舒适的画面也勾起了我对我们学校的怀念之情，因为在办学理念和学科教室的布置方面，我们学校和The Wren School几乎是一致的。当我用英语和在座的二十几名学生打招呼的时候，令我惊讶的是，他们竟然使用汉语"你好"来回应我。出于好奇，我问他们还会用汉语说些什么，偶尔听到有一个学生绞尽脑汁、费尽周折地用不太标准的方式说"谢谢"，其余学生没有任何汉语基础。我感动于这群可爱的孩子为了迎接新教师而特意学了一句问候语。

首先，我向学生们介绍了这节课的授课教师——我和Lily。因为本节课是语言课，所以我们设置的教学内容是数字与汉字赏析。在自我介绍时，我们用了一张全家福，这时，学生们关注到了数量，主动问我怎么用中文数数，这正是我们这门课想教的。接下来，我们运用Rachel曾给我们展示的热身活动，让学生通过数字来了解教师，学生的积极性一直非常高涨。在分享了学习目标后，我们让学生们欣赏了几幅字画，然后Lily在白板上展示如何写汉字。学生们很感兴趣，他们提出了各种各样的问题，比如，汉语有多少个单词？有多少个字母？

当Lily在教学生写汉字的时候，我们发现很多学生都在认真地做笔记。但他们只是模仿性地画出一个汉字，还不了解汉字的书写顺序。在Lily的指导下，学生慢慢知道了从左到右、从上到下写字。其中一个学生还用到了拼音来辅助发音，他在笔记本上用生动的图画把他学到的东西用自己擅长的方式记录下来。在征得他的允许后，我给他拍了一张照片。

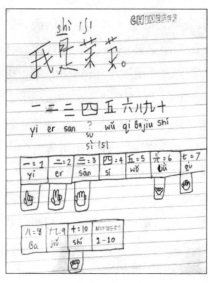

图4-11

在一段时间的汉字书写练习之后，我们开始进入数字的学习。借助手势来学习数字是比较简单有趣的方式，毕竟很多肢体语言都是相通的，学生只需要将数字的发音和手势结合起来，就能让学习变得更简单。我们通过数字游戏"哪个更大"来巩固练习。正当学生们开心地做着游戏时，突然，有个男孩举手示意有问题，他问："如果我们两个都是10，那么谁赢呢？"这是一个非常好的问题。因为一开始我没有把这个特殊情况告诉他们，他们只能在遇到问题后讨论并思考。我问他想怎么解决这个问题，他说了同伴和他的观点，最后的结论是，谁赢不重要，重要的是通过这个游戏活动，大家学会了用汉语来表示数字。我想，这也正是我们这个活动的目的和意义，学生能够独立地想到这一点，已经达到了我们的预期目的。其实，这个游戏还有另一个限制性规则，那就是1比10大，以此来实现无限循环。我非常感谢这个学生，因为他的提醒和批判性的思考让我们的讨论更基于真实情境，更具有现实意义，这比教师直接宣布规则的意义更大。随后，我们提高了任务难度，让他们来说一段关于数字的绕口令。看到学生们用心地练习，表达得也越来越清晰，我们很高兴。

这节课的最后，我们设置的活动是让学生任意说出一个数字，然后选择对应的一封来自中国学生的邮件，这些邮件是早就安排国内学生写的英文自我介绍。学生们非常感兴趣，他们认真地阅读邮件，看得出来，他们期待着结交一位中国朋友。

文化课交流

我和Lily合作的第二节课是文化课。学生们对中国表现出极大的兴趣，他们充满好奇的眼神和投入的学习状态，可以说，是教师在课堂上最为珍贵的资源，也是让教师最开心、幸福的。依然记得下课后好几个学生还在整理笔记，有一个个头儿不高的男生特意走到我面前，告诉我今天他学到了很多，也祝我在学校里过得开心。我看到他开心地走到教室门前停下来，踮起脚高高扬起手臂，用手拍了一下图上的红心。（这是该学科教室的教师留给学生的反馈区，从这里可以看出学生对这堂课的满意程度。）

图4-12

以下记录的是其中一节文化课的内容，课题是School Life in China，上课的学生是八年级的学生，跟班教师是Miss McClean。整个上课过程非常精彩，孩子们也带给我很多惊喜。在课堂上，他们积极踊跃，现在想起当时的课堂效果，我依然葆有激情，我喜欢他们在课堂上自由发表观点和看法，身心放松地投入学习活动中，这让我感受到真正的课堂就是师生进行对话交流的场所，应该充满生命的活力。

在出示课题时，我们简单做了一下自我介绍，有的学生竟然能尝试着拼读汉语拼音，学生的积极参与为接下来的课堂互动做好了铺垫。我引导学生猜测我们来英国所需要的飞行时间，有学生为自己猜到正确答案而得意扬扬。

在接下来询问我们来自哪个城市时，有学生竟然看着地图说"South Korea"，也有学生知道北京。但是对于青岛，他们还是比较陌生的。在这里，我们只简单地给他们介绍了一下青岛的啤酒和海鲜。

接下来，我们出示教师生活中的相关数字和词汇，由学生猜测关于教师的信息。第一个学生猜2005，他竟然说我出生在2005年，我只能说Hopefully，随后，有学生说那是我孩子的出生日期。That's really a good guessing。然后他们大吃一惊，接着问道："How old is he？"计算对于他们来说的确有一定难度，有个女生说："13？"对于接下来的21、9和48，学生们猜测的是我一顿饭能吃21个或9个或48个饺子。看来饺子给英国孩子留下的印象还是非常深刻的，我吃饺子的数量也是变化莫测。接下来，我们一一给他们解读了这三个数字的意思，他们恍然大悟，然而在猜测的过程中，没有人在意是否会因为出错而尴尬，学生们都在积极大胆地猜测，说出他们自己的想法。这一点值得我们的孩子学习。在接下来的词汇猜测中，尽管我已经说明了我是中国人，来自青岛，但依然有学生猜测我出生在Nepal，好在有学生又想到我曾去过尼泊尔。对于March，有学生猜测我出生在3月。终于，有一个女生猜到我们是3月来到英国的。在这个环节中，学生猜测的答案是否准确不重要，重要的是给学生创造一个了解教师、打破心理防线的破冰环节，为接下来的学习活动做好铺垫。出示学习目标后，我和Lily分别对中国的两种学校生活做了介绍。

在介绍中国学生的作息时间之前，我们先发给学生们关于活动和时间的图片，让他们通过搭配练习，预测中国学生的作息时间。在交流合作中，很快学生们就拼完了，在这个过程中，有学生表现出对中国学生学校生活极大的兴趣。

这个环节是为了调动学生参与的积极性，改变教师传授、学生被动接受的学习模式，由学生结合自己已有的知识经验和生活常识进行猜测，而以拼图搭配的操作形式来呈现，则是为了让学生的思维可视化。

接下来，Lily开始介绍在中国常规学校里学生们的作息时间，并带领大家一起做眼保健操。在这个过程中，很多学生积极参与进来，英国教师也和学生一起做。随后，孩子们分享了自己一天的学校生活。在英国，上午第一节课的上课时间是9：20，学生们只需要在8：50到校即可。而放学时间是下午3：30，之后就是俱乐部时间。因为有了和中国学生作息时间的对比，学生们对自主时间的谈论就更加积极了。

接下来的Action game环节原计划由教师说时间，学生做动作TPR增加趣味性，但因为时间关系，只能临时取消。很遗憾，这个环节没有把快乐的感觉带给他们。

为了做好过渡衔接，在开始介绍另一种中国学生学校生活之前，我让大家先猜测它会是什么样子。有的学生说在校时间会更长，有的学生说学习时间会更少，而有的学生说和英国的差不多。带着这样的猜测和疑问，我先让他们看了学校所在的位置，然后带着他们一点点走进中国的学校，逐渐刷新他们对中

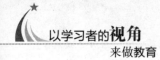
国学校的认识。很多学生一次次露出诧异的表情。在能看到大海的学校里，有着宽敞大气的各个学科的教室，包括游泳、射箭、击剑、乒乓球、棒球等，还有各种活动、研学等。

通过一个学生的课程表，我让他们看到了中国学生丰富多彩的课程。接下来，最令他们期待的时刻到了，介绍完学校后，他们该去教室的每一个角落阅读中国学生写给他们的电子邮件，然后选择其中一个给他们写回信。

对他们来说，能够在课堂上收到中国学生写的邮件真是太兴奋了。尽管信件不能满足每个学生一份，但他们都很用心地阅读每一封来信并写了回信，我们非常感谢英国的助教主动提供纸张。

比较遗憾的是，原计划让学生分享自己本节课的心得体会，但时间不够了。在最后放学的时候，有一个孩子在收拾东西，我顺便问了他对这节课的感受，他的评价非常高，而且他很希望自己可以去中国。最后，助教也说孩子们在这节课上表现非常好，他们对中国很感兴趣，真正地参与到了活动中。

回顾整个教学过程，我感觉这节课轻松愉快地就上完了。正如Rachel所说，If you're happy，then you'll begin to learn。整堂课，孩子们的思维非常活跃，他们不时提出自己的疑问。当我出示完目标后，有的孩子竟然着急地问他们写的邮件中国学生什么时候能看到，是每个人都有吗？他们对中国的学生同样充满了期待。

兴趣是最好的老师。我越发感觉好的课堂应该是让师生在宽松、和谐、舒服的氛围中，实现彼此真实的对话，在真实的情境、恰当的活动中体验运用知识。这节课，我们成功地激发了英国孩子对中国的兴趣，也刷新了很多人对中国教育的认识。正如在和Rachel以及The Wren School的校长交流时，他们都是第一次听说在中国的初中教育中能够实现小班化，能够实现学生的选课走班，他们对于中国学校的硬件设施建设都非常羡慕。中国的发展以及中国教育的发展已经展现在世界面前。

虽然一周的学校实践结束了，但希望孩子们能通过邮件搭建起彼此沟通的桥梁，从而开阔眼界，拥有国际视野。

2019年4月4日

反思行动计划（Action Plan）

今天终于结束了最后一次的Action Plan。在这两次Action Plan中，每次我都力图找到自己最薄弱的环节，试图通过教师的Interview，令我的思路更加清晰，从而逼迫自己有效利用时间，深入了解所学内容。

实践证明，这样的方式对我是有效的。第一次Action Plan时，我选择了Process Writing，想让这个陌生的过程性写作清晰地呈现在我面前，以便回国后能真正将它落到实处。这次我又将思路转向了Formative assessment。当Rachel老师像往常一样提出第一个问题"Why do you choose this topic？"时，我把自己内心的想法说了出来。

在第一次写Action Plan时，我曾给自己制定了一个规划，那就是一定要写S.O.A.R.ing，因为这是我们学校一直在做的，而且是我们最擅长的。但是再三思索后，为了让自己学到更多有价值的内容，我暂时把这个话题放下了，想第二次再讲这个话题。而这一次，面对更多知识，如语音、连读、故事教学、诗歌教学、CCQ、学习自主性、多元智能等，我觉得每一个都很重要。我曾想过选择CCQ和学习自主性，但发现它们不足以综合所学内容，我在等待一个更具有综合性、实践性和有效性的话题。直到周二晚上，我才最终确定选择Formative assessment。当我提到这个话题更具有综合性的时候，Carrie老师也接着我的话题，问具体怎样体现它的综合性。这也正是我思考过的问题，在形成性评价中，我们关注的是学习过程，它是一种检验学习是否真正发生的方法。无论是在课前、课上，还是课下，我都可以从更广泛的维度去评价学生的学习习惯、自主性、学习策略、思维能力等。但评价不是为了给学生分等级，而是为了更好地促进学生的学和教师的教，即Assessment for learning。

如何让好的想法成为现实？具体操作步骤是：首先，制定评价量表，确定评价维度，如课前预习、作业完成、课堂思维、活动参与等；然后，让学生根据这几方面制定自己的目标，接下来在教学实践过程中采用自我评价、同伴评价、小组评价等多种方式围绕几大方面提出积极反馈，再由学生个人进行自我调整；最后，教师反思教学中需要改进的地方。

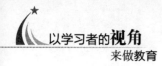

Carrie老师让我列举几个形成性评价的例子。在平时的教学中，其实我比较注重使用过程性评价的，也积累了一些经验，比如，课前5分钟持续默读、每周小组互评、学生周记总结、每天作业反馈等。但是当时我竟然没有想到这些，只想到了昨天晚上复习时的一个例子：学生出入教室时各领一张纸，课前在上面写上已了解的相关词汇、内容，课后写出自己本节课收获的内容及思考。现在感觉有些遗憾，过去自己的很多做法没有说出来。

纸笔测试是否算是一种形成性评价？当被Carrie老师问到这个问题时，我感觉无法给出一个明确的答案，因为这要取决于我们如何看待最后的成绩。当我们的焦点放在学生在纸笔测试中所暴露出的问题，共同寻找哪个地方需要我们的帮助时，这样的纸笔测试应该算是过程性评价，因为我们可以通过前后过程中的变化看到学生的进步和提高。评价的形式可以是多种多样的，但核心是我们如何运用评价来促进学生的学习。

整个采访过程让我感觉两位教授的问题均促进了我的进一步思考，也让我的思路更加清晰，更让我看到这个培训课程的可取之处。课程全部采取learning by doing的形式，课堂学习方式以小组讨论、分享为主，考核方式为小组一周的School placement+展示，一个小组Lesson Plan+个人反思，两个个人action plan+两次采访，全部采取清晰可见的检测方式，让我们充分浸润在对所学知识的思考和实践应用中。而回顾三个月的课堂，我们又何尝不是在参与和体验中从教师那里学到了我们个人所需的东西，或是一个活动方法，或是一个思想观念，或是某个核心概念。令我感触最深的是，来这里的收获并不是我们的头脑装了多少知识，而是我们的思维发生了多大变化。我亲眼见到身边很多同学渐渐改变观点，逐渐提高了思维水平。

也许我们很快就会忘记教师讲的知识，但我们无法抹去那些让我们曾经有过感动、有过体验、有过亲身经历的记忆，因为它们早已化为营养进入我们的身体，滋养着我们身体中的每一个细胞。

2019年5月24日

第五章

先做学习者，后做教育者

持续专业发展

Teacher development is the process of becoming the best teacher one is able to be，a process that can be started but never finished.

——Adrian Underhill

今天，我们的教室换成了 Agriculture Building。和往常一样，这节课的第一项活动是自由交谈，我们谈论彼此的周末活动、天气、食物等话题。简短的交流之后，Rachel让我们玩一个扩展句子（Expanding sentences）的游戏。她先在白板上写了一个句子A dog barked. 然后带领大家一步步地扩充句子。

A dog barked.

A cute dog barked.

A cute dog barked loudly in the garden.

A cute dog barked loudly in the garden at midnight on Sunday.

A cute dog barked loudly in the garden at midnight on Sunday，wagging his tail energetically for food.

通过例句的扩展，我们可以总结出一定规律：我们只需要围绕五个维度就可以将句子扩展成任意我们需要的长度。这五个维度是谁（who）、在哪里（where）、何时（when）、为什么（why）、如何（how）。接下来，Rachel在大屏幕上呈现了五个短句子：

The boy ate.

The children played.

The teacher talked.

The child cried.

The man walked.

　　然后，Rachel让我们以小组为单位，完成扩展句子练习，要求在不犯任何语法错误的情况下将短句扩展成尽可能长的句子。因为我是以常规思维来考虑所造句子的意思是否符合常理，所以受到了很大的局限。但在小组分享的时候，我发现同学们创造了非常有趣又搞笑的句子。例如，"The boy ate."这个句子，有同学扩展成：The thirty-year-old boy ate soil after he came back from London yesterday.这个句子没有语法错误，而且达到了一定长度。由此可见，我们不必太限制自己的思维，完全可以大胆想象，这样才可以达到扩展句子练习的目的，也更能调动自身的参与积极性。

　　这个热身活动也是为了帮助学生做好课前准备。活动结束后，Rachel依然让我们分析这个活动的意义。从语言的角度分析，这个活动能帮助学习者更好地理解词性、句子结构、句法、从句、形容词顺序等。但是说到形容词顺序，Rachel说，英国人只是学会了这门语言，他们根本不知道使用形容词时有什么具体顺序。这不得不让我们反思平时的教学，学生是否有必要去记忆形容词的排列顺序？

　　热身活动结束后，Rachel出示了本节课的学习目标，我们需要学习的是CPD（Continuing Professional Development）和反思实践（Reflective Practice）。

　　Rachel首先让我们思考在教学中评估教师的标准是什么，多久评估一次，评估的目的是什么，由谁来评估。按照表5-1的提示，我们从领导（leader）、同事（colleagues）、学生（students）、自我（self）四个维度来进行分析。

表5–1

Type of evaluation	Purpose	Level of effectiveness and reasons
leader		
colleagues		
students		
self		

　　通过表格分析，Rachel让我们意识到促进教师专业发展最关键的不是外在的各种评价，而是教师自我的反思实践。她引导我们思考为什么要反思、反思

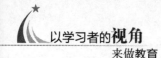
的目的是什么。在此之前，Rachel首先让我们说出自己的观点，然后让我们互相分享彼此的想法，最后让我们反思自己的教学是有二十年的工作经验，还是同一种经验用了二十年。她甚至让我们拿出镜子（手机），问我们看着镜子中的自己会发现什么。大多数人看到最多的是自己的缺点，这同时告诉我们，在自我反思时，我们更倾向否定自己。而自我评价将鼓励我们看到自己好的方面。

接下来，Rachel让我们给自己写一封信，对自己的教学给予反馈，要求语言不能消极，要使用积极正向的词汇秘密地写，而且要写得具体详细些，不能泛泛而谈。比如，如果我们无法改变某件事，那就没有写它的必要了。

University of Reading

March 2019

Dear _____ ,

_____

_____

_____

Best wishes,

图5-1

写完信后，我们分组讨论评估的目的和影响，最关键的是要找到评价教学的有效方法。Rachel给我们提供了一些建议：

Be specific about what you praise or criticize.表扬或批评的内容要具体。

Be as specific with praise as you are with criticism.赞扬和批评要一样具体。

Only criticize things that could have been different.只批评那些本可以有所不同的事情。

Recognize your own strengths.认清自己的优势。

Don't make excuses.不要找借口。

Make a choice between a general self-evaluation or one that focuses only on one or two aspects that you know need attention.在全面的自我评估和只关注已知的一两方面之间做出选择。

Have a list of aspects of a lesson to refer to when writing a self-evaluation. For example，Classroom management，Clarity of presentation，Choice of materials，Use of materials. 在写自我评估时，要有一份课程评估维度的清单，如课堂管理、清晰的陈述、材料的选择、材料的使用。

如何做出有效的反馈？Rachel告诉我们两种非常有用的反馈工具。第一种是BOOST反馈模型（BOOST Feedback Model），这是一种流行的非正式反馈方法。它被用来给积极行为或需纠正的缺点提供建设性和持续的反馈。BOOST是五个单词的首字母。B代表的是Balanced（平衡的），它着眼积极和消极方面，而不是其中的一个或另一个；第一个O代表的是Objective（客观的），它关注一个人的行动和行为，而不是他的个性；第二个O代表的是Observed（观察到的），它与第一手（直接）观察有关，而不仅是来自他人的报告；S代表的是Specific（详细的），它指的是反馈要有细节，而不是模糊的陈述；T代表的是Timely（及时的），它指的是尽快将反馈告知对方。

第二种有效的反馈工具是三明治反馈（Sandwich Feedback）。它是提供纠正性反馈的一种流行的三步程序，从表扬开始，然后是纠正性的反馈，最后是更多的表扬。换句话说，三明治反馈方法是在两层表扬之间包含着纠正性反馈。这些工具都可以应用在平时的教育教学中，无论是同事间的听评课，还是给予学生的评价反馈，这两种方式都是不错的选择。

Sandwich Feedback Technique

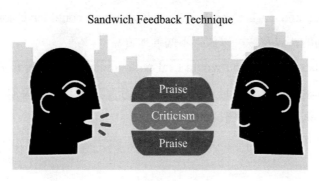

图5-2

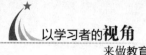
有的教师刚入职时会感到一定的教学压力，但随着经验的积累，他们会获得教育教学技能的提升。然而再发展到一定时期，他们会遇到专业发展的瓶颈期或高原期，那么该如何突破专业发展的桎梏？我们可以用四步法来实现持续专业发展：Collect（收集）、Analyse（分析）、Consider（考虑）、Create（创造）。

Step 1：Collect information on what happened in the lesson/course.收集课堂上发生的事情的信息。

Step 2：Analyse the underlying attitudes and beliefs.分析潜在的态度和信念。

Step 3：Consider how your lesson/teaching could have been different.考虑你的课程/教学可以有什么不同。

Step 4：Create a plan that includes new ideas. 制订一个包含新想法的计划。

最后，Rachel为我们补充了吉布斯反思循环（Gibbs' Reflective Cycle）和科尔布学习循环（Kolb's Learning Cycle）。吉布斯反思循环由格雷厄姆·吉布斯（Graham Gibbs）教授在他1988年出版的*Learning by Doing*一书中提出，对于帮助人们从日常经历的情境中学习成长特别有用，尤其当进展不顺利的时候。它包含以下六个步骤：

Description of the experience. 描述经历。

Feelings and thoughts about the experience.这段经历的感受和想法。

Evaluation of the experience，both good and bad. 对经验的评价，包括好、坏两方面。

Analysis to make sense of the situation. 分析使情况有意义。

Conclusion about what you learned and what you could have done differently. 总结你所学到的，以及你可以做得不同的地方。

Action plan for how you would deal with similar situations in the future，or general changes you might find appropriate. 你将如何处理未来类似情况的行动计划，或者是你认为合适的一般变化。

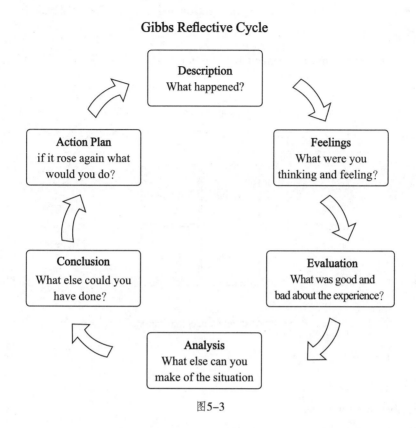

图5-3

科尔布学习循环，又被称为科尔布经验学习循环（Kolb's Experiential Learning Cycle），它是由大卫·科尔布（David Kolb）在1984年开发的。这一理论表明，学习是一个四个阶段的循环过程，知识和智慧是通过经验的转换创造的。学习可以被定义为对抽象概念的习得，这些概念可以应用于现实生活中。经验在这个学习过程中扮演着重要角色。这个循环包括以下四个阶段：第一，直接和具体的经验是观察的基础；第二，个体对这些观察结果进行反思，并开始构建关于这些信息可能意味着什么的一般理论；第三，学习者根据他们的假设形成抽象概念和概括；第四，学习者测试这些概念在新情况下的含义。这一阶段之后，整个过程再次循环到经验过程的第一阶段。

Learning from concrete experiences（feeling）.从具体经验中学习（感受）。

Learning from reflective observation（watching）.从反思性观察中学习（观察）。

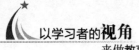
Learning from abstract conceptualization（thinking）.从抽象概念化中学习（思考）。

Learning from active experimentation（doing）.从主动的实践中学习（行动）。

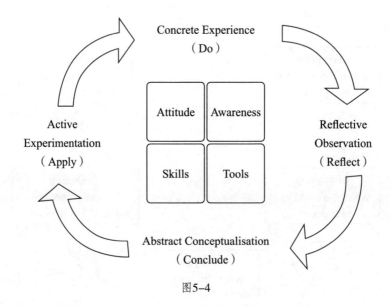

图5-4

Kolb's Learning Cycle：

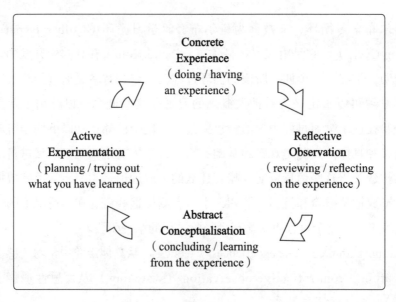

图5-5

今天的学习让我们每个人都意识到了自我反思的重要性。进行有效反馈和自我反思的几种工具均有很强的实用性，这对我们即将进行的教学实践（School placement）具有很强的指导意义。通过学习，我也再一次认识到坚持写工作日志、教育随笔是教师持续专业发展比较简单实用的一种方式。

2019年3月25日

离 别

　　最后一周，带着离别的伤感，无论是教师，还是同学，都有些不舍。我们感叹时间的匆忙，也感慨相处的美好。Rachel老师特别懂我们，在开学之初，她就说过，第一个月我们会处在倒时差和对英国事物的新鲜期，而第三个月会进入疲倦期，归心似箭，很难静下心来。所以，其实三个月的时间里只有第二个月是比较安定的学习期。的确如她所料，最后一段时间的课堂上，学员们似乎少了以前的激情，但是Rachel老师却从未有过抱怨，而是出乎意料地从自身找原因，她用了很多warmer，甚至用了特别明显的耳环以吸引我们的注意力。当然这一点是从Carrie老师那里得知的。这足以看出Rachel老师对我们的关爱，而且对于一名教师来讲，永远从自身角度寻求改变是很难能可贵的。因为大部分教师会挑学生的毛病，但是Rachel老师不仅全然接受学生的现实状态，而且试图做出力所能及的改变。

　　最后一周有很多难忘的事情，在Carrie老师的最后一次Tutorial课上，我们每个人分享了在英国期间感触最深的一幅图片。分享中令我印象最深的是Lyyn分享的她在课堂上的经历。一天，由于过度疲劳，Lyyn在课堂上没有认真听讲，甚至有些发困。她原本以为这么多学生，Rachel老师不会关注到她。但出乎意料的是，Rachel老师不仅发现她了，而且走到她身边，耐心地询问她身体是否不舒服或有什么需要帮助的地方。这对习惯了中国式课堂上强调纪律的Lyyn来说无疑是莫大的安慰和鼓舞，她顿时感觉如果自己不认真听讲就对不住Rachel老师。而对我来说，感受最深的是Rachel老师在野餐时和我们做游戏，64岁的她依然和我们一样追逐跑闹，但在被"枪"击中的那一刹那，她竟然顺势倒在草地上，俨然像孩子一样可爱顽皮。而习惯了戴着面具，被学生尊敬着的我们似乎缺少了这样的纯真无邪。

　　在本次研修中，除了理论知识的学习，我们的语言能力也有了很大提升，合作完成的lesson plan让我们集体的智慧在碰撞中得到发挥，两次action plan的撰写和答辩既是对我们语言表达能力的考验，也是对我们思维的极大挑战。而每个课堂也都留下了我们思维的痕迹。培训的目的不是讲授多少理论知识，而是让每个学员将其运用在今后的教育教学工作中。最后一节课，Rachel老师邀请我为全班同学做了学科教室的分享，当我把学科教室的主题理念及图片分享给身边的同学时，他们表现出了很大的兴趣，纷纷提出问题，这不仅让我个人有了更多锻炼的机会，最重要的是，Rachel老师通过这种方式让学员们坚信在中国，已经有学校做到这一点，只有我们坚信它的可行性，才有可能把学到的先进经验应用在教学实践中。Carrie老师收录了我学科教室的PPT作为今后培训课程的资源，相信今后去英国参加培训的学员除了可以看到英国的各种学科教室，也会被关注到在中国也有一所公立学校做到了选课走班，也在积极地营造语言学习氛围，打造学科教室，那就是青岛实验学校。

留学期间，对我影响最大的不仅有专业知识的学习，还有教授团队的敬业精神。虽然我们敬爱的Rachel老师已经64岁了，但是每天她站在课堂上都是精神抖擞，活力四射，激情洋溢，带着我们体验、讨论、做各种活动。每天一上课就是三个小时，从没有见到她疲倦抱怨。每次课程结束时，她都会留到最后，这个时候，她会坐下来，喝口水，而这是她唯一的休息方式。

还记得有一次，我感叹自己年龄太大了，这阻碍了自己的进一步学习和成长。但是Rachel老师的回答却让我倍感汗颜，她心平气和地说："在中国，像我这个年纪都已经退休了，但是我热爱自己的教育工作，所以我愿意接受一些有挑战性的事物。"她是这样说的，三个月来，我们看到她也是这样做的。每当我们遇到困难，感觉举步维艰的时候，Rachel老师都会露出欣喜的笑容，期待我们有更大的突破，她经常说正因为我们不懂，所以才来这里提高，这也是她存在的意义，如果我们都会了，她就只能回家了。Rachel老师这种对工作的执着热爱，以及积极向上的心态无时无刻不在鼓励着我继续前进。

最后一节课，Rachel老师带领我们重新认识教学，通过比喻的方式来分享对教育教学的理解和认识。Teaching is like a journey/farming/climbing the hill/driving a car。我感觉教学像是耕种。在合适的季节播种优良的种子，给予其充足的阳光、雨露和土壤，让它们自发地生长。没有包办，没有代替，只有默默地耕耘，以及实时的帮助和唤醒。只有这样，在合适的时期才有丰硕的收获。

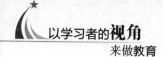
而Clark说教育像是一段旅程，当前旅程的结束又是下一段旅程的开始。为了让我们带着满满的信心和正能量回国，Rachel老师让我们围坐成一个大圆圈，然后给每人发一张纸，让我们写上名字，再将其放回到圆圈中央，然后任意拿一个其他同学的纸，给他/她写下祝福或感悟。这个活动持续了大概半小时，直到纸上写满了密密麻麻的文字。Rachel老师让我们找到自己的那张纸，当拿到这张纸的时候，我发现很多同学的眼睛湿润了，而且不时发出抽泣声。

时光总是如此匆匆，虽然它带走了我们的青春，但留给了我们更多耐人回味的记忆。三个月走过的每分每秒都成为我们脑海中最美的瞬间。在最后的毕业晚会上，我们一起合唱《雷丁大学的日子》，饱含深情地感谢所有恩师的爱和付出。虽然这段旅程告一段落，但它开启了我们崭新的人生篇章，归国后的我们将会带着教师们的祝福，带着所有收获，为青岛的教育注入更多的智慧，谱写出更优美的篇章。

2019年5月31日

勇于尝试

回国后，我迫切地想将自己三个月所学的内容应用于教学实践中，从而让学生和更多的教师受益。我邀请教师们来到我的课堂，和我一起探讨这些教学方法背后的理念，并在每一次的教研活动中分享学习心得和感悟。

2019年6月12日

留学回来的一个月里，我试图在每天的每节课中运用所学内容，如Warmer、CCQ、Jigsaw reading、SQ3R、Speed dating。从教学内容到评价方式、从课堂活动到学科组集体备课，当我将一个个活动和理念带到我的课堂上时，我才真切地感受到教育教学的快乐。我时刻提醒自己要站在学习者的视角来做教育，从而看到教育更多的可能性。非常感谢这次培训带给我们的全新的英语教学体验，让我们有了百倍的信心，让中国孩子可以更加快乐地学习英语。

图5-6

2019年6月13日

今天，我尝试把一段完整的对话拆分成八个句子，让学生根据已有知识经验和课堂新学内容两人合作进行排序，有几个学生激动得坐不住了，比起单纯地听对话或阅读回答问题，这一方法为学生的学习增加了新鲜感，让学生的思维在指尖活跃起来。同时，我运用所学的CCQ（Concept Checking Questions）检查学生对have been to和have gone to 的区别，省时高效，避免了烦琐的汉语解释，促进了学生的有效思维。

图5-7

2019年6月17日

每逢周一，我面临的问题必然是如何将学生的思维调整到英文模式。结合周末作业阅读有关个人经历的小短文，在今天的热身环节，我决定选择自拟主题tell a story。我结合Rachel曾教给我们的1分钟无停顿发言Speaking without stopping，设置了5分钟的热身活动。综合学生的各项表现，我发现了学生存在以下问题：①时间观念淡薄，每人1分钟的发言时间，有的学生超过15秒之后才发言，也有的学生没有等到1分钟闹铃响，就已无话可说；②听不懂对方在说什么，未做好充分的心理准备，没有实现有效沟通；③顾虑太多，给自己设置了太多限制，无法真实地表达自己。

这是我第一次尝试用1分钟作为单位进行说的练习，我发现这个练习对于学生来说还是有很大的挑战，无论是知识储备方面，还是自信表达方面。万事开头难，活动的目的不在于其本身的成功，而在于带给学生更多的思考与启发。当我把"1分钟时间长还是短？"的问题抛给学生时，我得到了预料中的答案——"长"。接着我提出第二个问题："针对哪方面？如果是针对吃饭、睡觉……1分钟长吗？"此时，学生没有立刻回答，而是开始思考。在生活中，我们有太多的1分钟都在不知不觉中被浪费了，比如，活动开始前，给每个同学1分钟的准备时间，又如，周末布置的制作父亲节贺卡。阻碍你完成任务的原因是什么？哪些是客观原因，哪些是时间管理或是态度问题……带着学生的思维回归到一句话上来，"我"是一切的根源。看到自身问题就会有机会找到解决问题的方法。有时候办法很多，只是我们视而不见，因此，更多的时候我们需要用心去感受。

在周一的课上，检查周末作业是无论如何也摆脱不了的现实问题，那就让这个问题走得更深远、更有意义。教师不应该用大量的说教告诉学生怎么做，而是让他们在活动中经历、体验真实的结果，慢慢领悟到该怎样去做。

与其说这节课是我在上课，不如说是我把笼罩在学生学习表层的面纱一层层揭开，带领他们一次次逼近学习的真相，清晰地看见自己的学习是否真实地发生。

2019年6月19日

我尝试Speed dating的热身导入方式，从最初的单一图片+口头指令到今天的文字+示意图，只有尝试过才知道学生需要什么样的脚手架。为了给教师们更好地呈现我在英国所学的内容，我把SQ3R和Jigsaw Reading两种方式整合在一节课中，这也是在进行Lesson plan汇报时我曾设计过的一种操作方式。当时Carrie和Rachel老师都非常赞同这种操作方式，唯一担心的是在现实中如何操作、时间是否够用。三遍尝试下来，我发现理想与现实之间的确有一定差距。但这个过程促使我重新翻看资料讲义，回顾课堂经历，厘清了每一个细节。而每体验一遍，我都会发现需要搭建脚手架的地方，也相应地重新修改打印任务单，终于在第三遍进行到了最后一个Review环节。时间紧张的主要原因在于导入Speed dating占用的时间远远超过了预期，在右移找新搭档时，学生不熟悉操作方式，仍需要一定的时间适应。但这个导入环节是后面学生阅读提问环节的前提和铺垫，而且学生迟早都要体验这种活动方式，所以我没有单纯为了一节课而取消学生该环节的体验。而上完课让我感觉最有意义的是学生真正成了学习的主人。从Survey和Question环节的了解学生已有知识经验，激发其阅读兴趣，到Jigsaw Reading环节的5分钟单一段落阅读分享，再到12分钟的整篇文章

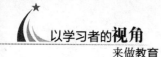
阅读分享，无论我在哪个班上课，都是所有学生全程参与。而在每一个环节，我都完全可以自由地穿梭在各个小组之间，走近每一个学生，查看他们的活动进度，倾听他们的讨论，询问他们的困惑，指点他们迷惑的地方。在这样的课堂上，我的角色用这些词来形容是最恰当不过的：学生学习的组织者、参与者、帮助者、引导者和促进者。

虽然这节课我上了三遍，但对每个班级的学生来说都是第一次体验，因为学生的年龄、习惯、个性、能力等差异，他们的收获和感受也各有差异。有的感觉根据任务单自己都能学会；有的感觉跟同伴学到了很多，喜欢这样的学习方式；也有的感觉收获不大，还是喜欢听教师讲。这些差异和我课堂观察的情况完全相符。凡是根据要求指令积极参与活动的学生均有所收获，而几个需要持续提醒关注的学生会由于个人原因而错过某一环节的内容，在后面的小组分享中，他们也引起组内其他同学的不满，这使他们立竿见影地看到了不积极参与的影响和后果，这也是不同层次的学生需要学习和成长的地方，毕竟自主学习能力的培养是一个漫长而复杂的过程。只要持续不断地为学生创造学习体验的机会，我坚信，每一个学生都能学会自主学习。

图5-8

2019年6月20日

今天，我第一次使用作文批阅卡，感觉非常好。在批阅工具的帮助下，学生不只停留在找到错误，更重要的是开始分析错误的类型，注意单词拼写、句子成分齐全、前后搭配一致、主谓一致、标点符号准备、分段合理、要点齐全、书写规范工整、核心句型使用合理、过渡衔接自然、字数符合要求。

　　为了更好地落实批阅卡的使用，我一个个检查学生的批阅情况，并与原文进行对照，的确发现学生有的错误指不出来，有的错误类型还不会归类。虽然第一次批阅慢一些，但是我相信，学生们这样做下去一定会有很大的进步，至少他们的纠错能力会得到提高，进而写作能力也会提高。

　　这节课的容量比较大，首先我对翼课网作业未完成的学生进一步进行了跟踪检查，并提供课堂一部分时间让他们及时完成，接下来做了详细点评，并明确要求他们将翼课网上的错题分析整理在笔记本上。这次的重点主要有：a/an、some/any的用法及区别，以及what about、would like to do的用法。

　　接下来，我让学生分享学习指南上整理的重点，如be interested in、give up、from then on等固定短语的用法。分享之后，大家都有了收获。由此可见，分享是很有价值的，尤其是学习主动性不高的学生习惯了被动接受知识，教师要想尽一切办法把他们的学习积极性调动起来，从而让自己的课堂更加高效。

　　定位分享的这节课，从分享翼课网内容到分享学习指南上的重点，再到在分享中批阅作文，一点小小的改变让课堂上的学习时时处处发生了。最重要的是，学生的个性化学习得到了体现，因为每个学生个性化的笔记将进一步支持他们的学习和成长。

2019年6月24日

　　今天，我尝试了Sharon老师经常带我们做的Warmer，让学生互相回答纸条上的问题，然后交换纸条，继续寻找搭档提问回答。我在两个班中虽然采用的是相同的操作方式，但两个班级呈现的风格差异较大，平时比较沉默的班级，即使在集体活动时，学生也保持着很远的距离，而活跃的班级的学生则全都集中在一起。在规定时间内，显然活跃班级的效率更高。时间观念、目标意识、积极主动性、个性特征、场效应等无不对活动效率产生着一定影响。

　　上周在学习有关Singapore的内容时，张煜敏同学主动提出要自己做个课件给大家讲一讲，因为寒假她刚好去过新加坡，课文中的内容也都知道。今天上午我收到了她的课件，图文并茂，我简单修改调整之后，下午上课时特意留出时间给她，其他同学也非常感兴趣，尤其她补充的新加坡建筑物风格、货币、禁止吃口香糖等内容给大家留下了深刻印象。

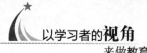

由于临近期末诊断，课时少，时间紧，每节课40分钟都是分秒必争。我觉察到在听分享的过程中，自己多少有点着急，但我更清楚对于张煜敏和其他同学来说，这个环节意义重大。回想起在英国期间，Rachel老师为了让我分享学科教室，满足同学们的好奇心，没有限制我的发言时间，并鼓励其他同学提出问题，为的是让每一个教师看到学习环境建设的可行性，坚定教师们的信念，哪怕她自己准备的课堂内容没有如期讲完。

我也同样没有完成预期的教学内容，但我看到了张煜敏同学准备得如此用心，其他同学听得如此专注，并不时提出问题。这才是真正的学习。或许这个小小的插曲会在学生们的内心深处播撒好奇、憧憬、美好的种子。

图5-9

2019年6月26日

今天，我尝试借助流程图锻炼学生复述文本，以提升学生思维能力。两个班都是利用流程图来解读文本Animals in danger，原本我给学生发的作业是将教师制作的流程图稍加修改后进行复述，但是有很多学生没有按要求完成，要么添加内容太多，要么置之不理，没做任何修改，也没复述。

每次作业检查，我总会发现有一部分学生无法完成，思路成了一种定律、惯性。然而这一次，我采取了不一样的行动。在常规小组检查完作业，我询问完情况后，提出要求，这节课，我们要一段一段地复述。

既然是作业，就还得以检查反馈的方式来进行，所以第一个环节，我找学生上来解读教师制作的流程图，指着图示按自己的理解来复述。当第一位同学鸣霄被叫上来的时候，她显得有些忙乱，没有说明主题句，而且只用图片中显示的词汇表达，自己添加的句型单一，没有灵活变通。她原本是一个比较扎实认真的孩子，但她对文本的理解尚如此浅薄，更何况其他学生，这也说明教师需要集体引领。接下来，我带领学生从situation和solution两大宏观方面入手，再细分到野生熊猫和动物园里熊猫数量的两种不同表达方式，并让学生体会两种表达带来的不同效果。鸣霄积极思考后说：用look after更能体现出人类对熊猫的关爱，的确比起冷冰冰的there be句型更能恰到好处地连接起人与动物之间的情感纽带。接下来，谈论到熊猫宝宝时，学生的思路很清晰，一下子就知道了此处需要添加的是什么，而最后的解决方案更是清晰地呈现了科学家研究的两个对象：一个是熊猫，另一个是熊猫宝宝。集体分析完后，接下来是小组内部检查，为了提高积极性和效率，学生统一站着复述，完成的坐下。在这一环节，大概有50%的孩子完成了复述。

第二段Pandas' home。我们从panda的居住和饮食两方面来分析，最后得出结论：Pandas are losing their home。容易出现的问题是会漏掉 Southwest of China，用流程图的优点是走一遍下来，学生们就会留下深刻的印象，而且与使用纯文字相比，学生们的思维运转速度会更快，而且注意力更集中，最为明显的是这一次在短时间内复述完的学生竟然达到了80%。

第三段关于为保护野生熊猫政府所采取的措施，主要围绕nature parks展开，向我们展示了未来nature parks的功能特点。当学生进行分享的时候，我听思路的同时，也听出发音方面的很多小问题。凡是新接触的词汇，学生的读音都有问题，这恰好是一个极好的纠正机会。这一次，当小组检查完成后，（2）班所有的学生竟然都坐下了，第一次实现了100%通过，就连（1）班的学生也98%顺利通过。

最后一段介绍了非政府组织——WWF，它为保护濒危动物选择熊猫作为代表。让我印象比较深刻的是睿涵来复述课文，虽然上节课她生病请假没有学第一课时，但这节课的复述做得非常成功，我以此来提醒所有学生，课堂的参与和积极思考是多么重要。同时，我也在自我反思，如此用心地做第一课时的课件，精讲每一个地方，但为什么最终留在学生头脑中的东西那么浅薄，不足以支持学生们最后的复述？而本节课我利用流程图带领学生重新梳理，虽然耗时

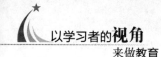

较多，却收到了意想不到的效果。今天，艺泽——一个向来不完成各科作业的孩子——成功背诵了三段，他深有感触地对自己说以前都是死记硬背，总是背不过。这话恰好被我听到了，我顺便问，那现在呢？他说，现在思路清晰了，能背过了。我想，作为一名教师，就算备课时付出再多，只要听到学生发自内心的这句话，一切困难就都抛到九霄云外了。从小组学习共同体中，我看到了他在学习上的点滴进步，而这次在课堂复述环节，我看到了他的思维在提升。

下课后，我还沉浸在和学生的精彩互动中，我整节课都是投入的，而学生们也在每一个自然段落的起起坐坐中不断激发着自己的思维。我看到优秀学生的背诵速度越来越快，一个段落用不了半分钟；而不太爱学习的学生也开始抢着复述。我时常想，学习是什么？难道只是教师讲，学生听，教师提问，学生回答？学生的思维到底如何锻炼，思维品质如何培养？我们应该通过什么样的外显方式提升学生的思维品质？我想流程图就是一个很好的工具。借助它，把教师自己对文本的解读和思考摆在了学生面前，而让学生看这个流程图复述文本的过程就是学生的思维与教师的思维有效对接的过程。对接完好的学生就达到了教师的理解层次，而对接不上的学生可以在这个版本上进行修改，在一遍遍尝试复述的过程中实现自己对文本的理解。

是的，学习是一个过程，这个过程无法离开思维，而思维看不见、摸不着，需要教师巧妙地借助工具。这个工具可以是问题，但接招的往往是优秀自信的孩子；可以是班级活动，但活动的有效性和思维含量都无法得到保障。对于我来说，我更喜欢借助思维导图或流程图，在带着学生逐步构建流程图的过程中实现对文本的解析，进而在学生复述的过程中调动学生的思维，让学生实现自主学习。

这次课堂后，我不断思考，为什么之前布置过多次复述作业，完成的同学总是寥寥无几，而每次都需要重新检查2~3天，才逐渐有学生跟上来？但这次的集体讲解当堂达标，让更多学生体验到了思维的快乐，品尝到了学习的乐趣，看到了自信和希望。由此，我也感到不能单纯抱怨学生完不成作业，我们要反思这份作业给学生带来多少思考的乐趣，除了获得单纯的知识以外，还有怎样的成长和收获。我想，能够真正走进学生内心的活动和作业一定是学生们欣然接受，并且愿意去尝试的。

2019年6月29日

午自习时间，有部分学生来教室找我完成分角色表演。当时，我正在打扫教室卫生。在等待检查的间隙，我洗好抹布开始擦桌椅，隔壁班的一个女同学看到后，立马走过来说："老师我帮您擦吧，我在这儿等××表演完一起走，您还要检查那么多学生……"原来是小宇，虽然我不是她的任课教师，但在上过的一堂课中，我记得她的学习和思维很难跟上其他学生的进度，但这并不影响她在生活中热情开朗的一面。接下来，我静静地听其他学生朗读，她认真擦每一张桌子，直到擦完第26张。

为了不让学生分神，我停下了手里的活，直到这批学生都完成。第二节课，我开始擦门窗和书橱，这时又进来两个男同学，他们需要合作完成《基督山伯爵》的一个小片段。对于平时完成作业爱偷懒的他们来说，这的确有一定难度，加上大部分学生都不想和他们两个合作，于是我打算和他们凑三个人完成分角色朗读。但很快我发现他们已经自己找来一位英语较好的同学，这个过程就变成了他们三个在一起学习的过程，基础薄弱的学生学习劲头十足，他们竟然合作得非常默契，最后分享时，我感觉他们无论在知识层面还是在合作方面都有了提升，最后，几乎所有学生都感觉到合作学习带来的愉悦和学有所获的幸福。不知道这学期他们是不是真的长大懂事了，他们的反思总结能力很强，我需要用欣赏的眼光及时捕捉并强化他们的进步以及分享他们带给我的惊喜。

这里不得不提一下穿白色衣服的男孩小宇，在课堂上，他最喜欢接话茬。昨天课上谈到如何写颁奖词时，我试图讲解《感动中国》的颁奖词和学生经历/了解的学生的最近发展区（ZPD），但当绝大多数学生逐渐和这个话题建立联系后，我清晰地听到有人连声说No，我的目光随声音定位到摇头晃脑的小宇身上，我当即决定让他亲身感受一下如何写颁奖词：请所有学生都想一件真实发生在小宇身上的事情，并从这些事情中提炼出值得赞扬的品质。一时间，学生们把目光都聚焦在小宇身上，并陷入了安静思考之中，而此时的小宇也从喋喋不休的接话茬中抽离出来，坐直了身子，眼神也不再左顾右盼，而是低下头等待着同学们给出的"颁奖词"。起初，依然有学生以玩笑的方式给出handsome等外表的评价，我引导他们先举例说出具体行为事件，与外貌特征无关；也有的说小宇平时不做作业、调皮，我引导他们注意"颁奖词"在于发现一个人独

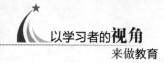

特的优势，或曾经对自己有帮助的事情……在具体事例的引导下，学生的思维逐渐清晰，有学生举例说自己遇到困难时，小宇曾主动提供帮助，所以他在颁奖词中用到了helpful。这样，一个现场生成的模板"具体行为事件+个性品质"就清晰地呈现在大家面前了。最后回顾总结时时常走神的小宇竟然第一个说学会了写颁奖词。今天下午第二节课，小宇进门看到我在擦门时，便主动提供帮助。想起昨天学生们给他的颁奖词，我立刻感觉到用helpful来形容他再恰当不过，白板、书橱、窗户，目之所及都被他擦得干干净净。在分角色朗读中，他也表现出了超强的学习能力，带着另外两个同学逐个查不认识的单词，标注音标，顺利完成了任务。

有趣的是，学生看到我做什么，他们就帮我做什么，我擦桌子他们就帮我擦桌子、我擦门窗他们就帮我擦门窗。以身示范体现在细节之中，如何做比如何说更为有效。而对于小宇，这个令很多教师头疼的孩子，我还在想，是否是昨天课堂上的颁奖词唤起了他内在的美好？

想起几年前，我为两个班级110名学生的颁奖词绞尽脑汁，分析名字意义、结合日常表现，终于为每个学生写出了独一无二的颁奖词。无论成绩高低、性格外表如何、过去有过什么样的表现，当下每个学生都是最重要的，因为教师的信任和期待、他们对美好未来的追求和自我激励是学生终身学习、成长的不竭动力。至今，颁奖仪式上学生期待的眼神和聆听时专注的表情依然能清晰地浮现在我眼前……

2019年7月3日

经过两次试讲、三次打磨，今天，黄老师完成了带给五年级学生的这节体验课。在持续跟进的这两周里，我不仅看到了教师个人观念和行为的转变，更欣慰的是，看到课堂真正变成了学生的学堂，而不是教师的讲堂。在磨课时，我们提出的一个原则是让孩子们在参与活动的过程中实现知识的学习和能力的提升，最终通过完成任务解决真实问题，实现核心素养的落地。为了打破教师已形成的传统观念，我把英国留学期间Rachel老师经常用的活动迁移到本节课中来，以激发黄老师的灵感，并设计出了学习理解、应用实践、迁移创新与评价反思一系列包含高阶思维的活动。课堂上，我们欣喜地看到五年级的学生在动手分类中学会了定位关键信息，查阅资料进行自主学习，分工合作解决问题。教师停止了滔滔不绝的灌输，学习也在学生的参与体验中真正地发生。

最后，学生们的成果各具特色，有的模仿教师提供的范例做成了checklist，而更多的学生发挥小组集体的力量进行了创新，重新设计房间布局，按物品类别分类后补充所在位置……总之，学生在思维创新与小组合作中完成了家居物品与介词短语的学习与运用，知识俨然成为学生解决问题所必需的资源或工具，而目标则让学生超越知识解决真实问题。最后，黄老师设计的自我评价清单也给学生提供了一个总结反馈的机会。但存在的问题是教师没有提前剪好所需的物品，使得裁剪物品浪费了宝贵时间，最后，我没有能让学生小组介绍成果，只是将其贴在黑板上，使学生失去了一次汇报呈现的机会。但有趣的是，面对一片狼藉的桌面，让学生亲身体验tidy up的过程，让桌面从messy到tidy，这也是一个现实版的回扣主题。

很多教师不敢上这种课，害怕学生乱、学不到东西，但或许真正的学习就在不经意间发生了，未必学生正襟危坐才是学习，我们要解放学生的双手、身体，唤醒他们的思维，允许他们下位活动，允许他们表达自己独特的见解，允许他们争辩，让他们把学习当成一件好玩的事情来对待，尤其对于低年级刚接触英语的学生来说，兴趣、体验以及感受可能会影响他们终身的英语学习。比起知识，我们更应该关注在学习过程中学生的感受和变化，要考虑到当学生走出教室时，他们与走进教室之前相比发生了哪些改变，以及什么是我们在课堂上能够影响到学生的。

教育是让孩子成为更好的自己

立德树人是教育工作的最终目的，而青少年思想道德教育无疑是教育工作的根本出发点。只有培养出思想道德高尚，有正确人生观、价值观的学生群体，才能推动整个社会的进步。

在工作实践中，我注重将思想道德建设放在首位。

首先，班规的第一条就是"做人要诚实守信，做事要踏实认真"，让每个学生每天都用道德标准来衡量自己的言行和举动，取消单纯的成绩评价和粗浅的说教批评，当学生出现问题时，让他自己结合班规做出分析。比如，学生经常出现个别学科完不成作业的情况，然后有"忘带本子了""做完忘带了""做完找不到了"等一大堆谎言等着教师。这种情况在教师的简单教育或者粗浅批评中经常会反复发生。我在处理这样的问题时，就是从思想道德方面入手，跟学生讲明白"诚实守信和踏实认真"的重要性，以及对待问题的态度，充分做到将尊重学生放在首位，将理解学生作为沟通方法，将帮助学生作为最终目的。当然，作业不交不能说学生思想道德有问题，但是这样的问题如果长期得不到解决，学生的思想道德势必会受到影响。一个人学会了说谎，他还会有严谨的学风和良好的发展吗？所以，小问题不可大意，我们要从点滴小事做起，加强学生的思想道德教育。现在班里学生如果有不能按时上交作业的情况都会告诉我真实的情况，我会和他们一起努力寻找解决问题的最佳办法。一年来，原来爱偷懒的张佳、刘涛、曹琛等学生没有再出现不交作业的情况。我认为在这一点上，学生做到了严格要求自己，学会了用标准来衡量自己。

其次，在班级管理中培养学生的主人翁意识，形成良好的班风。李镇西老师曾说过："每一个不做事的公民都是小偷。"班集体应该是由每个学生的爱心组成的。在班级管理中，我让学生参与讨论，共同制定班规，惩罚方式由他们自己决定，班级职务由他们自己选择，让他们树立"班兴我荣，班衰我耻"的集体责任感。这样也是在培养学生基本的自信心和合作互助的能力。人人有事干，人人能干事，体现了学生的平等参与，也增加了学生间的合作机会。也许一个学生能管理好学习，但是在劳动方面，他可能要向其他同学学习，服从他们的管理。一个班里总有几个学生比较懒散，值日不积极，从而引起其他同学的反感，但他们自己可能意识不到这样的问题。采取小组捆绑制度，让全组成员形成一个整体，让懒散的学生意识到自己的行为对其他同学产生了不良影响，也让集体的舆论对他们的言行进行规范，这样会有意想不到的效果。而在小组学习中，也有一部分组员不服从小组长的管理，甚至会与其他组员出现矛盾。为此，我对小组长进行了思想道德教育，让他们树立一种服务意识，改变自己的说话语气或方式，尊重其他同学的感受，体现人性化的小组管理模式，而且要让组员感受到组长是在帮助他们，而不是强制性地管理。因为大多数人不愿服从管理，但是没有人会拒绝耐心的帮助。所以，只有改变工作的方式，注重和谐班级体的形成，让学生在互帮互助和良好的道德环境中成长，才能提高学生的道德水平。为了保障学生的学习积极性，我定期组织评选"班级之最"，如最佳课代表、最爱劳动的同学、最尊敬老师的同学、最有礼貌的同学等，每个都有自己的特色，有的学生甚至能得到三四个称号。在长期的班级实践中，在集体舆论的监督下，大部分学生的道德水平得到了提升。

最后，与学生和学生家长做好沟通交流，让学生的道德水平得以提升。很多学生由于自制力较差，经常出现冲动性的错误，但过后大都能反应过来。对于这些学生，教师应经常性地与其谈心，并且多和学生家长沟通，交换管理意见和方法，为学生创设一个持续稳定的道德发展平台。我的班里有个学生小涛在长期的放任管理中染上了很多恶习。对于这样的问题学生，我坚持从不吓唬、打骂，而是和他平和地谈心、交流，听他发自内心的想法，从他的观点出发，解决他的思想问题。比如，开始时，他辍学的想法非常强烈，但是家长坚决不同意。所以他便瞒着家长躲在学校宿舍里，一连三天不上课。我到宿舍里和他交流，并且带着他的两个非常要好的同学一起做他的思想工作。他认为学习很苦，看来，他在家很少干活，也许这正是很多孩子逃避学习的简单想法吧。于是我便让他找一个不累的工作，结果他们三个想了半天都没有结果，最

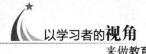

终一致认为还是学习最轻松，只要自己尽力，想学多好，就能学多好。其实，现在的学生不是缺乏知识，而是缺乏沟通和交流。如果那些糊涂的想法不得到及时消除，就可能影响孩子的一生。通过近两小时的交流，加上他自己的思索（我不能将自己的意愿强加给学生，我只能帮他分析上学和辍学的利与弊，最终主意还是他自己拿），最后，他留了下来。由于长时间的懒散，小涛很难很快形成良好的习惯，我便督促小组长热情地帮助他，其他同学也像好朋友一样对待他（因为很多学生认为他是一个坏学生）。我把小涛身上所出现的一些看似严重的问题当成其成长过程中必经的一个阶段，和他耐心地交流，赢得了他的理解。现在，他会把心里话告诉我，而且做到每天都反思自己的言行。由于他喜欢音乐，我要求学生们在课外活动时间组织班级的娱乐活动，让每个学生都有参与的机会。我通过游戏等方式来减轻学生的学习压力，而且定期给学生选择合适的影片来丰富他们的课余生活。经过几周的配合，小涛的表现越来越好，其他同学也已经完全接纳他了，而他也有了其他同学一样灿烂开心的笑容。当然，其间我也和他的家长沟通过多次，在学校和家长的共同努力下，小涛在学校学习中找回了自我。

每一个学生都是祖国的未来和希望，其道德水平的高低决定了其人生高度和其所做贡献的大小，也许我们不可能做到让每一个学生都考上理想的大学，但是我们完全可以做到让每一个学生都成为有道德的人。

教育是让孩子拥有更好的习惯

我曾看过孙云晓教授的报告《教子成功从培养习惯开始》，感觉收获很大，它解决了我在教学中的很多迷惑。孙教授从实际情况出发，旁征博引，用大量的事实和自己的例子证明了习惯对孩子一生的重要影响。他从生活习惯对人的影响讲到了学习习惯对人成才的影响，也强调了决定孩子命运的不只是学习，还有很多其他因素。

习惯有好坏之分，好习惯是人一辈子享受不了的"利息"，而坏习惯则是一种藏不住的缺点，自己不知道，但别人都能看到，是一个人一辈子也偿还不完的"债务"。而家庭是习惯的学校，家长则是习惯的老师。作为家长，我们有责任培养孩子良好的习惯。有人曾说过，21天能形成一个习惯，如果我们能让孩子长期坚持做些好事情，那么孩子好习惯的养成自然不成问题。

1. 良好的行为习惯

叶圣陶曾说过，儿童教育就是培养习惯。培养习惯是科学的过程，是艺术的过程。作为教师，我们面对的是一群可塑性非常强的孩子，我们肩负着传授知识的重任，但更重要的是，把孩子培养成一个真正的人，让孩子有良好的习惯，让他们终身受益。孩子大部分时间是在学校度过的，教师要注重从学习和生活等方面培养学生良好的习惯。

很多年前，班里曾发生过一件宿舍内的打架事件，而事件的起因是某个学生乱翻别人东西。当时，我没有跟该学生讲这样做的危害，而是先引导他关注自己的内在需求和日常行为，再让他体会别人的行为对自己造成的影响，慢慢引导他看到行为和结果之间的关系。在他理解了其间的必然联系之后，我又通过一个大企业招聘人才的实例向他说明为人处事最关键的就是有良好的习惯，如不随便翻看别人的东西、不私自闯入别人的房间等，进一步引起他的共鸣。这些习惯需要教师告诉学生，尤其初一学生刚入学时是进行行为教育的关键时期。教师需要从学生的习惯和责任心方面入手，让他们知道每个人都不喜欢别人乱动自己的东西，更不喜欢随便拿别人东西的人，让他们学会站在别人的角度来考虑问题，最重要的是，让他们在日常学习和生活中体会别人的感受。

2. 良好的学习习惯

卢梭说，习惯是人的第二天性。少成若天性，习惯如自然。孩子只有具备了好习惯，才有可能成就梦想。

优秀的人一定有好的习惯相伴随。儿童时期重要的是养成好习惯。学习成绩优异的人也一定有良好的学习习惯，包括上课认真听讲，独立完成作业，认真复习、预习。此外，教师还要培养学生质疑、独立思考、博览群书的好习惯。在英语教学中，我深有感触。如果教师能从初一开始培养学生良好的英语学习习惯，如早读、动脑思考、用音标识读单词、背诵等，那么到了初二、初三，学生便会自然而然地去做这些事情。反之，如果开始学生没有养成这些习惯，那么以后再要求他们去做，他们会很不理解或者认为这是负担。在教学过程中，我非常注重学生习惯的培养，如听说读写习惯、思维习惯的培养等，长期坚持下来，他们每个人都有了一套自己的学习方法，都知道课前表演对话、

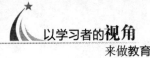

借助提纲框架背诵课文、分析错题并记错题笔记等。这些习惯为学生今后的英语学习打下了坚实的基础。

教学的目的就是不教，如果教师能培养学生良好的学习习惯，那么教学将事半功倍。在我班的自习课上，我进行了一些改革尝试。在一次课上，我发现很多学生的学习效率很低，于是我要求小组长在自习课后及时总结本组学生本课的学习效率，统计每个小组成员在这一节课所做的事情，看一看谁的效率比较高。在这之前，我巡视教室时发现有些学生只是拿着一本书在背，但是我一说采取此方式，有的学生便立刻换了学科，很明显，有部分学生对自己的自习课没有安排好，有浪费时间的现象。我还发现简单的说服教育对一部分学生来说根本不起作用，必须有具体的行动或评价方式，否则他们是听不进去的。

我认为此方式能有效提高学生自习课的效率。但是在具体实施时，应避免使这种方式走向形式化，应该将其具体落实到小组长和组员之间的监督和诚实的基础上。所有教育行为必须以诚实为本，如果缺少了诚实，对一个学生来说，任何教育方式都是不起作用的。对学生的诚信教育依然是一个很大的问题。

改进方式如下：小组成员可在课前写下这节课要完成的几项任务或自己的计划安排，等到课下再来检验自己的完成情况，在完成的任务上打上对号，在没有完成的任务上打上错号。这样能够节省学生的课间时间。在让学生课后反思的基础上，我又进一步要求学生学会制订计划。良好的学习习惯是可以培养的。

听了孙教授的报告，结合自己的教学实际，我更加坚信自己的教学理念：以培养学生良好的学习习惯为重心，培养他们各方面的能力，塑造社会需要的合格人才。

教育是唤醒孩子美好的一面

从开学的第二个月开始，董浩的不良学习习惯就初见端倪，他经常不完成作业，就算我找到他，当时他会表现得很听话，答应得很好，可第二天他依然会把所有我说过的话忘掉，依然我行我素。任凭我怎样批评，就算他写保证让家长签字，他照样以忘记为由而忽略。为此，一连两周，我没少找他，因为他答应我的却做不到，我有些失望，但我还是希望能看到他的进步和好的表现。

在接下来的日子里，董浩明显沉默了很多，除了不完成作业的时候被点到名字。在学完一单元的知识后，在听写中，董浩第一次以0分结束，而第二天，他又没有改错。因为他根本就没想把听写作业带回家改错。于是我便找到他要求他尽快改错，然后重新听写。我再找到他时，依然发现了同样的问题，因为第二次的0分依然在本子上，而下面依然没有一点改错的痕迹。我又一次生气了，要求小组长再次给他听写检查，结果是30分。第四次，小组长把他的听写作业拿到我办公室来批改，并且因为作业情况，董浩也正好跟着来到了我办公桌前。原本异常气愤的我，发现出现类似问题的还有其他几名学生，而他们都和董浩一样是比较爱偷懒的学生。

此时，我意识到了自己工作的失误：原来一直以来，我都是戴着有色眼镜看待学生，每次学生出现问题的时候，我都没有去考虑原因，而只是简单地宣泄情绪。突然，我开始反思自己的管理方式，如此坚持不懈地找这些学生，却丝毫没有起到一点作用，是不是我的工作方法出现了问题？到目前为止，只是我单方面着急，或许学生从心里还没有接受这个学科的教学或者学习方式。所以，当再一次面对这样的孩子时，我冷静了很多。教育是慢的艺术、文化的熏陶和知识的武装，我应该让自己学会冷静，耐心地面对学生的问题，尤其他们才是刚满十一二岁的少年啊。尽管他们已经形成了不好的习惯，但是我更愿意相信这些孩子有潜力，有改变的一天，只要他们自己不放弃，那么我也绝不会放弃。

我打算这次好好和他们平心静气地谈谈。"知道你为什么在学习上经常出现问题吗，关键是你们对自己的要求太低了，不尊重自己，也不尊重别人。每个人都想把自己好的一面展示给别人，这样就会得到别人好的评价，但是你却把自己的优点全部掩盖起来，而把自己的缺点毫无保留地展现在所有同学和老师面前，这样别人想给你好的评价也很难做到了。把自己当成优秀的学生，你就会有优秀的表现；相反，把自己当成差生，你就会有不好的表现。人都有惰性，但关键在于是否有自我管理能力、能否战胜自己。凡是好学生都是能够战胜自己的成功者，能够克服自己的弱项，每天都有成长和进步……"

短短几分钟时间，我讲了很多自己理解的一些东西，但是长久以来，我却很少和学生分享。这次，我觉得董浩似乎有了触动。这样的孩子需要更多的情

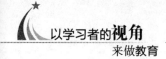

感教育，而以前我竟然走了那么多弯路，幸好有这次谈话的机会。我让董浩选择是打算放弃这一部分的听写还是需要教师或组长的帮助争取过关。他选择了后者——希望小组长帮他听写，等自己写过了，再找组长听写。我想学生主动找组长或教师帮助，要比教师强制要求有实效。

接下来的一天，董浩是第一个交作业的学生，而且上面还有家长的签名，这是我期待已久却始终没有见到过的场面。我看到董浩进步了，他在提高自我管理能力。

教师需要耐心，而不是火山爆发式的宣泄，学生需要理解，而不是疾风骤雨式的简单说教，我会记住这样一个良好的开端，适时地鼓励和激励每一个需要进步或者需要教师发掘的学生。

教育是向学生敞开心扉

在教育教学的过程中，我们时常会遇到一些师生冲突，它影响教师和学生正常的教学工作。在这种情况下，我认为最有效的方式就是教师敞开心扉，推心置腹地去和学生沟通交流，把自己内心真实的想法告诉学生，说出内心对学生的期待，在必要的情况下甚至可以"求助"学生，让学生找到自己在教师心目中的位置。我依然记得在我第一次做班主任，中途接手一个班级时，面对班里混乱的情况，就是通过一封信打开了症结，并在后期持续地和学生平等对话，最终营造出师生共同向往的班级文化氛围。

我会把班级管理的理念分享给学生：管理是一种服务、一种促进，是一种文化的形成、一种价值的提升。管理要理解、尊重、宽容，要以人为本，要以理服人。而且我明确地告诉学生，教师在班级工作和教学上所做的一切受全体同学监督，如果我有不负责任或过分的做法，班委会讨论决定处理方案。在教学和班级管理工作中，虽然我可以问心无愧地说我对每一个学生都是公平的，没有任何歧视或过分的处理，但这绝不等同于班里没有任何问题，恰恰相反，时常会有各种问题出现在平静、和谐的班集体中。其实，这是很正常的，因为绝大多数人是通过犯错误成长起来的。所以，提高自己的承受能力和受挫折能力是我和学生分享的最多的话题。

　　我也会在日常班级工作中和学生讲如何把握好同学交往的"度"。好的、正常的同学关系应该是相互关心的，在对方遇到困难或情绪沮丧时，好朋友是能够让他开心，能够伸出援助之手帮助他的。朋友应该是相互尊重、互相信任的，朋友也是能同甘共苦的。朋友可以是男生与男生之间的友谊，也可以是女生与女生之间的友谊，当然也可以是男生与女生之间的友谊。由此，我让学生能区分恋爱关系与朋友关系。无论男生、女生，我们对朋友都是有选择的，这是多方面因素决定的，而不是由性别决定的。尤其需要让学生明确的是，男生与女生交朋友不一定就是恋爱，让学生不轻易地把同学之间的友谊和爱情画等号，从而以正常的心态来面对男女生的交往，以得体的举止进行交往。如果故步自封，为了避免别人说自己而不和异性交往，那么会不利于性格的形成和今后的生活；相反，如果从现在开始就进入恋爱状态，可能会影响今后的学习，因为现在学生的思想还不够成熟，而且性格脾气都不稳定。重点是激发每个学生内心想成为学习好、被人尊敬、受欢迎的好学生这一目标。

　　每次遇到学生的各种事情，我都会把自己当成一名倾听者，让他们在遇到困难或想不通的事情时能第一个想到我，因为做学生的思想工作、解决困难和障碍是我的责任。我愿意做这样忠实的听众，和学生共同探讨成长过程中遇到的问题，和学生一起成长。

　　曾有一次我需要外出学习21天，第一次离开学生这么久，而这对八年级学生来说也是一次考验，能考查班主任在与不在时他们的表现和变化。自制力强的学生意识到教师不在，会严格要求自己并尽到自己的责任管理好班级；而自制力差的学生，则开始趁机疯狂地玩闹；还有一部分学生外在表现不明显，但是内心却在悄悄发生着变化，这些变化由他们关注的班级视角决定。但是我不想一回到学生面前，就对他们实行惩罚。毕竟学生见到教师就会表现出自己好的一面，这就足以让我感动许久了，因为这说明他们在乎教师，尊重教师。每个人都需要尊重，也都渴望被尊重，但怎样才能做到真正地尊重身边的每一个人呢？

　　面对违纪的学生我没有发脾气，没有急于惩罚，而是先让每一个学生反思教师离开这段时间自己的变化，然后写下来和教师交流，字数不限，但是必须反映自己真实的内心感受和体会。当我收到一份份学生用心写成的"体会"时，发现这段时间对学生们来说是一次难得的成长机会。

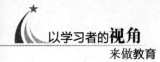
下面是状状同学写的留言：

这三周，我觉得自己对学英语一点兴趣也没有了，以前很愿意上英语课，但是这三周觉得英语很没意思，无非就是做题、对答案。可是对完答案之后也不会，一点也没有动力。在卫生方面，我觉得自己虽然比以前认真了，但是卫生情况还是不见改善。我觉得自己的自制力比以前强了。以前有事就有我的参与，但是现在我能做到基本不参与了，能把心思放在学习上。可是，我有时候还是管不住自己，有时也会有松懈的想法，比如自己背过了，就坐在位上没事干，胡乱翻书，没有更深地巩固一下或进一步提高自己。最近的月考可以使自己紧张一点，但是自己却紧张不起来，只是在课上记住就算了，没有在课下及时复习。

在宿舍里，我看见桓宪柱每天都加紧学习，心里很着急。为什么我不能像其他同学那样刻苦学习，总是紧张几天便放弃了？

不过现在好多了，有老师在，我有一种压力，一股学习动力，所以，有时我故意犯一些事，希望老师的话能给予我力量。

我的回复：

非常感谢你对老师的信任。只要你觉得自己松懈，任何时候都欢迎你找老师谈。

经历了一次次事件，我发现你在长大。真高兴看到你的自制力有所提高了，这才是真正的成长。像你所说的那些勤奋学习的同学，我想责任感和使命感应该是他们动力的来源。如果你也能够提高自己的定位，我相信你能做得更好。别忘了：做最好的自己！

现在，是最好的你吗？如果不是，那还等什么？无论何时何地，都要把最好的你展现在大家面前，这样你永远都是最优秀的！

有了这次交流，接下来，状状有了更好的表现，而最令我欣慰的是，他的自我管理能力和判断能力有了很大提高。

因为处理问题的视角不同，所以我有了意想不到的收获。试想，如果当时我听到同事们或学生反映的一系列班级问题后，大发雷霆或者刨根问底地调查下去的话，又会有怎样的情况发生？会不会有一些学生因此而疏远我？会不会因此而助长了学生们的逆反心理？

张文质先生曾有过这样一段对教育的描述：良好的教育一定能够给无助的

心灵带来希望，给稚嫩的双手带来力量，给蒙昧的双眼带来清明，给孱弱的身躯带来强健，给弯曲的脊梁带来挺拔，给卑琐的人们带来自信……如果教师能作为一个服务者，通过实施良好的教育给学生带来美好的感受及体验，还会有学生拒绝这样的教育吗？

孩子发展的许多方面都是不能强迫的，需要我们大人有耐心。但是，由于有可能在某种程度上加快孩子学习和成熟的速度，急于求成就变得很有诱惑力，而正确的态度是：我们应该给予孩子们成长的空间和时间。

真正的学习从来就不只是纯粹的智力增长，当我们获得的知识、价值和技术与我们自身的成长相联系时才是真正的成长。孩子们需要在一次次的体验中学习和成长。在儿童这里，成长和学习与其说是自身转变，还不如说是形成自我的过程。把学生看作正在成长中的人，我们便多添了一份教育智慧，也便多给了孩子一次成长的机会。

教育是慢的艺术，是教师用成熟的生命引领学生年轻生命成长的过程。让我们怀揣呵护与尊重、信任与关爱，运用教育智慧，给自己和学生留下成长的空间，一点点体验师生共同成长的快乐。

善于沟通

家校沟通是教师工作必不可少的一个环节，缺少了家庭的支持，学校教育永远是一条腿在走路。家校沟通的目的在于和家长达成一致的教育观念，共同助力孩子的成长。

父母高质量的陪伴是孩子成长的基石

如果父母能够无条件地接纳孩子的一切，那么孩子感受到的将是无限的动力，孩子的消极思想也一定会被积极思想所取代。在孩子漫长的成长过程中，父母和教师起的作用仅仅是督促和提醒，他们决不能包办，更不能将孩子的成长动力打压下去。即使孩子跌倒了100次，也要让孩子101次树立信心站起来。无论如何，父母都不能失去和孩子沟通交流的机会，每时每刻都要提醒自己和孩子：做最好的自己！

小磊是我所任教七年级110个孩子中在英语学习方面表现极其普通的一个，在过去一年多的时间里，我曾采取很多方法帮助入学时英语学习有困难的孩子们。为了调动他们的学习积极性，最初，我鼓励他们坚持每天写一张练字纸以强化书写规范，随后，又加入了每天课前播放一首轻松愉快的英文歌曲，后来，我发现这些孩子真正欠缺的是思维。无论曾经学过什么，他们都不会应用，他们的学习和应用是完全脱节的，不用说考试了，就是平时做练习都不会运用学过的知识，这些孩子缺乏的是自己建构知识的能力。他们只是为了学而学，为了完成作业而完成作业，缺少真正的成长意识。面对这种情况，我采取了"每日一问"，安排了一对一小师父对他们的问题进行指导评价，然后，他们反馈给教师。通过这种方式，绝大多数学生的成绩和能力都得到了一定改善，甚至有些学生在问题中得到了快乐，喜欢上了英语学习和思维。

　　然而，令人担忧的小磊却一直无动于衷，他不是没有参与以上的帮扶计划，而是做了所有这些之后，学习状态还是不够积极，上课的听讲状态和作业完成质量每况愈下。他渐渐开始逃避教师的帮助，连续几次的交流后我依然没有看到他的改变，或者说他只是承诺了，却没有采取任何行动。但我内心一直坚信，以小磊自身的素质，绝不应该只停留在现在的水平，这种情况应该与父母的教育观念有很大关系。而要想孩子改变，父母必须先改变。

　　在平时的工作中，有很多家长不愿意给教师打电话，更害怕接到教师的电话。他们总以为教师会训斥家长，一则发怵，二则不管不顾，三则逃避推卸。这样的家长我在工作中都遇到过。但是不管遇到多少这样的家长，我依然坚持一个观点：父母改变，孩子才能改变。我要让我所接触的家长都意识到他们自身的责任都多么重大。家庭教育是孩子成长过程中的奠基石，父母不仅是孩子的第一任老师，更对孩子的终身发展起着举足轻重的作用。在我的理念中，有这样一条，那就是，只要有一个家长能转变观念，那孩子就有救了；只要家长理解教师的一句话，那他就会在以后教育孩子的过程中有所改变。只要和我沟通过的家长，我相信，即使当时他们不接受我的观点，但是以后他们会慢慢体会到他们对孩子影响的重要性的。即使家长不接受，我也会让孩子慢慢地改变，毕竟成长是孩子自己的事情，何况父母已经年龄大了，要让孩子学会为自己的成长负责，让他们以后能做有教育能力的父母，而不是重蹈自己父母的覆辙。

　　为了让小磊和妈妈在家里也有充足的时间沟通交流，电话是小磊回到家后，我让妈妈打给我的。我先向小磊妈妈了解一下他在家的表现，的确不出乎我所料，小磊在家无所事事，整天玩，打电脑游戏、打台球、打乒乓球，他和一群同学的周末生活简直是丰富多彩，而作业通常是拖到周日晚上才做。妈妈不住地提醒，得到的却是小磊这样的回答："妈妈，你烦不烦啊，你怎么老是唠叨啊。"母子俩根本没有沟通的机会，说话便是争执。也许这是很多青春期孩子和父母沟通的真实写照。孩子玩得起劲儿，而家长着急得要命，互相不理解，其实是他们没有达成一致的追求目标。很显然，孩子在成长的过程中是缺乏正确的引领的，在孩子的意识中只有快快乐乐的玩耍，没有任何责任、付出、努力、挑战、挫折、成长等字眼。

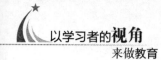

小磊的妈妈很着急，不知道如何下手。很多时候，孩子出现学习上的问题都可以追溯到家庭教育问题上。因为孩子的天性都是逃避痛苦，追求快乐。一个周末生活如此"丰富多彩"的孩子，周一回到学校怎么能把精力投入"枯燥无味"的学习中呢？所以，改变孩子的学习状态，首先要改变孩子的生活状态，让孩子树立成长意识。

1. 培养孩子的责任感

没有责任感的孩子，将来很难成就一番事业。在家要承担一定责任，比如帮助父母做一些事情，而在学校，责任就体现在认真对待自己每一天、每一节课的学习。而小磊的妈妈说小磊到吃饭的时候都叫不回来。家的确给孩子提供了应有的衣食住行的保障，但是孩子的成长不仅需要这些外在的东西，更重要的是孩子内心深处精神食粮的供给是否充足。以前在批改周记时我就多次注意到小磊周末去基地（妈妈做生意的地方），经常玩各种游戏，我曾提醒过小磊周末生活能否再多一些其他有意义的活动。现在我终于明白了为什么小磊每次的周记都是一样的，因为他每周所做的事情几乎是一样的。责任感只有在家庭生活中才能培养起来，而学校里更多时候是对孩子责任感的考验。家庭生活中完全有这样的条件为孩子创造更多培养责任感的机会，引领孩子找到适合他做的事情。责任感的增强有利于孩子树立自信，因为十几岁的孩子已经不再是天真无邪的小孩子了。他们需要得到成人的认可，需要通过更多的生活体验来证明自己的实力。但是在家庭教育中，更多时候，这样的成长机会被家长因无知而剥夺了。家长总认为孩子喜欢玩就玩吧，不能再让孩子承受以前父母所遭受的痛苦。然而在温室中长大的幼苗怎么能耐得住现实的无情打击？剥夺了孩子的成长，其实是给孩子造成了更大的痛苦。因为一个没有责任心的童年，有可能导致痛苦的悲剧性的成年生活。小磊的妈妈在听到我说这些的时候，不住地说着："是啊。"我想，她是在不断地反思自己和小磊日常生活中的点点滴滴。

2. 注重过程淡化结果

任何东西的得来都不是那么轻松的，家长要让孩子在日常生活中就体会到只有付出才有收获。拿小磊的周末时间来说，家长不能完全丧失自己的监管能力。如果小磊想出去玩，那么先要完成一定量的任务。这个任务可以是自己制订的学习计划，如学多长时间，然后多长时间拿出来和同学玩。做到支配时间有计划性，而玩的时间和次数又取决于自己完成作业的多少与质量。让学习和生活融为一体，成为孩子日常生活中必不可少的事情，而不是像现在一样一到周末就疯玩。对于住宿的小磊来说，周末和父母在一起的生活质量会直接影响他的在校状态。父母对于孩子的要求不要轻易满足，应该设置一个个小台阶，让孩子一步步实现之后，体会到是他通过自己的努力实现了一个个小心愿。这样的机会在生活中随处可见，这种方式简单易操作。重要的是这样能让孩子看到自己的努力，强化过程，淡化结果。如果将其迁移到学习上，那孩子就能从考试成绩的低谷中走出来，重新审视自己的学习过程，从而在每一天、每一节课的学习中不断地提高自己。

3. 培养家庭读书习惯

我从交谈中得知，小磊家是很缺少读书氛围的。因为在家没有任何事情，小磊只好出去找同学玩来打发时间。而身边这些同学或许和小磊的情况差不多，都不愿在学习上花时间，这样的磁场效应不断地在这群孩子中起作用。慢慢地，原本想提高的孩子也会抵挡不住眼前的诱惑。人最重要的使命是自我成长，如何让小磊在这样的环境中树立自我成长的意识？ 读书就是一条出路。没事的时候，父母和孩子都应拿起书来读一读。多看名人的励志故事，了解别人是如何经历磨难成就一番事业的，这会给孩子带来很大触动，能激发出潜藏在孩子内心深处的成长动力。内力比任何外在的力量都要强大，是无法阻止的。家长周末可以带着小磊多去几趟书店，慢慢地，他会从中选择出自己喜欢的书籍，慢慢喜欢上书籍这个朋友的。可能一听读书，小磊妈妈也有些发怵，我赶紧解释道："读书不一定要拿出很长的时间，临睡前可以拿出书来读一会儿，哪怕平时只有三五分钟也能看上几页啊，只要把这些零碎的时间利用起来，坚持做下去就能养成良好的读书习惯，而习惯一旦养成就会给孩子带来巨大的改变，这个改变是能让孩子受益一生的。"听我说读书这么简单，小磊的妈妈欣然接受了这个提议。

4. 树立正确的目标

我嘱咐小磊妈妈一定要帮助孩子树立正确的目标，从现在开始就要向着自己的目标努力。毕竟这个社会的竞争太激烈了，当其他孩子都在这个年龄阶段不断提高、充实自己的时候，而小磊却只是漫无目的地玩耍，这势必会使小磊错过最关键的成长时机。要让孩子了解社会上各行各业都需要什么样的人来支撑，把自己的目光放得再长远一点，对孩子精神内在的关注再更多一些。鼓励

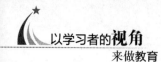

孩子树立战胜自己的意识，要不怕困难。因为学习上遇到不会的问题恰恰是自己进步的阶梯，所以一定要勇敢地面对困难，并有战胜困难的决心。让孩子知道在成长过程中会不时出现各种诱惑，要学会不断地挑战自己。

我和小磊妈妈交流了二十多分钟，她着急地要给小磊买磁带、假期请辅导教师。这种热情可以理解，但是希望这不是一时的热度，因为教育孩子需要长期不断地关注和持续的影响，而最重要的是这些能否带来小磊内因的改变。当然，也许仅凭这一次电话还很难看到小磊的进步。但是，只要父母有了这种和孩子一起成长的意识，小磊的生活状态就会得到改变。

打开青春期孩子的心灵之门

美国著名作家弗格森（Fergnson）曾说过："每个人心中都有一扇由内向外开启的门，无论别人如何动之以情或晓之以理，都无法打开，只有自己才能开启。"

嘉豪是一个比较聪明的男孩子，而且每次考试，他的成绩都排在班里的前几名，可最近他的表现却有些异常，尤其单元测试中，他竟然成了小组长中英语成绩最低的一名学生。结合他开学一个月来的表现，我意识到，我很有必要对他进行深入的了解。

我晚上和他妈妈打电话交流才知道，原来，他的变化不只是发生在学校，在家里，妈妈也明显感觉到了他的一些变化。

这学期嘉豪已经不再像以前那样回到家和妈妈交流学校里的事情，而且很多事情都不愿让妈妈插手管理，而最明显的是，他的卧室门在他学习的时候一直是关着的。妈妈已经不能像以前那样走到他身边指导、检查作业了。

学校里的嘉豪也有很多改变，上课和同学说话多了，下课和同学打闹多了，平时不会的题多了，但是他不爱问，作为一名小组长，不能很好地去引领小组发展……如此多的改变就在开学短短一个月里暴露得淋漓尽致。

如何帮助孩子走出现在的低谷？或许，先要打开紧闭的房门，而要打开紧闭的房门，最关键的就是要打开孩子的心门，让孩子和家长、教师真心地交流……

通过和他妈妈交流，我们发现家长的思想在无形之中会给孩子一些影响。比如，捐款时妈妈不赞成孩子捐钱，认为父母捐了，孩子可以不捐，其实这就是做父母的剥夺了孩子的成长机会。孩子是一个独立的个体，他需要自己决定捐多少，或者怎样表达自己的爱心，但是这都要是他力所能及的。可以让孩子从自己的零花钱中省出一部分，体会到用自己的努力奉献爱心，品尝到助人为乐带来的欣慰。但是嘉豪却只捐出了1元，而且，似乎他的内心也没有受到多大的触动。

在平时生活中，爸爸一直主张把生活中好的一面展示给孩子，而妈妈却坚持认为应该让孩子看到真实的生活，让他了解生活中的阴暗面，以防孩子太单纯。孩子是有权利了解生活的全部的，但是最重要的是要教给孩子正确的世界观和价值观，让孩子学会判断事情的正误。关于妈妈说到生活中很多人的做法都对孩子有不好的影响，这是事实，但是正如孙维刚所说："作为一个老师，面对流俗，我是苍白无力的，我无法左右社会上的大气候，但可以构建自己的小气候。"我们左右不了别人，但我们可以左右自己。而且，人才的分布都是呈金字塔形状的，优秀的人才都在顶端，但毕竟是少数，而我们大多数人是处于底层的普通人。所以，自己想成为一个什么样的人，不能单靠周围的环境，还要看挑战自我的力度和战胜自我的决心。家长一定要有积极上进的表现，这在潜移默化中会给孩子一定的影响。家长做好引领，孩子的优秀之处才能被挖掘出来。

孩子的上进心、进取心、爱心都需要被激发，孩子的责任心、自主管理能力、自主成长意识都需要被唤醒，父母和孩子要一起成长。

相信教育的力量

周一我检查出大峥的作业问题，因为早上他没交作业，说写完忘在家里了，所以我要求他下午拿来。但是，下午我再次找到他时，他却说又忘带了。看到孩子有意拖延，我决定和他妈妈沟通了解一下孩子最近在家的表现。

电话拨通，简单说完情况之后，没想到他的妈妈毫不在乎，她说："这孩子就这样，他就是爱撒谎，从小就这样，我已经没有办法了。"而且从她的语

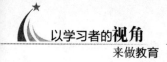
气中我可以听出她对孩子已经完全没有信心，因为她所说的话完全是负面的，全是打消孩子积极性的，像大峥周五玩游戏、作业不盯着不写……我建议家长通过合理的方式来规范孩子的行为，比如，通过做具体的事情让孩子体会到只有努力付出才能有所收获，又如，做完作业之后才能有玩游戏的权利，而不是先玩游戏再做作业。

我在思考是不是家长的管理方式不够合理，导致每次打电话的时候孩子都发怵，而这次家长的语气明显很不礼貌。她一直在说："老师，你觉得该怎么办啊，我反正是没有办法了。"这在老师听来，家长完全是在推卸责任，对于孩子来说，父母是任何人都无法替代的。如果一个孩子连父母的话都不放在心里，那老师的话又能起多少作用呢，父母必须体现其应有的职能。

他妈妈似乎对教师有什么意见，她说："大峥写字一直不好，但是自从开始写练字纸写字好多了，那你们老师可以采取措施啊，我反正是没有办法了。"我把简单的过程又和她说了一遍，指出现在孩子是诚信出现了问题，一个缺乏诚信的人是很难在社会上立足的，而且教师打电话的目的是希望和家长多沟通，并且一起和孩子面对问题，而不是推卸责任，更不是让父母训斥孩子，因为训斥不会解决问题，反而让孩子对教师和家长沟通这件事情更加害怕，从而让孩子想通过谎言来逃避现实，更加剧了孩子说谎的现象。所以，当孩子出现问题的时候，我希望教师和父母能一起面对问题，一起寻找帮助孩子的办法。

说到家庭教育激励方式，她说："我答应他考到前十五名就给他买电脑。"听到这里，我感觉很离谱，因为现在孩子的情况是一直处于班级第30名左右，而让孩子一次考试就考到前十五名，这几乎是不可能的，除非孩子彻底脱胎换骨。这倒不是低估孩子的水平，而是考试成绩本身就很难检测出孩子一段时间的学习情况，更何况名次呢。也许孩子很努力了，但是这次试题出的恰好不在他努力的范围之内，可见单纯从成绩上看不出多少变化来。我尽力地给她解释，希望她能明白，扎扎实实地做好每次作业，认真过好每一天、上好每一节课，比最后的成绩更重要，因为过程比结果重要，成长比成绩重要。

还没等我把自己的观点全部说明白，大峥的妈妈就开始抢过话题说："我在上学的时候从来就没低于前四名，一个认真学习的孩子怎么能不知道该做好作业呢？老师你不用给他讲'你不做作业，那你来学校干什么'，实在不行你就把他赶回家。"听到她有些激动的言语，我感觉到她有些不耐烦，我真的感觉很难沟通下去。

其实，很多情况下，孩子的问题不单纯是出在孩子身上，更多时候是有着家长的影子。只有父母改变，孩子才能改变。从交谈中，我看得出来大峥妈妈的教育理念和方式存在一定问题，但是她似乎不愿意接受别人的观点，只想推卸责任，一遍遍地说自己不想再管了，老师爱怎么处理就怎么处理。父母的放弃意味着孩子更大的失败。原本以为一个电话能够解决问题的，但是未曾想到出现了更多更复杂的问题。我感觉到很有必要和她面对面地交流沟通一下，便说道："要不过会儿您来学校一趟，我们面谈吧。"

结果她说："我没空啊，我在外面。"

"那您什么时候有空呢？"我继续追问道。

"等到明天吧！"大峥妈妈毫不在乎，她根本就不想面对问题，只是搪塞着说自己累了。

"明天我上午课比较多，不一定有空，我们提前联系吧！"我看了一下课程表，还不敢保证明天的时间。

"那我等他爸爸回来再说吧，反正我是不管了，我管也没用。"电话那头又一次传来这种消极的话语。

我不知道该怎么让这个妈妈才意识到自己肩上的责任有多重大，在孩子心目当中，她有多么重要，她的评价对孩子的影响有多大。

"那你把他爸爸的号码发给我吧。"我说。

她不情愿地答应了，我依然有礼貌地和她说了再见。但是几小时过去了，她都没有把号码发过来。

下课后，我又找到大峥了解他对作业这件事情的看法，从交谈中得知他自己也很清楚自己的情况，总想找借口，逃避问题，却不想面对。谈论到妈妈对他的管理时，他说希望妈妈少管一些，因为妈妈管理之后，自己学习太被动。而说到妈妈认为他对学习一点儿也没有兴趣，是不是考虑退学的时候，大峥表示反对。他说自己还是喜欢上学的。我提示他分析这样一个问题："为什么自己喜欢上学，而给大家的印象却是不喜欢甚至是有些逃避上学呢？"他说就是因为作业问题。"我希望现在长大的你能自己处理好自己学习上的事情，你不能总让父母操心了。如果不想让父母过多地干涉自己的学习，那就

要自己勇敢地面对问题，学会自己管理自己，做学习和生活的强者。"我再一次和大峥谈论这些老生常谈但又至关重要的道理，希望他明天能把自己的想法写出来交给老师。

我想，这样即使大峥的妈妈对孩子失去信心，不想尽到自己的责任的话，那我和孩子的沟通至少可以避免孩子自我放弃。我想暂时还是不要急于和大峥的妈妈沟通了，因为她可能还一直认为老师打电话只是告状，只是想让家长教训孩子，而我想表达清楚的是教师和父母需要一起帮助孩子。在无法改变父母的情况下，我只希望孩子能通过自己的成长来带动家庭教育的发展，让更多的家长负起应该负的责任，更好地履行家长这一职责。

附：大峥的反思

通过这次说谎骗老师说自己忘带作业，我知道了说谎是一个可耻的行为！

说谎这个坏毛病，在我小的时候就已经有了。

老师，我知道您是为了我好，是怀着帮助我的心态，来跟我妈妈沟通情况。您时常在课堂上告诉我们这些学生："学习成绩不是最重要的，最重要的是你们自己的品德修养，你们要创造一个良好的学习氛围才行。"

两年就快要过完了，而我却是学业无成，品德更是不好。虽然我知道说谎是不对的，但我每次都控制不住自己，每次都存在一种侥幸心理。但不知道说一个谎，要用成千上万个谎来圆。

从今天起，我不会再犯同样的错误了。我要努力克服这个说谎的坏毛病。这次的事情也让我知道了，德盲比文盲更可怕！

后来，我通过开班级家长会对整个年级家长不断地进行理念渗透，让家长理解孩子并且做到支持孩子的成长，而不是简单地对孩子进行评价，更不能轻易地谈放弃。在一次家长会后，大峥的妈妈走过来，这次，她的态度已经发生了180度的大转变，或许，她已经明白我不是她的对立面，而是和她一样在面对孩子问题的时候需要有人一起帮助孩子渡过难关，后来的大峥也 正如他所反思的一样，自制力明显增强，已经成为一个自我管理能力很强的孩子。有些时候，教师应该看到，学生比家长更容易改变，教师也承担着通过教育学生提升整个家庭素质的职责。

教师要有自己独立的思维

在北京十一学校课程研发期间，我曾有幸听到一位年轻教师关于思维的分享。在那次分享会中，我第一次听到了海绵性思维和淘金式思维的说法，这让我对自己的思维方式也有了较为清晰的认识。海绵式思维是指因为总是害怕错过任何一个细节、重点，所以就会像海绵吸水一样不停地、被动地、不假思索地吸收着，看似掌握了不少知识，但这些对于思维能力的提升却没有任何意义，反而让自己变得没有思想。随着知识的不断堆积，我的观点经常改变不说，最终可能只会受到最新知识的影响，而将以前的忘记。想到这里，我感觉到这是一种非常可怕的现象，人没有了思想，就如同没有了灵魂的躯体，没有立场、没有观点、人云亦云，充其量只是知识的搬运工，自己的大脑成为别人的跑马场。记得在华师大培训时，王建军教授就提醒过我们要有自己的想法，并且随时记录下来，哪怕错过很多很多，也不要错过自己和讲话者所碰撞出来的那一点火花，因为星星之火可以燎原。没有这一点火花，那堆积起来的只是废渣。在讲到如何进行批判性写作时，王教授也提议我们用例—理—立的方式表达出自己的观点，选取一个角度去批判作者的观点。时隔半个月，我又一次被惊醒，从此刻起，我需要重整自我，带着批判的思考方式走上一条有突破、有创新、有成长的道路！

我与同事探讨高中英语课程研发的问题时，因为我们要依据剑桥教材来研发我们自己的校本课程，所以自然对这套教材多了些关注。但是通过几个月来的框架建构和知识梳理，我还是对这套教材有很多的疑虑，毕竟是拿着一至九年级的内容来对应我们七至十一年级，不仅在知识内容上，在学生年龄跨度、认知能力上的差异也是非常大的。但是不得不承认这套教材的理念还是非常新颖的，语言也非常地道。所以，如果能很好地将它的编写理念应用在我们的课程研发中，一定是一件非常完美的事情。我仍然记得李文军院长在北师大培训总结会上所说的一句话：课程研发不等于不用教材，摒弃教材而自己去研发是非常冒险的一件事情，毕竟参加过教材编写的人员都清楚，那是顶尖级专家耗费相当大的精力才精心研制出来的一套科学系统的符合中国国情的样本。我们需要做的只是通过精读各个版本的教材，把适合我们的内容精心挑选出来加以整合利用。

我一直不同意仅以剑桥教材为主，如果年级相同那还可以考虑，但现在年级的差距太大。很明显，剑桥7~9册的内容和话题都是初中生该掌握的，而它的词汇量很大，有时会出现大学词汇。如果简单以这套教材为主，是不是会耽误高中孩子的发展？这是一直让我困惑的地方。

在讨论中，当我问道："关于话题设置的问题有没有和侯老师交流过？"同事的回答引起了我的不解和很多思考："怕侯老师认为这样的问题太没有水平了，不敢问。"我一脸诧异："这是正常讨论的问题啊，如果这样的问题不咨询有经验的教师，请求他们的指点，那或许我们会把大量时间浪费在不必要的事情上。我认为年轻教师的问题是很有价值的，或许能引起老教师更多的思考。"但我更加诧异的是，这位同事的观点也得到了周围几个同事的认同，他们都觉得太简单的问题不能提。我不清楚是什么原因导致了我们的年轻教师还未站上讲台就已经害怕提出问题。我宁愿相信这只是因为他们对领导还比较陌生，等熟悉了或许能有所改善。但我更加担心的是，如果年轻教师产生虚荣心理、不敢面对自己的困难，当面不提出自己的问题，过后再次处于矛盾中，会不会影响他们的正常成长？

我依稀记得自己在面对问题时，一直有种初生牛犊不怕虎的劲儿，什么问题都想打破砂锅问到底，这也导致我在走进计算机专业的第一个月提出了问题，教师不能解答，只是让我记住会使用就可以的时候，我对计算机彻底失去了兴趣。因为我不敢相信作为一名教师，当学生积极提出疑问时，给出的回答只是：没什么原因，记住就行了。这和我心目中的教师形象相差太远了。所以，当时我也形成了一种观念：计算机不能成为我从教的专业，因为它无法帮助孩子解决思维上的问题，计算机只是一种工具。当然，我也很幸运，后来转教物理，又转教英语，这让我体会到了帮助学生解决疑问所带来的快乐，而为学生解决疑问也是我作为教师最大的价值所在。

　　总是怕自己提出的问题太简单，会引起别人的贬低，或许大多数人都有过这样的心理，但最为重要的是：我们的出发点是什么，我们的目的是什么。我还记得北师大郑国民教授给我们讲述他在哈佛大学求学的经历，一年的时间学习一门课，就是在看四位教授争吵，每次提出一个问题，四位教授都会争吵。学生们不免也会产生疑问，在这样的课堂上：我们究竟能学到什么？而教授的回答是让每一个学生真正感受到在课堂上的那种批判性思维。现在我们提倡的是培养学生的批判性思维，而我们教师是否具备了批判性思维？当我们面对自己的疑问都不敢提出来的时候，那我们在追求什么？问题是最有价值和意义的，我希望一个团队里的每一个人都有发言权，更希望每个人都能提出自己的疑问，因为问题会让每一个人思考，会让每一个人看得更加清晰、透彻，只有开诚布公地说出自己的想法才能让我们更加接近问题的本真。

　　学为人师，行为世范。如果我们害怕自己提出的问题被人笑话，那我们的学生遇到了问题该怎么办？师者，所以传道授业解惑也。如果学生不敢提出问题，那我们所有的讲授都是没有价值和意义的，因为那未必是学生迷惑或者需要的。如果学生勇敢地提出了问题，我们是否会嘲笑他们的问题简单？每个人原本都是带着无数的好奇、疑问来到这个世界上的，但为什么我们的问题越来越少呢？是问题真的不存在了吗？还是我们缺少了问题意识？抑或我们都曾被现实打击过，已经没有勇气和胆量再次去面对我们的问题？作为教师，我一直鼓励班里的孩子大胆地提出问题，包括创办"每日一问"这样的活动，目的是创造一个良好的环境，让每个人敢于质疑，敢于站在自己的角度提出问题，敢于从自己的现有水平来看待问题，然后找到衔接点，构建自己的知识体系，这些不是教师的传授所能做到的。学生是学习的主人，是知识的建构者。教育是一条漫长的路，在为人师表的同时，我们不能忘了自己为什么而出发。

　　我们应该从自己开始营造一个勇于提出问题的良好氛围，因为每个问题都是有价值的、珍贵的。培养学生的批判性思维应该从培养他们的问题意识开始，也应该从我们自身开始，让我们卸下伪装、放下面具，像一名初学者一样提出自己的疑问，与学生一起探讨。

未来教育的变与不变

记得几年前，在一次名师培训会议上，80多岁高龄的顾明远教授为我们做了两小时的精彩报告。他的每一个观点都触动着在场教师们的心，每一个呼吁都是发自心底对教育最真挚的爱。看着眼前这位白发苍苍，却依然精神矍铄的老人，我不由得在内心深处产生了敬重之情，也不禁感慨：距离88岁，我依然还有很长的一段路要走，我还没有走到顾先生的一半，为何总是感叹自己年龄已大，记忆力不强，体力不支呢？放开对自我的限制和束缚吧，看到老前辈，我们应该看到自己的目标，有勇气和信心超越今天的自己！

在瞬息万变的互联网时代，教育的变与不变可能是摆在每一个教育工作者面前的问题。顾老先生从六个方面谈了教育的变革。

变革之一：教育的概念变化了

现在，学习的渠道拓宽了，以前主要在学校里学习，现在可以在网上学习，在虚拟世界里学习。正如联合国教科文组织发布的报告《反思教育：向"全球共同利益"的理念转变？》（以下简称《反思教育》）所说的：过去，把教育理论理解为有计划、有意识、有目的和有组织的学习，正规学习和非正规学习都是制度化的。但是人的许多学习是非正式的，"我们在生活中学习到的许多知识并非有意为之，这种非正式学习是所有社会化经验的必然体验"，学习已经不限于学校，处处可学，时时可学。

教师应该考虑如下问题：学生校外怎样学习？课堂外怎样学习？他们的同伴是谁？朋友圈是什么？

互联网改变了整个学习环境。当今出现了一种"泛在学习"的现象，即在泛在计算机技术基础上的学习（U-Learning），是在互联设备和学习设备更普及的情况下，任何人（anyone）在任何地点（anywhere）、任何时刻（anytime），使用任何设备（any device）获得所需的任何信息（anything）的一种五A学习方式。个人的学习成长又何尝不是在进行着泛在学习呢？

变革之二：对教育本质的认识变化了

《反思教育》提出，要重新定义教育、知识和学习。教育应以人文主义为基础，并可持续的未来承担共同责任，应该把教育和知识视为全球共同利益，强调人人参与教育过程，知识必然成为人类共同的遗产。这意味着知识的创造、控制、获取、习得和运用向所有人开放，是一项社会集体努力。知识是人类共同的财富，应该由人类共享。个人的发展也不是孤立的，是在人类社会共同发展进程中实现的。

变革之三：教育培养的目标转变了

现在，教育培养的目标改变了，变成培养学生批判性、创造性的思维能力，以及实践能力。教育要尊重生命，发展生命，使每个人都过上有尊严的生活。2012年3月，经济合作合发展组织发布了《为21世纪培育教师——提高学校领导力：来自世界的经验》报告，报告包含以下内容：明确指出21世纪学生必须掌握以下四方面的十大核心技能：思维方式，即创造性、批判性思维，问题解决、决策和学习能力；工作方式，即沟通和合作能力；工作工具，即信息技术和信息处理能力；生活技能，即公民、变化的生活和职业，以及个人和社会责任。这些变化对教师的能力要求有深远的影响，教师必须将21世纪的生存技能更有效地教给学生，使他们成为终身学习者，掌握无定式的复杂思维方式和工作方式，这些能力都是计算机无法轻易替代的。

变革之四：课程内容变化了

未来课程不仅要增加新的知识内容，而且要把课程内容整合起来，使学习者认识事物的整体。人们观察事物本来就是综合的，同时新的科学发现和新的技术发明往往是在交叉学科上发生的。以往课程是分科的，不利于培养学生的综合思维能力。许多科学家认为，未来科技发展是在认知科学、生命科学、信息科学、材料科学的综合点上。

变革之五：学习方式发生了根本的变化

《反思教育》提出，要重新定义学习的概念。学习可以理解为获得信息、认知、技能、价值观和态度。互联网为个性化学习、个别化学习提供了条件，信息技术在教学中的应用可以使教师更好地根据学生的学习兴趣和爱好，为每个学生设计个性化学习计划，促进其发展。什么是最好的教育？适合每一个学生的教育就是最好的教育，也是最公平的教育。

变革之六：互联网改变了师生关系

教师已经不再是知识的唯一载体、知识的权威。学生不再只依靠课堂上

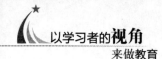
教师的知识传授，而是可以通过各种媒体获得信息和知识。教师的主要职责如下：为学生的学习营造合适的环境，指导学生正确获取信息、处理信息的策略和方法，为学生设计个性化学习计划，帮助学生解决一些疑难问题。教师的角色在互联网时代发生了重要变化。教师要从传统教育的知识传授者转变为学生学习的设计者、获得信息和处理信息的指导者、学生遇到困难时的帮助者，同时，教师是学生的学习伙伴。

教育的不变：

教育传承文化、创造知识、培养人才的本质不会变，立德树人的根本不会变，学校和教师也不会消失。学校是学生走出家庭，走进社会的第一个场所，是其社会化的第一步。儿童进入学校不仅要学知识，更重要的是学做人，学会与人沟通和交往。信息技术、互联网改变了教育环境和教育方式，但信息技术、互联网只是手段，不是目的。教师的教育观念、教育方式方法需要改变，但教师培养人才的职责没有变。儿童的成长需要有思想信念、有道德情操、有扎实学识、有仁爱之心的教师的指导、帮助。习近平总书记指出：教师要做学生锤炼品格的引路人，做学生学习知识的引路人，做学生创新思维的引路人，做学生奉献祖国的引路人。经济合作发展经织2012年的报告提出，21世纪教师应满足以下五方面要求：

（1）精通自己所教科目，善于采用不同的方法使学生获得最好的学习成果。

（2）采取多样化的教学策略，将知识与运用相结合，包括直接的教学、引导、小组学习、自学与个人发现。

（3）深入了解学习是如何发生的，以及学生学习的动机、情感及其在教室外的生活。

（4）采取高度协作的工作方式，与其他教师、专业人员和辅助人员形成专业团体和网络合作。

（5）获得强大的技术技能，优化数字资源在教学中的运用，并跟踪学生的学习。

"互联网+"时代，教师要充分利用信息技术，整合各种教育资源，促进学生和个人的共同发展。但我们也要清醒地认识到人要靠人来培养，这是机器代替不了的。教育活动蕴含着人的情感、人文精神，师生的情感交流是一种不可或缺的教育力量，我们要让教育回归生命的本质，让人文性在教育中更好地绽放开来。身为教师，我们要学会在变化中紧跟时代潮流，提升自身专业素养，更要坚守教育中不变的精髓并将之传承下去，让每一个孩子受到更好的教育，得到更好的成长，这是我们的职责。教师要在未来教育中发挥作用，就要不断学习，充分认识教育的本质和科学技术进步给教育带来的变化，不断提高自身的专业水平。这样才能适应时代的要求，培养未来社会的公民。

回顾自己二十多年的教育教学之路，我真的很庆幸自己曾有机会走进生命化教育团队，能走上读书学习成长这条幸福之路，能走进名师名校长的这个优秀团队接受高端的培训，能有机会走进那么多生命的成长历程中去感受他们丰富的内心世界。每当翻看那几百篇班级管理日志时，我都仿佛又回到了和孩子们在一起的每一个瞬间，也许回忆里并不都是开心的笑容，甚至更多的是酸楚的泪水，但不能不说无论是笑容，还是泪水，对于我来说，都是幸福和美好的回忆。

面对教育变革中的变与不变，我们的初心是永远不会变的！

我们要的是答案吗？

在听郑国民教授点评时，我终于收获了自己一直在苦苦追寻的东西。每次培训，我都希望自己的问题、困惑都能得到一个明确的答案，然后按照专家给定的答案去实施。只有在参加工作最初的几年，我的这一愿望能得到满足。近段时间以来，每每都有或多或少的失落情绪，而这种失落与无助又会反过来困扰我很长时间，甚至让我开始质疑自己：是不是我学习的状态不好？是不是我学习的能力在下降？在郑国民教授的话语中，我终于找到了答案，从自信到自我怀疑，这也是很重要的一个反思阶段，而其中更为重要的是对教育的敬畏。有明确的答案、可操作的思路和做法固然重要，但没有明确答案，还让自己困惑迷茫的内容更重要。于是我把最迷茫、最困惑的内容记录下来，然后在自己的教学实践中寻找路径和方向，记录下自己的思考，将其为自己日常教学不断探索的问题，形成自己的认识和方法，这不就是苏霍姆林斯基所说的以科研的眼光来看待教育问题，体验教育的幸福和快乐吗？曾经我在工作的低谷期就是靠着反思成长起来的，而近期却忽略了这些，反而多添了几分浮躁不安、急于

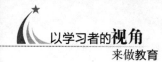
求成。我要像郑教授所说的那样，我们应该停下匆忙的脚步、停下迷茫的脚步、停下早已麻木习惯性的脚步，想一想为什么在我们的教育中要这样做，这样做对不对。把自己思考的动力和张力调动起来，释放出来，不再禁锢自己的思想，不再盲目外求答案。是时候摒弃盲目的追随者，努力让自己成长为具有教学特色、形成独到见解的教师了，而这一切靠的就是不断的读书学习、思考探索、实践研究。

郑国民教授特意把他留学的经历分享给我们，让我们明确世界名校的教育到底是怎样的。2006年，郑国民已经是北师大教授，但他毅然决然地放弃一切走进了哈佛大学，和一群大学生一起开始了求学之路。而他最大的收获是在大学课堂的争吵中学会了思考、学会了研究。郑国民教授让每一个学生真正感受到在课堂上的批判性思考、创造性思维，真正体验了理论与实践的结合绝对不是明确答案的灌输。如此看来，我的困惑只是自己不恰当的期待造成的。原本这些困惑、疑惑都是我一笔宝贵的财富，我要学会及时梳理、整理，并在实践中不断寻找解决问题的方案，这个过程不应该是痛苦的，恰恰相反，探索求真的过程一定是幸福快乐的。

教师要调整好心态，走出职业倦怠。郑教授对职业倦怠做了很好的解读。教师在发展过程中，如何理解社会和学生发展带来的挑战？是否能以积极的心态来应对？教师面临的最大的发展是社会的发展、孩子的发展、学科的发展。学科的知识结构会发生很大的改变，教师只有在3～5年的时间内有非常明确的专题性进修学习讨论的机会，捕捉到社会的发展、孩子的发展、学科的发展，并将其应用到自己的教学情境中才能重建自信，探索教育的未知。

感谢郑教授的经典解读，让我从近期的困惑和迷茫中走出来。从今天起，我要重新规划自己的时间，工作、读书、生活、成长都应该是一个美好的过程，问题、思考、困难也都应该是成长的阶梯。

做一名觉醒的教师

这次出国访学，我听到最多的词就是"反思"。在教师专业发展中，反思的确起着不可估量的作用。我在最迷茫的时候一直被这样一句话鼓励着：一个教师写三十年教案不一定有效果，但坚持写三年教学反思一定能成为优秀教师。这是叶澜教授曾提出的观点。同时，新教育实验的领军人物朱永新教授也开办了"教育保险公司"，公开承诺，一个教师坚持写十年教学反思，如果不能成为一位名师的话，可以向他赔尝巨额保险金。不想当将军的士兵不是好士兵，同样，不想当名师的教师也不是好教师。我想这里的名师，不是指有了名利的教师，而是在自己的教育教学过程中有专业素养，能用教育理念去指导自己的日常教学行为的教师。肖川博士在《教师，做反思的实践者》一书中，曾从五个方面阐述了自己对教育的思考：反思我们的教育、反思我们的教学、理想的课堂、爱的教育和人本教育。这五个方面同样对我们教师进行自我反思、心灵的成长、精神的充实以及提高对教育、对生活的反思能力具有极大的帮助。

结合自己的工作实际，我粗浅地谈一谈自己所受的启发。

1. 转变教育观念，注重生命教育

在日常教学工作中，我们忙于备课、上课、批改作业，也经常感叹如果所有的学生都能照教师说的去做，那我们的工作就轻松多了，所以当我们面前出现一个个不完成作业、调皮捣乱的学生时，总是不能接纳，更不可能静下心来分析学生的问题，而总是把这样的学生称作差生、问题生。

教育是什么？顾名思义，教育是由教书与育人两方面组成的。也有人说过：教育就是一个不完美的人带着一群不完美的人逐渐走向完美的过程。这句话给了我很深的启发：首先，教师是不完美的，正是这种"不完美"，教师才有了更大的成长、进步的空间，才需要进一步加强学习，提高自己的教育教学水平。如果想通了这一点，我们就会主动放弃自己那种所谓的权威，对待学生时也就会真正地弯下腰来，成为学生成长过程中的伙伴。其次，学生的"不完美"决定了他们会犯错，会在不合时宜的时候放肆地快乐，甚至做出一些令人想不通的事情。但静下心来想想，这不正体现了教师工作的"复杂性"和"创

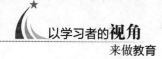

造性"吗？既然大家都是不完美的，我们就都需要给彼此一些宽容，特别是对那些未成年的孩子，我们要付出得更多一些。如果我们每天都微笑地对待每一个孩子，每天都与孩子亲密地接触一下，每天都想一想今天与孩子相处时有没有不对之处，那当我们面对有问题的孩子时，就不会气愤，而是带着一份惊喜，微笑着看着每个孩子每一天的成长。

我不再单纯地以学习成绩来评价学生，而是把学生真正当作一个成长中的孩子，走进他们的内心世界，关注他们的内心感受；以尊重和信任为前提，用书信搭建师生沟通交流的平台；把做人要诚实守信、做事要踏实认真作为评价学生成长的主要标准，提高学生的自我管理及反思能力，争取让学生快乐地学习，健康地成长。

2. 唤醒学生自主学习意识，使其养成良好学习习惯

教师和家长都不可能时刻陪伴在孩子的身边，只有唤醒学生的自主学习意识，才能形成真正的教育。教师不能等到初三才发现学生习惯了死记硬背，不会思考问题。要培养学生的学习习惯就要改变学生以往的学习模式，变原来单一的学习模式为小组合作学习，变抄写单词的枯燥作业为灵活的日记，变死记硬背课文为整理框架思考，变改错时只写正确答案为分析解题思路。这些小小的改变对初学者来说易于实施，但是对于已有三年不良学习习惯的学生来说，每一步都那么难。所以，学生不能是掌握知识的机器，而应该是自主学习成长的支配者。唤醒学生的自主学习意识，让学生学会反思，这样教育才能事半功倍。因为人的教育来自两方面：一方面是学校教育，而另一方面是更为关键的自我教育，没有任何一种教育比自我教育来得更为有效。

3. 注重教师个人成长，做反思的实践者

教育不仅是教育学生的过程，更是教师自我成长的过程。教育中存在很多的不确定因素，经常有意外发生，教师应该善于把握每一个契机，多记录、勤反思，为自己留下思维的脚印。从2008年走入1+1教育博客到现在，我已有2000余篇日志，每个月一般20篇左右，长则几千字，短则百余字，有时是师生语言的一次碰撞，有时是教学的得失，有时是和学生交往的感悟，更多的是记录和学生一起养成良好学习习惯的过程。文字没有刻意的雕琢、组织，因为这是没有功利性的书写，但我想这是自己工作中一笔巨大的财富。从不同的学生身上，我能学到不同的解决问题的方法，得到不一样的提高。这个过程是快乐的，因为教育是一个漫长而复杂的过程，如果教师不能从每天烦琐的事务中发现惊喜，就不会有高涨的工作热情。所以，把困难当作挑战，把问题学生当作科研对象，这样，我们的教育工作就不会是简单的重复，而会芝麻开花一样节节高。

李镇西老师曾说："真正的教育者，不是没有失误，而是他总会从失误中汲取新的前进力量。几乎可以这么绝对地说，任何一个教育者在其教育生涯中，都会犯这样或那样的错误。区别优秀的教育者和平庸的教育者，不在于教育者是否犯错误，而在于他如何对待已经犯了的错误……善于把教育失误变成教育财富，这是任何一个教育者从普通教师走向教育专家乃至教育家关键的因素之一。"那就让写作、阅读、交流、实践、反思、记录成为教师职业的一种行走方式吧。

希望我们能在日常烦琐的工作中产生更多智慧的火花，让学生享受英语、享受学习。

后记 ▶

　　此刻，距离英国访学已过去三年了，在有了充分的实践和体验后，我越发感觉有必要将这次访学经历如实记录下来。在多年之后，教师课堂上的操作流程或许会渐渐变得模糊，但我们作为学习者内心的感受将会更加强烈……

　　回顾三个月的学习经历，我在学科教学和学科育人方面均有了更充分的认识和体会。作为一个学习者，我更全面、真实地感受到了教育的真正意义，也感受到了教师存在的价值——帮助每一个孩子成为最好的自己。对于学科教学，我认识到教育需要有理论支撑，教师需要思考如何从深度地教走向让学生深度地学，以促进学习真实地发生。

　　对于学科育人，我想借用北京十一学校原校长李希贵一篇文章中的一段话：教书是世间最复杂的高级劳动，未来的教师需要成为情绪管理者。其中提到了情绪管理中教师首先要建立的三种基本价值观：人性观、权责观和问题观。

　　北京十一学校是这样对教师职业进行定位的：我们认为教师肩负着塑造学生精神生命的神圣职责。教育的职业不仅传承过去，更创造未来。我们必须把我们的价值放在学生身上。我们必须从学生那里反观我们的成绩，这个时候，我们才能真正理解教师这个岗位的意义。如果我们忘记了学生，忘记了我们对学生的责任，我们可能就会陷入迷茫、困惑。

　　以学习者的视角来做教育，对教师的专业素养和人文素养均提出了更高要求。教师要有强烈的自我成长意识，要努力成就自己，然后才能够放下自己所拥有的，发自内心地尊重、接纳每一名学生，全然地去成就每一名学生。教师在学生面前的每一句话都要考虑学生的感受和接受程度；教师每一个观点的提出都不是凭空产生的，更不是主观臆断，而是基于学生真实体验感知的师生共鸣。

　　我们奉为真理的教学内容只是载体，而传授知识也只是实现我们目标的一种途径。教师真正需要做的是看到每一个学生的存在，关注他们的情绪变化，了解他们内心的真正需求，在他们需要的时候适时出现并尽到相应的责任。

对于学习者来说，学习生活中的每一次经历都是一次成长，而它不只发生在课堂上，更体现为日常生活中的点点滴滴。教师要善于捕捉他们的每一个瞬间，并将之转化为教育资源，扩大其教育价值及产生的教育影响。作为教师，我深信每一次经历都是一笔宝贵的财富，每一次失败也都是进步的阶梯。我们要学会用一颗宽容的心善待每一个孩子成长中的错误，用教师成熟的生命引领学生年轻生命的成长。

这次访学经历让我更加清晰地认识到，教育教学中不可能没有问题和困难。但是当遇到问题时，我多了一个视角，那就是重回自己学习者的身份去感受学生的内心感受，体会学生的真实处境。当我以理解、包容、耐心去面对各种复杂多变的现实时，很多问题似乎已不再是问题，而是我们师生成长、增进理解的过程。

教学之余，得以静下心来梳理雷丁大学教师们带给我的宝贵知识，翻阅那一篇篇闪耀着思维火花的日记，回味那一段段令人难忘的时光……总结人生中弥足珍贵的这次经历，我仿佛又一次置身学习者的现场情境。而这一次，时间将更长——延续到我教育生命的终结；过程将更精彩——实践与反思融合在一起；收获也将更多，带着感恩与祝福继续前行……

2022年3月

致 谢

　　本书内容根据作者在2019年3—6月期间雷丁大学访学所学课程Teaching English to Young Learners整理而成，主要借鉴了该课程理论知识、教授课堂所讲内容、设计的教学活动及部分教学图片等，作者结合了自己的思考、感悟进行了系统梳理、提炼。在此，特别感谢在雷丁大学三个月访学期间，李大国（Daguo Li）博士、张晓蓉（Carrie）博士、Rachel Thake老师、Sharon Mcilroy老师等精心组织课程内容，为所有学员提供的优质教学服务，在学习和生活上给予了我们无微不至的关怀和帮助。同时，衷心感谢青岛市教育局与国家留学基金委联合组织的本次访学活动，也感谢30位同行学员的互相交流与帮助，让我们的生命历程更加丰盈。